Cynnwys

Uned	Teitl	Cynnwys newydd/*New Content*		Ymarfer
1	Mae fy mrawd i'n byw ym Mhrestatyn.			Cyfarch a Chyflwyno (*Greetings and Introductions*)
2	Byth ac erioed	byth	erioed	Cwyno
3	Dw i'n meddwl bod...	mod i fod ti	bod ni bod chi	Mynegi barn (*Expressing an opinion*)
4	Mi helpa i chi.	mi helpa i mi helpi di mi helpith o mi helpith hi	mi helpwn ni mi helpwch chi mi helpan nhw	Rhoi cymorth
5	Adolygu ac ymestyn	Weli di Siôn heno?	Wna i	Siarad am wyliau
6	Dyma'r gwaith – edrychwch drosto fo!	ynddi i ynddat ti ynddo fo ynddi hi ynddon ni ynddoch chi ynddyn nhw	drosta i drostat ti drosto fo drosti hi droston ni drostoch chi drostyn nhw	Derbyn a gwrthod gwahoddiad (*Accepting and refusing an invitation*)
7	Be wyt ti'n (ei) feddwl ohono fo?	ohona i/Welodd o mona i. ohonat ti/Welodd o monat ti. ohono fo/Welodd o mono fo. ohoni hi/Welodd o moni hi. ohonon ni/Welodd o monon ni. ohonoch chi/Welodd o monoch chi. ohonyn nhw/Welodd o monyn nhw.		Gwadu (*Denying*)
8	Rhedwch ar ei ôl o!	ar ôl, wrth ymyl		Rhoi cyfarwyddiadau
9	Mi ddylwn i fod wedi mynd.	mi ddylwn i fod wedi.../ddylwn i ddim bod wedi... mi hoffwn i fod wedi.../hoffwn i ddim bod wedi... mi fedrwn i fod wedi.../fedrwn i ddim bod wedi...		Perswadio
10	Adolygu ac ymestyn	...tydy? ...tydyn?	...toedd? ...toedden?	Siarad am ddiddordebau

Cynnwys

Uned	Teitl	Cynnwys newydd/*New Content*	Ymarfer
11	Mi gaeth y llyfr ei ysgrifennu.	Mi gaeth y llyfr ei ysgrifennu. Mi gaeth y gân ei chanu. Mi gaeth y plant eu dewis.	Disgrifio
12	Arestiwyd y dyn.	Anafwyd y dyn.	Ymddiheuro *(Apologising)*
13	John sy'n byw yng Nghaerdydd.	Fi sy'n siarad. Fi fydd yn siarad. Fi oedd yn siarad.	Trefnu digwyddiad *(Arranging an event)*
14	Dw i'n meddwl mai ti sy'n iawn.	mai	Deud stori
15	Adolygu ac ymestyn	Dw i'n cael fy nhalu. Rwyt ti'n cael dy dalu. Mae o'n cael ei dalu. Mae hi'n cael ei thalu. Dan ni'n cael ein talu. Dach chi'n cael eich talu. Maen nhw'n cael eu talu.	Siarad am waith
16	Mi es i i'w thŷ hi.	i'r o'r a'r i'w o'i a'i i'n o'n a'n i'ch o'ch a'ch i'w o'u a'u	Egluro
17	Mae'r sioe ar yr unfed ar bymtheg.	cyntaf – unfed ar ddeg ar hugain	Gwneud cais *(Making a request/ application)*
18	Mae hon yn well na honna.	hwn hwnna hon honna y rhain y rheina	Caniatâd *(Permission)*
19	Adolygu ac ymestyn		Trafod y dyfodol
	Uned Arholiad		

Uned 1 – Mae fy mrawd i'n byw ym Mhrestatyn

Nod yr uned hon ydy...
- **Iaith:** Adolygu
- **Ymarfer:** Cyfarch a Chyflwyno

Geirfa

- 🔴 enwau benywaidd — *feminine nouns*
- 🔵 enwau gwrywaidd — *masculine nouns*
- ⚫ berfau — *verbs*
- 🟢 ansoddeiriau — *adjectives*
- 🟣 arall — *other*

cymdeithas(au)	society (societies)
nant (nentydd)	stream(s), creek(s)
perthynas (perthnasau)	relative(s), relations(s)
ward(iau)	ward(s)

busneslyd	meddlesome, nosy
lwcus	lucky

cyfarch	to greet
cyflwyno	to introduce, to present
swnio	to sound
ymuno (efo)	to join

agoriad(au)	opening(s)
arweinydd(ion)	conductor(s); leader(s)
claf (cleifion)	patient(s)
digwyddiad(au)	event(s)
gwahaniaeth(au)	difference(s)
oedran(nau)	age(s)
partner(iaid)	partner(s)
sylw(adau)	attention; remark(s)

ar hyn o bryd	at the moment
cyfnod clo	lockdown
gyda llaw	by the way
wrth fy modd	in my element

Geiriau pwysig i mi...

Siaradwch

Trafodwch unrhyw beth am y pynciau yma efo pobol eraill o'r dosbarth.

Adolygu

Mae fy ffrind i'n mwynhau chwarae drymiau.
Mae fy nhad i'n dŵad o Dreffynnon.
Mae fy mrawd i'n gweithio mewn garej.
Dydy fy chwaer i ddim yn gweithio ar hyn o bryd.
Roedd fy nhaid i'n gweithio ar fferm.

Uned 1 / Mae fy mrawd i'n byw ym Mhrestatyn

Pwy sy'n byw ar y stryd?

1
Mari Meddyg
Tudur Tiwtor
Gwyn 1 Siôn 7
Nia 9

2
Branwen
Wedi ymddeol
Athrawes
87 oed

3
John Nyrs
Dafydd Gyrru lori

4
Rob Gweithio adre
Siân Rheolwraig swyddfa
Mari 12

5
Marc
Cyfreithiwr
Hoffi pêl-droed

Siaradwch – Trafod pwnc – Cymdogion

- Sgynnoch chi gymdogion da?
- Dach **chi'n** gymydog da?
- Sut mae cymdogion yn medru helpu ei gilydd?
- Dach chi wedi cael problem efo cymydog? Rhywun rhy fusneslyd? Rhy swnllyd?
- Mae rhai pobol yn deud bod pobol ddim yn nabod eu cymdogion nhw y dyddiau yma. Dach chi'n cytuno? Wnaeth pobol ddod i adnabod ei gilydd yn well yn ystod cyfnod clo y coronafeirws?

Dros y penwythnos

Be dach chi'n hoffi (ei) wneud dros y penwythnos?

Dw i'n mwynhau cerdded yng nghefn gwlad.

Be oeddech chi'n hoffi (ei) wneud ar benwythnos pan oeddech chi'n blentyn?

Pan o'n i'n blentyn, ro'n i'n mwynhau chwarae yn y parc.

Be fyddwch chi'n (ei) wneud penwythnos nesa?

Penwythnos nesa, mi fydda i'n gwneud llawer o waith tŷ.

Be fasech chi'n (ei) wneud ar benwythnos rhydd?

Ar benwythnos rhydd, mi faswn i'n licio mynd allan i fwyta.

Enw	dros y penwythnos	ar benwythnos pan oeddech chi'n blentyn	penwythnos nesa	ar benwythnos rhydd

Ymarfer – Cyfarch a chyflwyno
Gwrando

Gwrandewch ar bobol yn cyfarch ac yn cyflwyno.
Lle fasech chi'n clywed y rhain?

yn y swyddfa   mewn cyfarfod o'r gymdeithas Gymraeg leol
mewn parti   yn yr ysgol

1. ....

2. ....

3. ....

4. ....

Darllen

Lle fasech chi'n clywed y cyflwyniadau yma?

mewn cymdeithas leol   yn y tŷ   mewn meddygfa
yn y theatr   mewn cyfarfod gwaith yn y dosbarth
mewn agoriad neuadd   mewn sŵ   yn y dafarn
mewn agoriad siop   mewn ysbyty   mewn ysgol

Dyma Jac, hen ffrind coleg sy'n aros efo fi heno.	
Ga i eich sylw chi? Dyma fy nghydweithwyr i sy'n gweithio yn swyddfa Llandudno.	
Dyma Dyfan Jones, ein siaradwr ni heno.	
Dyma Dafydd Roberts, eich tiwtor newydd chi.	
Iawn blant, dyma Nia Roberts sy wedi dod i siarad efo ni heddiw. Dudwch 'Bore da'.	
Mam a Dad, dyma Sam, fy mhartner i.	
Croeso cynnes i bawb. Ac i agor y neuadd, dan ni'n lwcus iawn i gael actor enwog efo ni. Rhowch groeso i Ifan Williams.	
Bore da, Doctor Davies. Dyma Mari Jones. Mi ddaeth hi yma i Ward 5 ddoe ar ôl syrthio yn ei chartre hi.	

Yn Gymraeg...

Saesneg	Cymraeg
Here's Jac, an old college friend.	
Here are my colleagues.	
Here's Dyfan Jones, our speaker tonight.	
Here's Dafydd Roberts, your new tutor.	
OK children, here's Nia Roberts.	
Mam and Dad, here's Sam, my partner.	
A warm welcome to everyone. We're very lucky to have a famous actor with us.	
Good morning, Doctor Davies. Here's Mari Jones.	

Gwylio

Edrychwch ar y fideo a meddyliwch am ddau gwestiwn i'w gofyn i'r dosbarth. Ysgrifennwch y cwestiynau ar bapur a'u rhoi i'r tiwtor.

Sgwrs – ar ddechrau cwrs Cymraeg yn Nant Gwrtheyrn

Sam: Bore da. Sam dw i. Pwy dach chi?

Chris: Helo Sam, Chris dw i. Dach chi ar y cwrs Canolradd?

Sam: Ydw. Dw i wedi dŵad yma o Brestatyn. O le dach chi wedi dŵad heddiw?

Chris: O Lanidloes. Dach chi wedi bod yn Nant Gwrtheyrn o'r blaen?

Sam: Naddo. Mae'n ddel iawn yma, tydy?

Chris: Ydy, wir. Ond mae'n bell o Lanidloes!

Sam: Efo pwy dach chi wedi dŵad yma?

Chris: Efo Gareth o'r dosbarth. Dan ni'n dilyn cwrs ar fore Mercher yn y Ganolfan Hamdden.

Sam: Wel, wel, dw i'n dysgu ar fore Mercher hefyd! Dw i wedi dŵad yma efo Gwen o'r gwaith.

Chris: Lle dach chi'n gweithio?

Sam: Yn y Cyngor Sir. Dach chi'n gweithio?

Chris: Nac ydw, dw i wedi ymddeol.

Sam: Lwcus iawn! Wela i chi yn y dosbarth ar ôl i ni gael paned o goffi a bara brith!

Chris: Ia, bara brith blasus iawn! Wel, pob hwyl ar y cwrs!

Sam: Mi gawn ni sgwrs eto. Hwyl!

Siaradwch

- Dach chi wedi bod ar gwrs yn Nant Gwrtheyrn neu ar gwrs preswyl arall neu ar gwrs haf/penwythnos neu mewn Sadwrn Siarad?
- Dach chi'n nabod rhywun sy wedi bod yn Nant Gwrtheyrn?
- Fasech chi'n hoffi mynd i Nant Gwrtheyrn?

Gwrando

Gwrandewch ar y paragraff a llenwch y bylchau wrth wrando:

Prynhawn da a .... i'r Awr Gerdd. Efo ni .... mae Anwen Jones, arweinydd Côr y Bryniau. Mewn ...., mi fydd y côr yn mynd ar daith i ...., ac mae Anwen wedi dŵad i'r stiwdio i roi tipyn o'i hanes hi a'r côr cyn .... nhw adael.

Croeso, Anwen.

Ystyr **ar daith** ydy *on tour*. Sut mae deud...?

on holidays	....
on fire	....
available	....
for sale	....

Robin Radio

a) Atebwch:
Lle mae Anti Mair? ....
Pryd fydd Cari ar y rhaglen? ....
Sut mae Cari'n nabod Robin? ....

b) Gwrandewch am:
Diolch i chi am ofyn. *Thank you for asking.*
dros dro *temporarily*
Diolch i chi am y cyfle. *Thank you for the opportunity.*

c) Cyfieithwch:
exciting news ....
Anti Mair has gone on holidays again. ....
....
Would you like to choose? ....

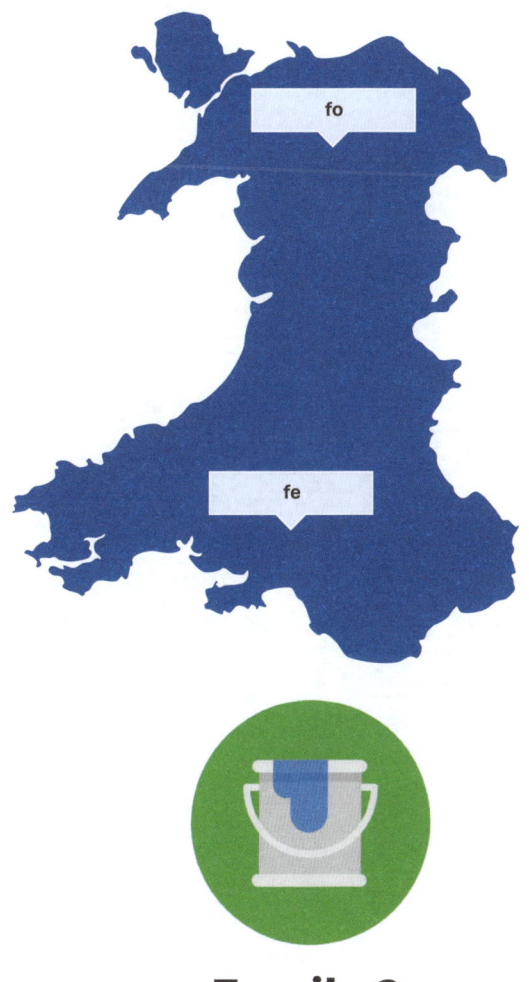

Family 2

Uned 2 – Byth ac Erioed

Nod yr uned hon ydy...
- **Iaith:** Byth ac Erioed
- **Ymarfer:** Cwyno

Geirfa

bricsen (brics)	brick(s)	**Aelod(au) o'r Senedd**	Member(s) of the Senedd
cangen (canghennau)	branch(es)	**Aelod(au) Seneddol**	Member(s) of Parliament
cerddorfa (cerddorfeydd)	orchestra(s)	**baw**	dirt
cymwynas(au)	favour(s)	**celwydd(au)**	lie(s)
rheol(au)	rule(s)	**copa(on)**	summit(s)
siawns	chance	**cyflog(au)**	wage(s), salary (salaries)
trefn(iadau)	order; arrangement(s)	**cyffur(iau)**	drug(s)
		gwastraff	waste
		llanast	mess
		polisi (polisïau)	policy(-ies)

anhapus	unhappy
sicr	certain
sownd	stuck
swyddogol	official
talentog	talented

cadw sŵn	to make a noise	**creu**	to create
effro	awake	**croesi**	to cross
heblaw am	apart from	**cynhesu**	to heat up
i fod i	supposed to	**derbyn**	to accept, to receive
isod	below		
newid mân	small change (pres)	**gollwng**	to drop
		gorwedd	to lie down
o flaen	in front of	**mynnu**	to insist
oriau mân	small hours	**neidio**	to jump
yn ddiweddar	lately, recently	**tywyllu**	to grow dark

Uned 2 / Byth ac Erioed

Geiriau pwysig i mi...

....

....

....

Siaradwch! Ffeindiwch berson...

...sy'n hoffi garddio.	...sy'n edrych ar S4C.	...sy wedi darllen llyfr Cymraeg.	...sy wedi bod yn yr Eidal.
...aeth i'r ysgol y tu allan i Gymru.	...aeth ar wyliau mewn awyren dros yr haf.	...oedd yn gweithio penwythnos diwetha.	...oedd yn hoffi darllen pan oedd o/hi'n blentyn.
...fydd yn mynd i'r theatr yn ystod y mis nesa.	...fydd yn mynd ar drên yn ystod y tri mis nesa.	...fasai'n hoffi mynd i Las Vegas.	...fasai'n medru rhedeg marathon.

Uned 2 / Byth ac Erioed

Dw i ddim yn gweithio ar ddydd Sul.	Dw i **byth** yn gweithio ar ddydd Sul.	*I never work on Sunday.*
Dw i ddim yn yfed te.	Dw i **byth** yn yfed te.	*I never drink tea.*
Dw i ddim yn mynd i'r sinema.	Dw i **byth** yn mynd i'r sinema.	*I never go to the cinema.*
Dw i ddim yn siopa ar-lein.	Dw i **byth** yn siopa ar-lein.	*I never shop online.*

Dw i byth yn bwyta cig coch.
Dw i byth yn prynu cacen hufen.
Dw i byth yn gyrru i siop y gornel.

Dw i byth yn bwyta ffrwythau.
Dw i byth yn prynu bara brown.
Dw i byth yn mynd i'r gampfa.

Faint o bobol sy'n...?

	Ydw, yn aml.	Ydw, weithiau.	Nac ydw, byth.
bwyta cig coch?			
prynu cacen hufen?			
gyrru i siop y gornel?			
bwyta ffrwythau?			
prynu bara brown?			
mynd i'r gampfa?			

Faswn i byth yn bwyta malwod.	*I would never eat snails.*
Faswn i byth yn dringo Mynydd Etna.	*I would never climb Mount Etna.*
Faswn i byth yn chwarae golff.	*I would never play golf.*
Faswn i byth yn mynd i Siberia.	*I would never go to Siberia.*

Holiadur

Gofynnwch y cwestiynau i bum person a rhowch ✓ yn y blwch cywir.

Faset ti'n...?

	Baswn.	Ella.	Na faswn, byth.
deud celwydd?			
copïo gwaith cartref rhywun?			
siarad Saesneg efo'r tiwtor?			
rhoi cyflog mis i elusen?			
cerdded Clawdd Offa?			
rhedeg hanner marathon Caerdydd?			

Erioed

Wyt ti wedi bod yn <u>Barcelona</u> erioed?	*Have you ever been to Barcelona?*
Wyt ti wedi bwyta <u>malwod</u> erioed?	*Have you ever eaten snails?*
Dach chi wedi canu <u>carioci</u> erioed?	*Have you ever sung Karaoke?*
Dach chi wedi gweld <u>drama Gymraeg</u> erioed?	*Have you ever seen a Welsh play?*

Dw i ddim wedi bod yn Llydaw.	Dw i **erioed** wedi bod yn Llydaw.	*I have never been in Brittany.*
Dw i ddim wedi gweld opera.	Dw i **erioed** wedi gweld opera.	*I have never seen an opera.*
Dw i ddim wedi chwarae criced.	Dw i **erioed** wedi chwarae criced.	*I have never played cricket.*
Dw i ddim wedi bod mewn eisteddfod.	Dw i **erioed** wedi bod mewn eisteddfod.	*I have never been in an eisteddfod.*

Unwaith, dwywaith, tair gwaith

Dw i wedi bod yno unwaith.	*I have been there once.*
Dw i wedi bod yno dwywaith.	*I have been there twice.*
Dw i wedi bod yno tair gwaith.	*I have been there three times.*
Dw i wedi bod yno nifer o weithiau.	*I have been there a number of times.*

Ymarfer – Cwyno

Cwyno mewn siop 1

A: Ga i'ch helpu chi?
B: Dw i isio dŵad â'r camera yma yn ôl.
A: Pam, be sy'n bod?
B: Mae'r lens wedi torri.
A: Wnaethoch chi ollwng y camera?
B: Dw i ddim yn meddwl...
A: Dan ni ddim yn rhoi pres yn ôl am lens wedi cracio.

Cwyno mewn siop 2

A: Ga i'ch helpu chi?
B: Mi ges i'r crys yma'n anrheg. Dydy o ddim yn ffitio.
A: Ydy'r dderbynneb gynnoch chi?
B: Nac ydy.
A: Mae'n ddrwg gen i, dydy hi ddim yn bosib cael eich pres chi yn ôl ond mi gewch chi ddewis crys arall.
B: Ond dw i ddim yn licio'r dillad yn y siop yma. Maen nhw'n hen ffasiwn. Dw i isio pres yn ôl.
A: Wel, dw i ddim yn medru eich helpu chi, felly.

Gwrando 1 – Cwyno

Pwy sy'n mynd i dderbyn y negeseuon ffôn yma? Trafodwch efo'ch partner:

1. ....

2. ....

3. ....

4. ....

5. ....

Gwylio – Cwyno

Gwyliwch y fideo a chysylltwch ddau hanner y tabl:

bws	blasus
tîm rygbi	yn dathlu
traffyrdd Ffrainc	yn y cesys
cwch modur	yn yr Eidal
glaw	yn hwyr
lifft	hyfryd
pitsas	drwy'r wythnos
Giovanni	wedi torri
bagiau	diflas
caws Gorgonzola	rhy ddrud

Siaradwch

- Am be dach chi'n cwyno: efo ffrindiau/teulu/cydweithwyr?
- Fasech chi'n ffonio rhaglen radio i gwyno am rywbeth?
- Dach chi wedi cwyno'n swyddogol i'r Cyngor/i Aelod o'r Senedd/ i Aelod Seneddol?

Gwrando 2 – Cwyno

1. Pam oedd Mrs Jones yn hapus i adael i'r peintwyr ddŵad i mewn i'r tŷ?

2. Be anghofiodd hi (ei) gael gan y peintwyr?

3. Be oedd achos y tân?

4. Pam doedd hi na'i gŵr ddim isio gwneud y gwaith eu hunain?

***

5. Be oedd yn dda am sut wnaeth y dynion y gwaith?

    ....

6. Be oedd yn bod ar y diwedd?

    ....

7. Pam wnaeth y dynion **ddim** peintio'r gegin eto?

    ....

8. Sut mae Mrs Jones yn mynd i ffeindio'r dynion?

    ....

***

9. Dach chi'n clywed **cwmni peintio** yn y darn. Pa eiriau eraill sy'n medru mynd ar ôl **cwmni**?

    cwmni ....   cwmni ....

    cwmni ....   cwmni ....

Trafod pwnc – Ffonau symudol

Siaradwch efo'ch partner a llenwch y grid:

Pwy dach chi'n (ei) ffonio o'r ffôn symudol?	Pwy sy'n eich ffonio chi ar y ffôn symudol?	Be arall dach chi'n (ei) wneud efo'r ffôn?

Uned 2 / Byth ac Erioed

Mae pobol yn treulio gormod o amser ar eu ffôn symudol neu ar y cyfryngau cymdeithasol.

- Sgynnoch chi ffôn symudol? Dach chi'n dibynnu arno fo?
- Lle ddylai pobol **beidio** â defnyddio eu ffôn nhw?
- Be ydy'ch profiad chi o ddefnyddio'r cyfryngau cymdeithasol?
- Ydy'r cyfryngau cymdeithasol yn medru helpu cymdeithas?
- Dach chi'n cytuno bod pobol yn treulio gormod o amser ar eu ffôn symudol nhw neu ar y cyfryngau cymdeithasol?

Robin Radio

a) Atebwch:

Be ydy gwaith Nia Morgan?

....

Pam mae Dafydd Roberts wedi ffonio?

....

Sut mae Robin isio i'r gwrandawyr helpu hen bobol?

....

b) Gwrandewch am:

Mi fydd 'na neges ar y wefan.	*There will be a message on the website.*
Ga i ofyn i'r gwrandawyr?	*May I ask the listeners?*
cymwynas i'r cymdogion	*a favour for the neighbours*

c) Cyfieithwch:

Pick up the phone if you want to ask a question.

....

I never look on the web.

....

Everyone should stay at home.

....

Uned 2 / Byth ac Erioed

Help llaw

Byth

Dan ni'n defnyddio **byth** i gyffredinoli (*generalise*) yn y presennol ac yn yr amodol (*conditional*). Mae'r gair **byth** yn cymryd lle'r gair **ddim** mewn brawddeg negyddol a'r ystyr yma ydy *never*.

Dw i ddim yn yfed te.	Dw i byth yn yfed te.
Faswn i ddim yn bwyta malwod.	Faswn i byth yn bwyta malwod.

Erioed

Dan ni'n defnyddio **erioed** yn y gorffennol efo **wedi**. Eto, mae **erioed** yn cymryd lle **ddim** mewn brawddeg negyddol.

Dw i ddim wedi bod yn Sbaen. Dw i erioed wedi bod yn Sbaen.

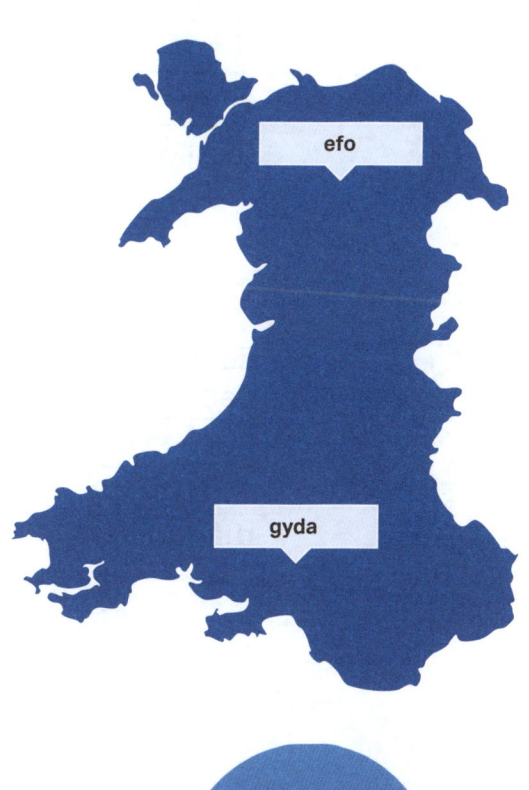

Places2

Uned 3 – Dw i'n meddwl bod...

Nod yr uned hon ydy...
- **Iaith:** Dw i'n meddwl mod i, fod ti, bod ni, bod chi
- **Ymarfer:** Mynegi barn (*Expressing an opinion*)

Geirfa

cyfres(i)	series
erthygl(au)	article(s)
marwolaeth(au)	death(s)
sefyllfa(oedd)	situation(s)

casgliad(au)	collection(s)
cynghorydd (cynghorwyr)	councillor(s)
eirlaw	sleet
llethr(au)	slope(s)
plastig(au)	plastic(s)

amlwg	obvious, evident
annifyr	nasty, unpleasant
blinedig	tired
cyfforddus	comfortable
cymhleth	complicated
difyr	entertaining
digalon	depressed, depressing
llithrig	slippery
rhagorol	excellent
rhewllyd	icy
serth	steep
troellog	twisty, windy

ailgylchu	to recycle
arbed	to save
dadlau (efo)	to argue (with)
lladd	to kill
llithro	to slip
synnu	to surprise; to be surprised

deud eich deud	to have your say
ffurflen gais	application form
oddi cartre	away from home
rhagor	mwy (*quantity*)

Geiriau pwysig i mi...

Uned 3 / Dw i'n meddwl bod...

Siaradwch

- Tasech chi'n cael byw ar unrhyw ynys yn y byd am dri mis, lle fasech chi'n mynd?
- Lle mae eich hoff draeth chi?
- Pa iaith arall fasech chi'n hoffi (ei) dysgu? Pam?
- Os dach chi oddi cartre, be dach chi'n (ei) golli?
- Pa olygfa fasech chi'n hoffi (ei) gweld o'ch tŷ chi?
- Pa fath o bethau dach chi'n (eu) prynu ar wyliau?
- Be ydy'r peth gorau dach chi wedi (ei) brynu ar wyliau?
- Pa fath o fwyd dach chi'n (ei) fwyta ar wyliau?

Adolygu – byth ac erioed

Ffeindiwch faint o bobol sy ...

byth yn mynd i ganolfannau garddio	byth yn bwyta pysgod	byth yn prynu bwyd ar y we	byth yn mynd i'r sinema
byth yn canu yn y gawod/bath	byth yn darllen papur newydd print	erioed wedi prynu tocyn loteri	erioed wedi yfed sudd mango
erioed wedi bod yn Llundain	erioed wedi nofio mewn llyn	erioed wedi gyrru tramor	erioed wedi bod mewn gêm griced

Dw i'n meddwl bod...

Dach chi'n cofio?

Be dach chi'n (ei) feddwl o'r llyfr?

Dw i'n meddwl bod y llyfr yn ddiflas.	*I think the book is boring.*
Dw i'n meddwl fod o'n ddigalon.	*I think it's depressing.*
Dw i'n meddwl fod o'n wael.	*I think it's poor.*
Dw i'n meddwl fod o'n gymhleth.	*I think it's complicated.*

Uned 3 / Dw i'n meddwl bod...

Be dach chi'n (ei) feddwl o'r ffilm?

Dw i'n meddwl bod y ffilm yn dda.	I think the film is good.
Dw i'n meddwl bod hi'n ddiddorol.	I think it's interesting.
Dw i'n meddwl bod hi'n ddifyr.	I think it's entertaining.
Dw i'n meddwl bod hi'n rhagorol.	I think it's excellent.

Enw ffilm	Enw -	Enw -	Enw -	Enw -	Enw -

Dw i'n gwybod mod i'n iawn.	I know (that) I'm correct.
Dw i'n gwybod mod i'n hwyr.	I know (that) I'm late.
Dw i'n gwybod mod i'n gynnar.	I know (that) I'm early.
Dw i'n gwybod mod i'n gweithio yfory.	I know (that) I'm working tomorrow.

Wyt ti'n siŵr fod ti'n iawn?	Are you sure (that) you're ok?
Wyt ti'n siŵr fod ti'n iawn i helpu?	Are you sure (that) you're ok to help?
Wyt ti'n siŵr fod ti'n iawn i yrru?	Are you sure (that) you're ok to drive?
Wyt ti'n siŵr fod ti'n iawn i weithio?	Are you sure (that) you're ok to work?
Wrth gwrs mod i!	Of course I am!

Dw i'n siomedig bod ni'n colli'r parti.	I'm disappointed (that) we are missing the party.
Dw i'n siomedig bod chi'n colli'r parti.	I'm disappointed (that) you are missing the party.
Dw i'n siomedig bod nhw'n colli'r parti.	I'm disappointed (that) they are missing the party.
Dw i'n siomedig bod y plant yn colli'r parti.	I'm disappointed (that) the children are missing the party.

Ymarfer

Efo'ch partner, taflwch dri dis i wneud brawddegau,
e.e. 1 + 3 + 5 > Gobeithio fod o'n mynd i'r parti.

1.	Gobeithio	fi	cwis
2.	Dw i'n meddwl	ti	cyfarfod
3.	Dw i'n gwybod	fo	gêm
4.	Dw i'n siŵr	hi	dosbarth
5.	Mae'n debyg	ni	parti
6.	Wrth gwrs	nhw	bore coffi

Efo'ch partner, unwch y ddau hanner i wneud un frawddeg neu gwestiwn.

Dach chi'n siŵr   mae hi'n bwrw eirlaw yn y de

....?

Mae'n debyg   mae hi'n swnllyd iawn yn y clwb nos

....

Mae hi'n amlwg   rwyt ti'n mynd i basio

....

Ella   mae o'n sâl

....

Dw i'n sicr   maen nhw'n mynd i'r parti

....

Gobeithio	dan ni'n medru mynd
....	
Dw i wedi clywed	mae hi wedi torri ei choes
....	
Wyt ti'n meddwl	mae'r bòs yn flin
.... ?	
Dw i ddim yn meddwl	dw i'n medru mynd ar y cwrs i Nant Gwrtheyrn
....	
Mae'n bosib	dach chi angen paned o goffi rŵan
.... !	

Yn y dyfodol

Dw i'n meddwl bydd hi'n wlyb yfory.	*I think it will be wet tomorrow.*
Ella bydd hi'n wlyb yfory.	*Perhaps it will be wet tomorrow.*
Mae'n debyg bydd hi'n wlyb yfory.	*It's likely that it will be wet tomorrow.*
Mae S4C yn deud bydd hi'n wlyb yfory.	*S4C says it will be wet tomorrow.*

Sut fydd y tywydd yn y gwanwyn / yr haf / yr hydref / y gaeaf?
Efo'ch partner, dudwch **dair** brawddeg am bob tymor, yn dechrau efo:

Mae'n bosib...   Dw i'n meddwl...   Ella...

e.e. Ella bydd hi'n niwlog yn yr hydref.

Uned 3 / Dw i'n meddwl bod... 29

Trefnu cyfarfod wythnos nesa – fyddi di'n rhydd?
Mi fydda i'n mynd at y deintydd.
Ella bydda i'n mynd i'r swyddfa yn ....
Dw i'n meddwl bydda i ar wyliau.
Dw i ddim yn meddwl bydda i ar gael.
Dw i'n credu bydda i mewn cyfarfod arall.

Ysgrifennwch y pum esgus a gadewch chwe blwch yn wag:

Enw	1.	2.
bore Llun		
prynhawn Llun		
bore Mawrth		
prynhawn Mawrth		
bore Mercher		
prynhawn Mercher		
bore Iau		
prynhawn Iau		
bore Gwener		
prynhawn Gwener		
bore Sadwrn		

Sgwrs 1

A: Fasech chi'n licio dŵad am ddiod ar ôl y dosbarth? Dw i'n dathlu fy mhen-blwydd i heddiw!
B: Dw i'n siŵr mod i'n medru dŵad am hanner awr.
A: Ro'n i'n gobeithio baset ti. Ella basech chi'n licio dŵad hefyd, Ceri a Chris?
C a Ch: Mae'n debyg basen ni'n medru dŵad am un ddiod fach.
B: Tybed fasai'r tiwtor yn medru dŵad? Gobeithio basen ni'n siarad Cymraeg wedyn!
A: Dw i'n meddwl basai'n well gan y tiwtor fynd adre – mi fydd o/hi wedi blino ar ôl y dosbarth!
C: Be am y dosbarth drws nesa?
Ch: Mae'n siŵr basen nhw'n licio dŵad hefyd!
A: Mi a i i ofyn iddyn nhw rŵan.

Edrychwch ar y brawddegau isod o **Sgwrs 1**. Fel yn y dyfodol, does 'na ddim angen defnyddio **bod** pan fyddwn ni'n siarad yn yr **amodol** (*conditional*).

Ro'n i'n gobeithio baset ti.
Ella basech chi'n licio dŵad hefyd.
Mae'n debyg basen ni'n medru dŵad am un ddiod fach.
Gobeithio basen ni'n siarad Cymraeg wedyn.
Dw i'n meddwl basai'n well gan y tiwtor fynd adre.
Mae'n siŵr basen nhw'n licio dŵad hefyd.

Ymarfer – Mynegi barn

Be dach chi'n (ei) feddwl o'r pethau yma? Syniad da neu syniad gwirion?
Defnyddiwch y patrwm:
  Be dach chi'n (ei) feddwl o XX?
  Dw i'n meddwl bod XX yn syniad da/syniad gwirion.

	Dyfalu	Ateb
A. ...cael diwrnod o wyliau ar Ddydd Gŵyl Dewi?	Syniad da - Syniad gwirion -	Syniad da - Syniad gwirion -
B. ...peidio ag yfed alcohol ym mis Ionawr?	Syniad da - Syniad gwirion -	Syniad da - Syniad gwirion -
C. ...pleidleisio yn 16 oed?	Syniad da - Syniad gwirion -	Syniad da - Syniad gwirion -

Bwyta allan

Lle est ti allan i fwyta ddiwetha?

Sut oedd y bwyd?   Ro'n i'n meddwl fod o'n flasus/ddiflas.

Sut oedd yr ystafell?   Ro'n i'n meddwl bod hi'n gyfforddus/oer.

Sut oedd y staff?   Ro'n i'n meddwl bod nhw'n glên/ofnadwy.

Sgwrs 2

A: Sut aeth y gwyliau sgio?

B: Siomedig a deud y gwir.

A: Pam?

B: Roedd yr awyren yn hwyr iawn yn gadael Caerdydd. Roedden ni'n flinedig iawn yn cyrraedd Genefa.

A: Oeddech chi'n aros yn y Swistir?

B: Nac oedden, yn Ffrainc. Roedden ni'n meddwl basai Ffrainc yn rhatach.

A: Oeddech chi'n aros mewn gwesty?

B: Nac oedden. Roedd y *chalet* tua dwy awr o'r maes awyr. Mi wnaethon ni logi car.

A: Sut oedd y daith i'r *chalet*?

B: Roedden ni'n meddwl bod y ffordd yn droellog iawn, ac roedd hi'n serth hefyd.

A: Felly, oeddech chi'n aros ar y mynydd?

B: Oedden ac roedd hi'n rhewllyd iawn, felly roedd y ffordd yn llithrig.

A: Mae'n siŵr bod hi'n beryglus.

B: Ro'n i'n sicr bod ni'n mynd i gael damwain – roedd hi'n annifyr iawn.

A: Bechod!
B: A doedd y gwres canolog ddim yn gweithio, roedden ni'n rhewi yn y nos!
A: Sut oedd y sgio, beth bynnag?
B: Ofnadwy! Doedd 'na ddim digon o eira! Ond mi wnes i lithro ar y rhew a syrthio wrth lethr sgio plastig y plant bach!
A: Ro'n i'n meddwl fod ti'n cerdded yn rhyfedd...
B: Dw i'n gwybod. Fydda i ddim yn mynd i sgio eto!

Gwrando

1. Lle welodd Meri'r ffilm?

....

2. Sut dan ni'n gwybod bod Rhys ap Rhys yn enwog?

....

*

3. Be oedd y broblem efo Catrin Zara?

....

4. Lle gafodd y ffilm ei ffilmio?

....

*

5. Be oedd barn Marc am y ddau actor?

....

6. Pam dydy Meri ddim isio siarad am ddiwedd y ffilm?

....

7. Be ydy'r peth gorau am y ffilm, yn ôl Meri?

....

*

8. Faint o ffilmiau fydd yn y gyfres?

....

*

9. Dach chi'n clywed **darn o bren** yn y darn. Dach chi'n medru meddwl am enghreifftiau eraill?

darn o ....   darn o ....   darn o ....

Trafod pwnc – Y Teledu

A: Be dach chi'n (ei) feddwl o'r ddrama newydd ar S4C?
B: Yn fy marn i, mae hi'n wych.
A: Dw i'n cytuno. Y rhaglen orau ers blynyddoedd.

A: Welest ti'r rhaglen gomedi newydd am Gymru neithiwr?
B: Do. Mi fwynheues i hi.
A: Paid â siarad yn wirion. Roedd hi'n ofnadwy.

A: Be wyt ti'n (ei) feddwl o'r gyfres newydd i ddysgwyr ar S4C?
B: Dw i wedi gweld dwy raglen ac ro'n i'n meddwl bod nhw'n ddiddorol.
A: Dw i'n cytuno. Mi fydd y gyfres yn help mawr.

Siaradwch – Does 'na ddim rhaglenni da ar y teledu erbyn hyn.

I ddechrau meddwl am y pwnc, ysgrifennwch enw pum rhaglen ym mhob categori:

Rhaglenni da rŵan	Rhaglenni da flynyddoedd yn ôl	Rhaglenni gwael rŵan	Rhaglenni gwael flynyddoedd yn ôl

- Faint o raglenni teledu dach chi'n (eu) gwylio? Ar ba sianeli?
- Pa fath o raglenni dach chi'n (eu) gwylio?
- Pa fath o raglenni dach chi'n (eu) casáu?
- Be sy'n well gynnoch chi, ffilmiau neu gyfresi teledu?
- Dach chi'n gwylio rhaglenni'n fyw, neu dach chi'n gwylio rhaglenni ar y we wedyn?
- Be oedd eich hoff raglen deledu chi yn y gorffennol? Pam oedd hi'n dda?
- Does 'na ddim rhaglenni da ar y teledu erbyn hyn. Dach chi'n cytuno?

Robin Radio

a) Atebwch:

Pa mor hwyr ydy Cari?

....

Pwy sy ar fai?

....

Be fydd Cari yn (ei) wneud gynta?

....

b) Gwrandewch am:

ar gornel eich stryd chi	on the corner of your street
Wneith o ddim digwydd eto.	It won't happen again.
ar hyn o bryd	at this moment in time

c) Cyfieithwch:

I'm sorry I'm late.

....

I think I have said.

....

Go and make a cuppa.

....

Help llaw

Mae **meddwl bod** yn codi yn Uned 7 yn y Cwrs Sylfaen. Yn y Cwrs Canolradd, dan ni'n adeiladu ar y patrwm.

1. Dan ni'n defnyddio **bod** ar ôl:

Berfau	Ansoddeiriau	Arall
meddwl gwybod gobeithio deud clywed dadlau	siŵr sicr mae'n debyg siomedig hapus trist	ella wrth gwrs mae'n ddrwg gen i

2. Mae **bod** yn newid efo'r rhagenwau:

mod i   bod ni
fod ti   bod chi
fod o   bod nhw
bod hi

3. Dan ni'n defnyddio **bod** yn y presennol a'r amherffaith (*imperfect*) – roedd, ac ati.

Mae hi'n braf.   Dw i'n meddwl **bod hi'n** braf.
Roedd hi'n braf.   Ro'n i'n meddwl **bod hi'n** braf.

4. Ond yn y dyfodol a'r amodol (*conditional*), dan ni ddim yn defnyddio **bod**. Does 'na ddim treiglad meddal yma - **bydd**, **basai**.

Mi fydd hi'n braf.   Dw i'n meddwl **bydd** hi'n braf.
Mi fasai hi'n braf.   Ro'n i'n meddwl **basai** hi'n braf.

Opinions   Opinions2

Bwyta allan

Enw	Lle?	Efo pwy?	Bwyta?	Yfed?

Sgwrs 1 – Gwneud

A: Be **wnei di** nesa?

B: Dw i ddim yn siŵr. Ella **gwna i** gwrs arall.

A: Dw i ddim yn siŵr chwaith, ond dw i'n meddwl **a i** i deithio am ychydig.

B: Lle **ei di**?

A: I Dde America, ella. Dw i erioed wedi bod yno.

B: Dw i wedi bod yno unwaith. Mae'n wych.

A: Pa gwrs **wnei di**?

B: Sgen i ddim syniad ond dw i isio dysgu rhywbeth newydd. **Mi edrycha i** ar wefan y coleg heno.

A: Pob lwc.

B: A phob lwc i ti efo'r teithio hefyd.

Mi wna i'r siopa.
Be wnei di yfory?
Wneith o ddim byd.
Mi wnawn ni ein gorau.
Be wnewch chi nesa?
Mi wnân nhw'r gwaith cartre.

Mi wela i chi...

Mi wela i chi wythnos nesa.	*I'll see you next week.*
Mi helpa i chi wythnos nesa.	*I'll help you next week.*
Mi dala i chi wythnos nesa.	*I'll pay you next week.*
Mi ffonia i chi wythnos nesa.	*I'll phone you next week.*
Mi bryna i lefrith.	*I'll buy milk.*
Mi bryna i betrol.	*I'll buy petrol.*
Mi bryna i bapur newydd.	*I'll buy a newspaper.*
Mi bryna i lyfr Cymraeg.	*I'll buy a Welsh book.*
Mi edrycha i ar y teledu yfory.	*I'll watch television tomorrow.*
Mi helpa i yn yr ysgol yfory.	*I'll help in the school tomorrow.*
Mi weithia i yn yr ardd yfory.	*I'll work in the garden tomorrow.*
Mi arhosa i yn y tŷ yfory.	*I'll stay in the house tomorrow.*

Ymarfer

Efo'ch partner, cysylltwch y ddau hanner:

a	Os bydd hi'n sych yfory,	i.	mi alwa i yn y siop ar y ffordd adre.
b	Os bydd hi'n oer yfory,	ii.	mi arhosa i yn y tŷ.
c	Os bydd hi'n wlyb yfory,	iii.	mi hwfra i drwy'r tŷ i ti.
ch	Os bydd dy gar di yn y garej,	iv.	mi archeba i un arall ar-lein heno.
d	Os bydd dy fagiau di'n drwm,	v.	mi roia i ddillad ar y lein i sychu.
dd	Os bydd angen rhywbeth i swper,	vi.	mi fwyda i'r gath i ti.
e	Os bydd 'na ddigon o amser,	vii.	mi garia i nhw i fyny'r grisiau.
f	Os byddi di adre dydd Sul,	viii.	mi alwa i efo'r cigydd ar y ffordd adre.
ff	Os byddi di yn y dosbarth yfory,	ix.	mi wna i rywbeth cyflym yn y meicrodon.
g	Os byddi di i ffwrdd dros nos,	x.	mi bryna i goffi i ti ar ôl y wers.
ng	Os byddi di isio tocyn arall,	xi.	mi roia i lifft adre i ti.
h	Os byddi di isio bwyd,	xii.	mi wisga i fenig a sgarff.

Uned 4 / Mi helpa i chi

Darllen

Dw i'n brysur!

Efo'ch partner, darllenwch y darn a llenwch y bylchau. Mae 'na help yn y grid o dan y darn darllen.

Rhaid i mi adael y gwaith yn gynnar heddiw. Dw i'n brysur heno – fel arfer!
Mi _____ i'r plant o'r clwb ar ôl ysgol. Mi a i â Siân i'r dosbarth bale, wedyn mi a i â Twm i'r ymarfer rygbi. Wedyn, mi_____ i fwyd i swper yn yr archfarchnad. Os bydd amser, mi _____ i baned yn y caffi.

Mi _____ i Siân o'r dosbarth bale ac wedyn mi _____ i i'r ymarfer rygbi i nôl Twm. Mi _____ i swper ar ôl cyrraedd adre. Mi _____ i swper efo'r plant. Dim ffonau symudol – mi _____ i efo'r plant! Mi _____ i'r llestri yn syth wedyn, efo help y plant – gobeithio!

Mi _____ i ddillad rygbi Twm ac mi _____ i nhw yn y peiriant sychu dillad. Mi fydd o'n chwarae rygbi eto yfory! Mi _____ i stori i Siân ac mi _____ i Twm efo ei waith cartref Cymraeg.

Pan mae'r plant yn cysgu, mi _____ i ar y newyddion, mi _____ i dipyn o ddillad, ac mi _____ i dipyn bach o waith papur o'r swyddfa. Mi _____ i o flaen y tân ella cyn amser gwely!

edrych	yfed	casglu x 2	prynu	helpu
cysgu	golchi x 2	coginio	gyrru	siarad
smwddio	bwyta	darllen	rhoi	gorffen

Be bryni di heddiw? — *What will you buy today?*
Be bryni di yfory? — *What will you buy tomorrow?*
Be brynwch chi heddiw? — *What will you buy today?*
Be brynwch chi yfory? — *What will you buy tomorrow?*

Be weli di yn y sinema nesa? — *What will you see in the cinema next?*
Be weli di yn y theatr nesa? — *What will you see in the theatre next?*
Be welwch chi yn y sinema nesa? — *What will you see in the cinema next?*
Be welwch chi yn y theatr nesa? — *What will you see in the theatre next?*

Enw	prynu heddiw	prynu yfory	sinema	theatr

Be wnewch chi dros y penwythnos?

Mi yrrwn ni i Harlech.	We will drive to Harlech.
Mi arhoswn ni mewn hostel.	We will stay in a hostel.
Mi gerddwn ni i'r castell.	We will walk to the castle.
Mi brynwn ni bysgod a sglodion.	We will buy fish and chips.

Lle eith y teulu Jones dros yr haf?	
Be wnân nhw yna?	Mi ân nhw i Landudno.
Mi gerddan nhw ar y traeth.	They will walk on the beach.
Mi nofian nhw yn y môr.	They will swim in the sea.
Mi arhosan nhw mewn carafán.	They will stay in a caravan.
Mi warian nhw lawer o arian ar y Pier.	They will spend a lot of money on the Pier.

Mae 'na awyrennau'n hedfan i Baris, Rhufain, Caeredin a Los Angeles o Gaerdydd heddiw. Llenwch y tabl efo'ch partner.

	mynd	gweld	bwyta	yfed	prynu
Sara a Sam	Paris				
Huw a Helen	Rhufain				
Gwyn a Gareth	Caeredin				
Mari a Megan	Los Angeles				

Mi brynith Sam salad yfory.   *Sam will buy salad tomorrow.*
Mi brynith o gaws.   *He will buy cheese.*
Mi brynith Mair fara yfory.   *Mair will buy bread tomorrow.*
Mi brynith hi fenyn.   *She will buy butter.*

Yn y swyddfa – Trefnu Pwyllgor Pwysig!
Mi siaradith Sam efo Sara.
Mi anfonith Sara neges at bawb.
Mi anfonith Sam y papurau at bawb.
Mi anfonith Non decst at Tom.
Mi anfonith Tom ebost at Emyr.
Mi ffonith Emyr Ffion.
Mi drefnith Ffion ystafell.
Mi anfonith Ffion neges at y pennaeth.
Mi anfonith y bòs ebost at bawb.

Y Negyddol

Dach chi'n cofio?

Cha i ddim mynd <u>i'r parti</u>.
Wna i ddim byd <u>heno</u>.

Felly:
Fwyta i ddim byd heno.   *I won't eat anything tonight.*
Ddarllena i ddim byd heno.   *I won't read anything tonight.*
Wylia i ddim byd heno.   *I won't watch anything tonight.*
Waria i ddim byd heno.   *I won't spend anything tonight.*

Phryna i ddim byd.   *I won't buy anything.*
Phrynith o ddim byd.   *He won't buy anything.*
Phrynwn ni ddim byd.   *We won't buy anything.*
Phrynan nhw ddim byd.   *They won't buy anything.*

Uned 4 / Mi helpa i chi

Ymarfer

Taflwch y dis a gwnewch frawddegau, e.e.

rhif **1** a rhif **4** = mi + talu am y cwrs = Mi dala i am y cwrs./Thala i ddim am y cwrs.

Dis 1	Pwy?	Dis 2	?
1	fi	1	prynu paned
2	ti	2	edrych ar y teledu
3	fo/hi	3	dringo i fyny'r mynydd
4	ni	4	talu am y cwrs
5	chi	5	cofrestru ar y cwrs
6	nhw	6	ymuno efo'r clwb

Ymarfer – Rhoi cymorth
Gwrando 1

Gwrandewch ar y negeseuon yma a phenderfynwch pwy ddylech chi ei ffonio i helpu. Ysgrifennwch y rhif ar y llinell.

Ambiwlans Awyr ....
Tîm Cymorth Cyntaf ....
Injan dân ....
Plymwr ....
Bad achub ....
Swyddog Iechyd a Diogelwch ....
Garej ....

Sgwrs 2

A: O na! Mae fy nghar i'n sownd yn yr eira! Do'n i ddim yn disgwyl hyn! Dw i'n hwyr iawn rwân!

B: Be ydy'r holl sŵn yma? Arhoswch funud, dach chi'n sownd?

A: Ydw – ac mae gen i apwyntiad pwysig mewn hanner awr!

B: Dach chi isio help?

A: Na, mi fydda i'n iawn mewn munud. Mae gen i deiars arbennig...

B: Dach chi'n siŵr? Mae gen i raw yn y garej. Mi bala i lwybr i chi o flaen y car.

A: Mi faswn i'n ddiolchgar iawn, ond cymerwch ofal, faswn i ddim isio i chi syrthio.

B: Syrthio, wir? Mi fydda i allan efo'r wyrion mewn munud, yn gwneud dyn eira. Dan ni'n edrych ymlaen at gael sbort a sbri yn yr eira. Arhoswch funud rwân...

A: Wel, diolch am eich help chi.

B: Well i chi fynd i'ch apwyntiad pwysig chi.

A: Diolch yn fawr. O, mae eira yn niwsans ofnadwy!

B: Mae'n rhyfedd, dach chi'n byw ar y stryd yma ers tair blynedd a dw i erioed wedi siarad efo chi o'r blaen.

A: Wel, dw i ddim yn nabod llawer o bobol, dw i'n gweithio oriau hir.

B: Arhoswch funud, dw i'n nabod eich llais chi, a'ch wyneb chi hefyd.

A: Wel, diolch yn fawr am eich help chi, rhaid i mi fynd rwân.

B: Trefor Roberts dw i, pwy dach chi, 'ta?

A: Ym...Enfys dw i....

B: Enfys Haf...dynes y tywydd ar S4C?

A: Ia, dyna chi. Rhaid i mi fynd...

B: Wel, wel, Enfys Haf o S4C, doedd hi ddim yn disgwyl yr eira!

Siaradwch

- Dach chi wedi cael problem achos eira erioed?
- Ydy eich car chi wedi mynd yn sownd mewn eira? Oedd rhaid i chi wthio'r car?
- Pan dach chi'n codi yn y bore ac yn gweld eira drwy'r ffenest, dach chi'n teimlo'n hapus/yn flin/yn llawn straen?
- Sut dach chi'n helpu pobol mewn eira?
- Dach chi erioed wedi cael help gan rywun mewn eira?

Gwrando 2

1. Faint o bobol sy'n gweithio yn y Llew Gwyn?

   ....

2. Pam does dim rhaid i Dewi adael Llanaber?

   ....

3. Pam mae Dewi'n synnu bod y busnes yn gwneud mor dda?

   ....

4. Be ydy **prif** reswm Dewi dros adael y dafarn?

   ....

   ****

5. Pam mae John (mab Dewi) yn brysur bob nos Lun?

   ....

6. Be mae Dewi'n gobeithio ddigwyddith yn y dyfodol yn y dafarn?

   ....

7. Pa newyddion 'da' ddaeth allan o'r daith i Iwerddon?

   ....

8. Pam mae Dewi'n eitha siŵr byddan nhw'n medru gadael erbyn y Nadolig?

   ....

   ****

9. Dach chi'n clywed y cyflwynydd yn sôn am Dewi yn tynnu peintiau. Be, dach chi'n feddwl, ydy:

to pull a leg	to take clothes off
....	....
to extract teeth	to take a photograph
....	....
to draw a picture	to pull a face
....	....
to draw the curtains	to draw a line
....	....

Siaradwch

- Be sy'n gwneud tafarn dda?
- Oes/Oedd gynnoch chi hoff dafarn?
- Oes 'na lai o bobol yn mynd i dafarnau rŵan? Pam?
- Tasech chi'n rhedeg tafarn, be fasech chi'n (ei) wneud yno? Be fasech chi ddim yn (ei) wneud yno?

Robin Radio

a) Atebwch:

Am faint o elusennau mae Mrs Morris yn sôn? ....

Pam dydy Robin ddim isio cefnogi'r cartref cŵn? ....

Pa elusen fydd yn cael y pres? ....

b) Gwrandewch am:

mewn gwirionedd	in reality
achos da iawn wir	a very good cause indeed
gwerthfawr iawn	very valuable

c) Cyfieithwch:

not able to agree	....
She was very grateful.	....
in the sixties	....

Darllen

Rŵan dach chi'n medru darllen *Croesi'r Bont* gan Zoë Pettinger o gyfres Llyfrau Amdani. Mae 'na bump stori yn y llyfr. Dach chi'n medru prynu'r llyfr yn eich siop Gymraeg leol neu ar gwales.com.

Does unman yn debyg i gartref

Chwythodd gwynt twym drwy'r twnnel. Sgrechiodd breciau'r trên ac **atseiniodd** y rhybudd '*Mind the gap*' ar hyd y platfform. Roedd pobl yn rhuthro i bob cyfeiriad. Symudodd Owain yn **wyliadwrus** yn eu mysg nhw. Camodd ar y trên, oedd **dan ei sang** yn barod. Doedd neb yn siarad, neb yn **cyfathrebu**. Roedd Owain yn falch o hynny. Roedd e'n **anhysbys**, roedd e'n ddiogel.

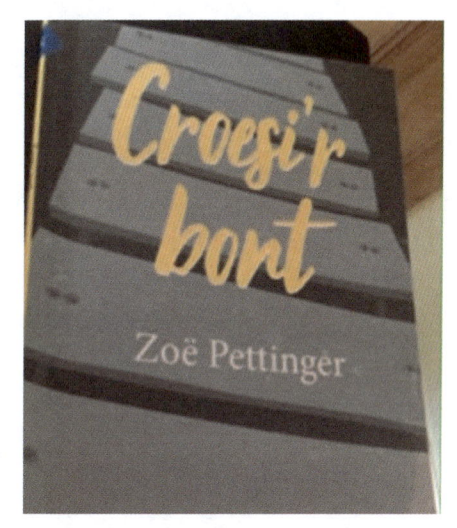

Gadawodd y trên yr orsaf ac edrychodd Owain o gwmpas. Doedd e ddim yn nabod neb a doedd neb yn ei wylio fe. **Am y tro** o leiaf.

atseinio – *to echo*
gwyliadwrus – *watchful*
dan ei sang – *overcrowded*
cyfathrebu – *to communicate*
anhysbys – *anonymous*
am y tro – *for the time being*

Help llaw

Mae dyfodol **gwneud**, **mynd** a **dŵad** yn codi yn unedau 10-12 yn y Cwrs Sylfaen.

1. I ddefnyddio'r dyfodol cryno (*concise*), dach chi'n cymryd bôn (*stem*) y ferf, a rhoi terfyniadau (*endings*) y dyfodol.

bod	helpu	mynd	gwneud	cael	dŵad
Mi fydd**a** i Mi fydd**i** di Mi fydd o/hi, Mi fydd**wn** ni Mi fydd**wch** chi Mi fydd**an** nhw	Mi help**a** i Mi help**i** di Mi help**ith** o/hi Mi help**wn** ni Mi help**wch** chi Mi help**an** nhw	Mi **a** i Mi **ei** di Mi **eith** o/hi Mi **awn** ni Mi **ewch** chi Mi **ân** nhw	Mi wn**a** i Mi wn**ei** di Mi wn**eith** o/hi Mi wn**awn** ni Mi wn**ewch** chi Mi wn**ân** nhw	Mi g**a** i Mi ge**i** di Mi ge**ith** o/hi Mi g**awn** ni Mi g**ewch** chi Mi g**ân** nhw	Mi ddo i Mi ddo**i** di Mi ddo**ith** o/hi Mi ddo**wn** ni Mi ddo**wch** chi Mi ddô**n** nhw

Mae'r trydydd person (fo/hi) yn wahanol:

    mi fydd o   mi helpith o

    mi fydd hi   mi helpith hi

    mi fydd y plant   mi helpith y plant

2. Mae 'na dreiglad **llaes** (t, c, p) a **threiglad meddal** yn y **negyddol**:

    Mi brynwn ni fwyd ar y ffordd.   **Ph**rynwn ni ddim bwyd ar y ffordd.

    Mi ddarllenwn ni gylchgrawn.   **Dd**arllenwn ni ddim cylchgrawn.

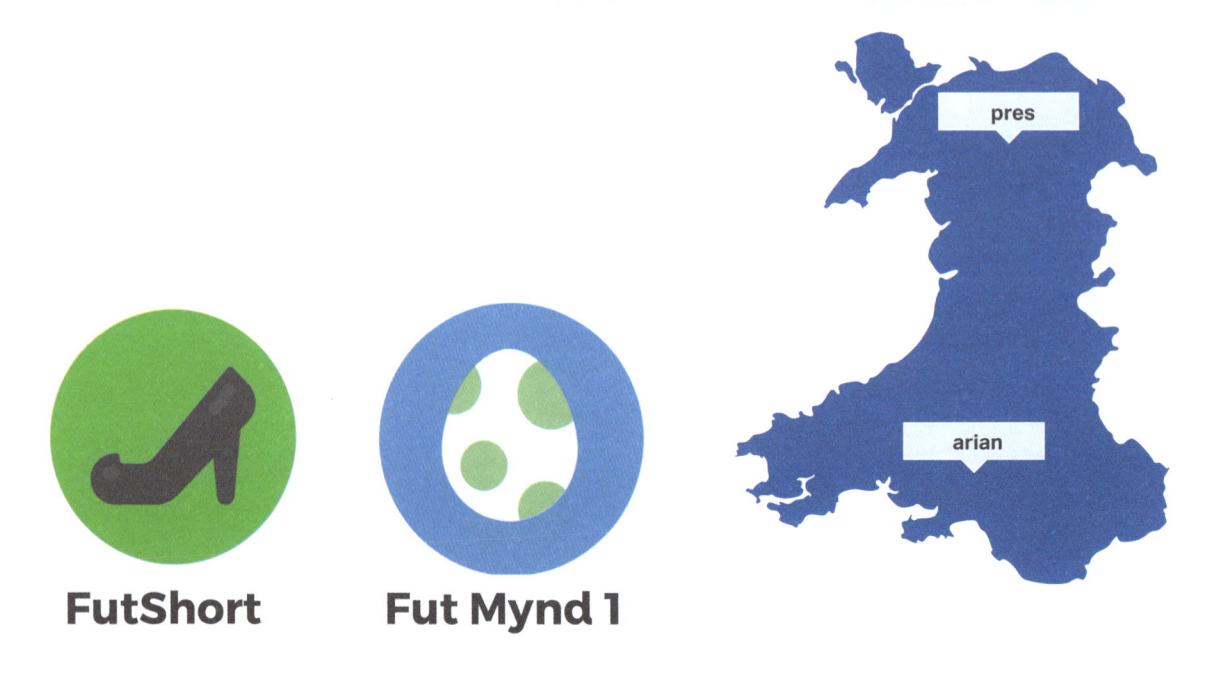

FutShort   **Fut Mynd 1**

pres

arian

Uned 5 – Adolygu ac Ymestyn

Nod yr uned hon ydy...
- **Iaith:** Adolygu ac ymestyn
- **Ymarfer:** Siarad am wyliau

Geirfa

addysg	education	**asgwrn (esgyrn)**	bone(s)
chwarel(i)	quarry (-ies)	**beirniad (beirniaid)**	judge(s), adjudicator(s)
chwedl(au)	tale(s)	**beudy (beudai)**	cowshed(s)
glan(nau)	shore(s), bank(s)	**cyfleuster(au)**	facility (-ies)
gwylan(od)	seagull(s)	**cyfnod(au)**	period(s) (amser)
llechen (llechi)	slate(s)	**defnydd**	use
mellten (mellt)	lightning	**gwestai (gwesteion)**	guest(s)
mordaith (mordeithiau)	cruise(s)	**holiadur(on)**	questionnaire(s)
oriel(au)	gallery (-ies)	**lleoliad(au)**	location(s)
safon(au)	standard(s)	**llyn(noedd)**	lake(s)
		marc(iau)	mark(s)
achosi	to cause	**pleser(au)**	pleasure(s)
crwydro	to wander, to roam	**sgerbwd (sgerbydau)**	skeleton(s)
cynnal	to hold (event)	**sidan**	silk
		tortsh(ys)	torch(es)
		twrist(iaid)	tourist(s)
absennol	absent		
anferth	huge	**ar hyd**	along
costus	pricey	**dŵad i ben**	to come to an end
dychrynllyd	frightening	**er gwaetha**	despite
gwerin	folk	**llond bol**	bellyful (fed up)
		newydd sbon	brand new
		o leia	at least
		yr Unol Daleithiau	the United States

Geiriau pwysig i mi...

Adolygu – Gêm o Gardiau

	♠	♦	♣	♥
A	Be oeddech chi'n (ei) feddwl o'r tywydd haf diwetha?	Be fyddwch chi'n (ei) ddathlu nesa?	Dach chi'n meddwl bod eich archfarchnad chi'n ddrud?	Dudwch rywbeth da am eich cymdogion chi.
2	Be dach chi byth yn (ei) fwyta amser brecwast?	Be dach chi'n (ei) feddwl o'r tywydd heddiw?	Dach chi wedi prynu car newydd sbon erioed?	Be dach chi'n (ei) feddwl o gyfnod y Nadolig?
3	Be yfwch chi nesa?	Efo pwy siaradwch chi Gymraeg ar ôl y dosbarth?	Pa fwyd dach chi byth yn (ei) brynu mewn archfarchnad?	Be dach chi'n (ei) feddwl sy'n anodd wrth ddysgu Cymraeg?
4	Be dach chi'n (ei) feddwl o ganu gwerin Cymraeg?	Be ydy/oedd enw llawn eich mam chi?	Be dach chi'n (ei) feddwl o eira?	Dudwch rywbeth am y person fenga yn eich teulu chi.
5	Be oeddech chi'n (ei) feddwl o'ch cwrs Cymraeg cynta chi?	Be dach chi byth yn (ei) goginio adre ond yn hoffi (ei) fwyta mewn tŷ bwyta?	Be dach chi'n (ei) feddwl o raglenni teledu nos Sadwrn ar hyn o bryd?	Be brynwch chi nesa?
6	Sgynnoch chi gymdogion da?	Pwy welwch chi yfory?	Lle gerddwch chi ar lan y môr nesa?	Enwch anifail dach chi erioed wedi (ei) weld.
7	Pryd deithiwch chi ar drên nesa?	Pa fath o wyliau dach chi byth yn (ei) ddewis?	Lle fasech chi byth yn gwario £100?	Dach chi'n meddwl bod y stryd fawr yn brysur yn eich tre chi?
8	Dach chi wedi bod yn Nant Gwrtheyrn?	Be oeddech chi'n (ei) feddwl o Nos Galan llynedd?	Pryd welwch chi eich ffrind gorau chi nesa?	Pa fath o raglenni teledu dach chi byth yn (eu) gwylio?
9	Fyddwch chi'n edrych ar chwaraeon dros y penwythnos?	Dach chi wedi bod mewn hofrennydd erioed?	Pa raglen sy/oedd yn ddoniol ar y teledu?	Ar ba raglen deledu edrychwch chi penwythnos yma?
10	Pa aelodau o'r teulu welwch chi yn y dyfodol agos?	Ym mha fis mae eich pen-blwydd chi?	Lle fasech chi byth yn medru gweithio?	Pa ddiod dach chi byth yn (ei) hyfed?
Jac	Dudwch rywbeth am y person hyna yn eich teulu chi.	Be dach chi byth yn (ei) fwynhau am y Nadolig?	Ydy hi'n mynd i fwrw glaw dros y penwythnos?	Be dach chi'n (ei) feddwl o'r ardal yma?
Brenhines	Dach chi'n darllen llyfr ar hyn o bryd?	Enwch rywbeth dach chi byth yn (ei) brynu.	Fyddwch chi'n brysur wythnos nesa?	Dach chi wedi nofio efo dolffiniaid erioed?
Brenin	Be dach chi'n (ei) feddwl fydd ar y newyddion heno?	Dach chi wedi dringo Ben Nevis erioed?	Dudwch rywbeth am eich bòs cynta chi.	Pa mor brysur oedddech chi penwythnos diwetha?

Y Dyfodol – Ateb

Dach chi'n cofio?

Ga i brynu <u>tocyn</u>?   Cei/Na chei.
Gawn ni <u>edrych ar y teledu</u>? Cewch/Na chewch.
Wnei di dalu am y <u>bwyd</u>?   Wna i/ Na wna i.
Wnewch chi <u>agor y drws</u>?   Wna i /Na wna i.

Bryni di bapur newydd yfory?   Wna i/Na wna i.   Yes, I will/ No, I won't.
Brynwch chi bapur newydd?   Gwnawn/Na wnawn.   Yes, we will/ No, we won't.
Brynith o bapur newydd?   Gwneith/Na wneith.   Yes, he will /No, he won't.
Brynan nhw bapur newydd?   Gwnân/Na wnân.   Yes, they will/No, they won't.

Lle awn ni?
Dw i'n siŵr bydd y Metro'n brysur.
Mi fydd yr olygfa o'r Tŵr yn rhagorol.
Mi brynwn ni *croissants* bob bore.
Mi yfwn ni goffi da bob dydd.
Mi ymwelwn ni ag Oriel y Louvre.
Mi welwn ni'r *Mona Lisa*.
Wrth gwrs byddwn ni'n mwynhau!
Lle awn ni? ....

Uned 5 / Adolygu ac Ymestyn

Lle awn ni?

Dw i'n siŵr bydd hi'n heulog bob dydd!
Mi awn ni i fyny'r Wyddfa ar y trên.
Mi gerddwn ni i lawr yn ofalus!
Mi siaradwn ni Gymraeg bob dydd.
Mi ymwelwn ni â'r amgueddfa lechi.
Mi nofiwn ni yn Llyn Padarn.
Mi welwn ni Gastell Dolbadarn.
Mi brynwn ni frecwast da yn y caffi.
Lle awn ni?

....

Yn eich grŵp chi, llenwch y bylchau i wneud deialog:

A: Lle awn ni i ddathlu fy mhen-blwydd arbennig i?

B: Dw i erioed wedi bod yn ....

C: O na! Dw i byth isio mynd yn ôl i ...., roedd hi'n .... yna.

A: Mae fy .... i wedi bod yn .... Mae o/hi'n deud bod .... yn ....

B: O'r gorau, mi awn ni i ....

C: Sut awn ni?

A: Mi awn ni ....

B: Dw i'n meddwl bydd y tywydd yn .... yn ....

C: Dw i'n gobeithio byddwn ni'n medru bwyta .... yn ....

A: Mi welwn ni .... yno, bydd hi'n fendigedig!

B: Mi siaradwn ni .... yno, a Chymraeg efo'n gilydd, wrth gwrs!

C: Mi arhoswn ni mewn .... yno. Mi fydd hynny'n gyfleus.

A: Iawn, mi awn ni i ...., 'ta.

Uned 5 / Adolygu ac Ymestyn

Ymarfer – Siarad am wyliau

Gofynnwch i bawb yn y dosbarth lle fasen nhw'n mynd ar wyliau. Pam? Pam ddim?

Math o wyliau	yn bendant	ella	byth
'yurt' (pabell grand) yng nghefn gwlad Cymru			
fflat mewn dinas yn Ewrop			
gwersyll gwyliau teuluol ym Mhrydain			
gwyliau sgio yn Awstria			
mordaith i'r Caribî			
tocyn trên mis i grwydro Ewrop			
pythefnos mewn parc thema yn yr Unol Daleithiau			
penwythnos sioe a siopa yn Llundain			
mis mewn hosteli yn y Dwyrain Pell			
gwyliau adre efo dyddiau allan yn lleol			
gwyliau ar lan y môr mewn gwesty yng Ngwlad Groeg			
penwythnos yn gwylio gêm rygbi Cymru yn yr Alban			
gwibdaith i'r Eisteddfod Genedlaethol, aros noson mewn carafán, tocyn i gyngerdd yn y Pafiliwn			

Gwrando

Lle fasech chi'n clywed y rhain?

1. ....
2. ....
3. ....
4. ....
5. ....
6. ....

Gwylio

Edrychwch ar y bobol yma'n trafod gwyliau. Nodwch ddau beth mae dau berson ar y fideo yn (eu) deud am eu gwyliau nhw.

Person 1
1. ....
2. ....

Person 2
1. ....
2. ....

Llenwch y bylchau

Mae pobl Cymru'n lwcus iawn. Maen nhw'n byw .... gwlad sy'n llawn mynyddoedd, afonydd a thraethau bendigedig. Ar ddiwrnod heulog, oer, mae mynd .... dro ar hyd llwybr yr arfordir yn bleser. .... dim rhaid i chi fod yn ddringwr nac yn gerddwr da. Mae 'na ddigon o lwybrau hawdd, sy'n addas i bobl o bob oed yng nghefn .... Cymru.

Yr wythnos diwetha, ... (mynd) wyth ohonon ni i gerdded ar y llwybr o Borthgain i Abereiddi yn Sir Benfro. .... y tywydd yn oer ond yn heulog. Mi gyrhaeddon ni .... ddeg o'r gloch y bore, parcio, ac ar ôl dringo'r grisiau allan o Borthgain, roedden ni ar y llwybr. Do'n i ddim wedi cerdded yn Sir Benfro .... blaen, ond roedd pobl eraill yn ein grŵp wedi bod yma fwy nag unwaith. Mi gerddon ni'n ddigon araf, sgwrsio ac edrych .... y creigiau a'r môr.

Cyn pen tri .... (¾) awr, roedden ni wedi cyrraedd Abereiddi. Roedd y llwybr i'r chwith yn mynd i'r traeth a'r pentre, ond mi aethon ni ar y llwybr i'r .... o gwmpas y graig i weld y pwll glas enwog. Chwarel oedd yma yn y gorffennol, ond erbyn heddiw, mae'n enwog fel lle i gynnal cystadleuaeth i bobl sy'n deifio. Tasech chi'n rhoi mil o bunnoedd i mi, ... i ddim yn medru neidio o ben y graig i'r dŵr.

Ar ôl ychydig o amser, mi .... (penderfynu) ni ddechrau cerdded yn ôl. Mi wnaethon ni gyfarfod mwy o bobol ar y ffordd yn ôl i Borthgain, ac roedd llawer yn siarad Cymraeg! O leia, roedden nhw'n deud 'Bore da'. Erbyn amser cinio, roedden ni 'nôl ym Mhorthgain, ac wedi newid o'r dillad cerdded.

Mi .... (cael) ni ginio hyfryd yn y dafarn yno. Maen nhw'n gwneud bwyd môr, ac roedd pawb yn meddwl .... y pysgod yn flasus iawn.

Dach chi'n siŵr o gael diwrnod da os .... (mynd) chi i gerdded ar hyd llwybr yr arfordir, ac mae cerdded yn Sir Benfro'n well .... mynd dramor. Da chi, ... (chwilio) am y sgidiau cerdded a'r gôt law – mae'n hawdd.

Uned 5 / Adolygu ac Ymestyn

Siaradwch

Mae gwyliau yng Nghymru yn well na gwyliau tramor.
Rhestrwch o leia 10 o eiriau fydd yn eich helpu chi i siarad am wyliau:

....
....

Gwyliau yng Nghymru – pethau da	Gwyliau yng Nghymru – pethau drwg

Gwyliau tramor – pethau da	Gwyliau tramor – pethau drwg

Mewn grwpiau, siaradwch:
- Dach chi'n cytuno? Pam?
- Lle mae'r llefydd gorau am wyliau yng Nghymru?
- Lle mae'r llefydd gorau i fynd am daith undydd yng Nghymru?
- Be sy'n bwysig i chi pan dach chi'n dewis gwyliau?
- Be ydy'r problemau posibl efo gwyliau yng Nghymru a thramor?
- Soniwch am eich gwyliau gorau erioed.
- Lle fydd eich gwyliau nesa chi?/Lle fasech chi'n hoffi cael eich gwyliau nesa?
- Ydy pobol yn teithio llai achos COVID-19?

Uned 5 / Adolygu ac Ymestyn

Gwrando

1. Pa mor aml mae rhaglen Helen James ar y radio?

....

2. Sut ddaeth Gwen Tomos a Bleddyn Griffiths i nabod ei gilydd gynta?

....

3. Be dydy Bleddyn ddim yn ei hoffi am ei swydd o?

....

4. Pam oedd hi'n lwcus bod y glaw wedi stopio?

....

*****

5. Sut mae Bleddyn a Gwen yn cadw mewn cysylltiad?

....

6. Sut ydan ni'n gwybod bod cwmni bysus Bleddyn yn gwneud yn dda? Nodwch ddau ateb.

....

7. Pam mae Bleddyn yn mynd i'r Eidal yn amlach nag i'r Alban?

....

8. Pam mae'r 1950au'n bwysig yn hanes y teulu?

....

*****

9. Yn y darn, dach chi'n clywed "y pumdegau". Sut mae deud:

the sixties ....
the seventies ....
the eighties ....
the nineties ....

Chwedl – Rhys a Meinir

Roedd Rhys a Meinir yn gariadon ers blynyddoedd. Mi ofynnodd Rhys i Meinir ei briodi o.

Ar ôl iddi hi dderbyn, mi wnaeth Rhys siâp calon ar goeden i gofio'r diwrnod.

Ar fore'r briodas, mi wisgodd Meinir ei ffrog sidan hi yn barod i briodi. Ond roedd hi'n disgwyl i ffrindiau Rhys chwarae triciau arni hi, felly mi aeth hi i guddio.

Mi arhosodd Rhys am oriau, ond ddaeth Meinir ddim i'r eglwys.

Mi chwiliodd Rhys am ei gariad o am wythnosau, ond heb lwc.

Un noson stormus, mi aeth Rhys allan i chwilio eto. Mi stopiodd o wrth yr hen goeden, ond tarodd mellten y goeden a thorri'r goeden yn ei hanner.

Mi welodd Rhys olygfa ddychrynllyd – sgerbwd efo darnau o ffrog briodas ar yr esgyrn. Roedd Meinir wedi syrthio i mewn i'r goeden wrth guddio ac wedi methu dŵad allan.

Mi dorrodd calon Rhys ac mi syrthiodd o'n farw dan y goeden.

Heb edrych yn ôl ar y sgript, llenwch y bylchau.

Roedd Rhys a Meinir yn gariadon ers .... Mi ofynnodd Rhys i Meinir ei .... o. Ar ôl iddi hi dderbyn, mi .... Rhys siâp calon ar y goeden i gofio'r diwrnod. Ar fore'r briodas, ... Meinir ei ffrog sidan hi yn barod i briodi. Ond roedd hi'n disgwyl i ffrindiau Rhys .... triciau arni hi, felly mi aeth hi i guddio. Mi .... Rhys am oriau, ond ddaeth Meinir ddim i'r eglwys. Mi chwiliodd Rhys am ei gariad o am .... ond heb lwc. Un noson .... mi aeth Rhys allan i chwilio eto. Mi stopiodd o wrth yr hen goeden, ond mi darodd .... y goeden a thorri'r goeden yn ei .... Mi welodd Rhys olygfa ddychrynllyd – sgerbwd efo darnau o ffrog briodas ar yr esgyrn. Roedd Meinir wedi .... i mewn i'r goeden wrth guddio ac wedi .... dŵad allan. Mi dorrodd calon Rhys ac mi syrthiodd o'n .... dan y goeden.

Robin Radio

a) Atebwch:
Pwy sy wedi bod yn Nant Gwrtheyrn? ....
Pam? ....
Be ddylai Meinir ddim (ei) wneud yn Nant Gwrtheyrn? ....

b) Gwrandewch am
fel mae'n digwydd	*as it happens*
Am stori drist!	*What a sad story!*
lleoliad perffaith	*a perfect location*

c) Cyfieithwch:
That's a lovely name.	....
I will go next time.	....
somewhere interesting	....

Adolygu geirfa

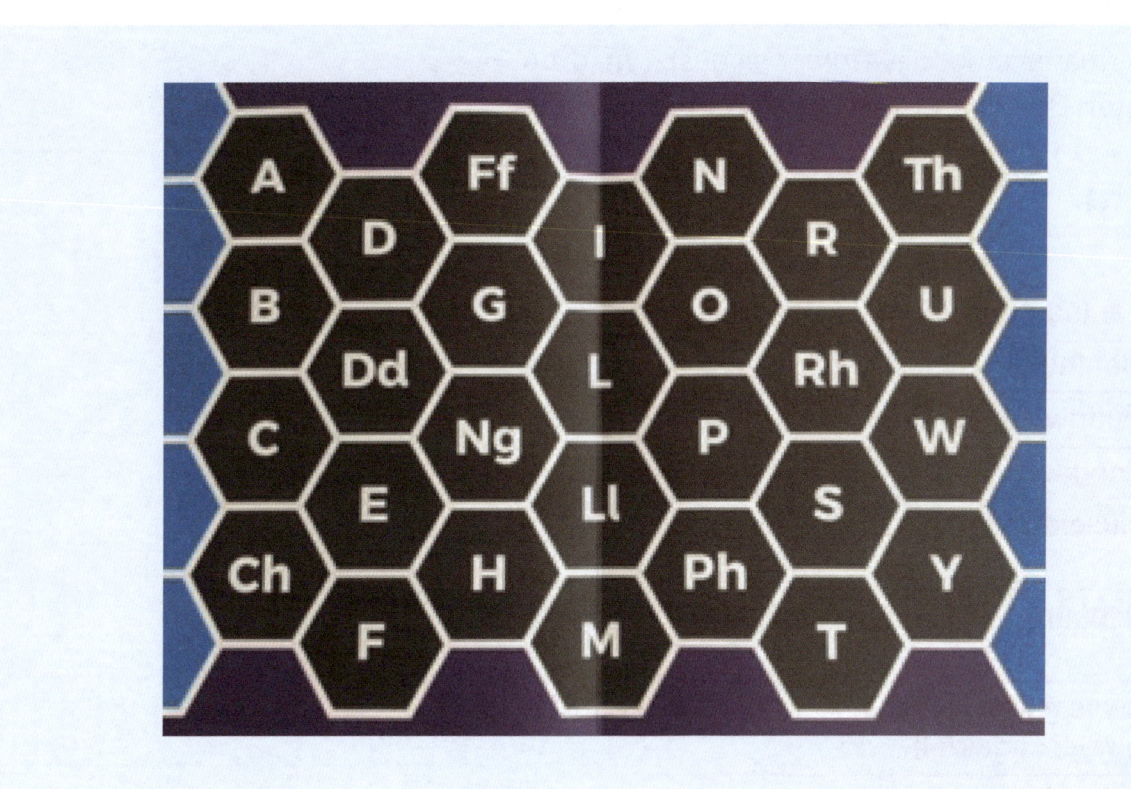

Help llaw

Atebion – Dysgwch yr atebion:

Weli di nhw yfory?	Wna i.
Wela i nhw yfory?	Gwnei.
Welith o/hi nhw yfory?	Gwneith.
Welwch chi nhw yfory?	Gwnawn.
Welwn ni nhw yfory?	Gwnewch.
Welan nhw chi yfory?	Gwnân.

Be ydy o?

Beth yw e?

Revision4

Uned 6 – Dyma'r gwaith – edrychwch drosto fo!

Nod yr uned hon ydy…
- **Iaith:** Ymarfer arddodiaid (*prepositions*) – **yn, dros**
- **Ymarfer:** Derbyn a gwrthod gwahoddiad

Geirfa

adran(nau)	department(s)
amlen(ni)	envelope(s)
breuddwyd(ion)	dream(s)
cefnogaeth	support
cynulleidfa(oedd)	audience(s); congregation(s)
dolen(ni)	loop(s); link(s); handle(s)
eglwys gadeiriol (eglwysi cadeiriol)	cathedral(s)
hwyl(iau)	mood(s)
mynedfa (mynedfeydd)	entrance(s)
siop trin gwallt	hairdresser's
twristiaeth	tourism

amgylchedd	environment
atgof(ion)	memory (-ies), recollection(s)
cofnod(ion)	note, (written) record, (minutes)
cyfaill (cyfeillion)	friend(s)
cyfrifydd (cyfrifwyr)	accountant(s)
diflastod	boredom
diwydiant (diwydiannau)	industry (-ies)
fferyllydd (fferyllwyr)	chemist(s)
ffitrwydd	fitness
gliniadur(on)	laptop(s)
gorffwys	rest
gweithle(oedd)	workplace(s)
nodyn (nodiadau)	note(s)
pigiad(au)	injection(s)
poster(i)	poster(s)
presgripsiwn (presgripsiynau)	prescription(s)
siswrn (sisyrnau)	scissor(s)
traethawd (traethodau)	essay(s)

cochi	to blush
cynllunio	to plan
dianc	to escape
llwyddo (i)	to succeed (in doing)
marchnata	to market, marketing
para	to last
perswadio	to persuade
ymddiried	to trust

defnyddiol	useful
diogel	safe

dannedd gosod	dentures, false teeth
druan ohonat ti	you poor thing
dŵad draw	to come over
edrych dros	to check, to look over
gan gynnwys	including
gyda'r hwyr	gyda'r nos

Uned 6 / Dyma'r gwaith – edrychwch drosto fo!

Geiriau pwysig i mi...

....

....

....

Siaradwch

- Pa gerddoriaeth sy'n eich gwneud chi'n hapus? Roc a rôl? Pop? Gwerin? Clasurol?
- Pryd a lle dach chi'n gwrando ar gerddoriaeth?
- Oedd gynnoch chi hoff grŵp/ganwr pan oeddech chi'n blentyn/yn berson ifanc?
- Dach chi'n mwynhau gweld a chlywed cerddoriaeth fyw?
- Sgynnoch chi atgof arbennig o gyngerdd/gig/sioe gerdd/opera?
- Dach chi'n berson cerddorol? Dach chi'n canu unrhyw offeryn?
- Fasech chi'n hoffi canu rhyw offeryn?
- Pa ddwy gân fasech chi'n (eu) dewis tasech chi'n mynd ar raglen radio fel *Desert Island Discs*?

Arddodiaid

Efo'ch partner, llenwch y bylchau efo un o'r arddodiaid yma:

â   **efo** (x3)   **iddyn**   **ar** (x2)   **wrtha**   **wrthyn**

Dw i'n mynd ....'r plant i'r ysgol yn y car bob dydd. Mae'r daith yn para hanner awr. Dw i'n deud .... nhw bod rhaid .... nhw siarad .... fi – dim radio, dim ffonau i neb!

Maen nhw'n anghytuno .... fi am fy rheol i, ond maen nhw'n cytuno .... fi bod hanner awr yn amser hir!

Dw i'n eu cyfarfod nhw yn y prynhawn ac os ydyn nhw'n deud hanes y diwrnod .... i, maen nhw'n cael edrych .... eu ffonau nhw am y pum munud ola! Maen nhw hefyd yn cael edrych .... eu gliniaduron nhw ar ôl cyrraedd adre.

Dach chi'n cofio?

Pa mor aml wyt ti'n mynd i'r banc?   Dw i byth yn mynd i'r banc.
Pa mor aml wyt ti'n mynd i'r ganolfan hamdden?   Dw i'n mynd i'r ganolfan hamdden bob wythnos.

Pa mor aml wyt ti'n mynd at y deintydd?   Dw i'n mynd ati hi bob chwe mis.

Pa mor aml wyt ti'n mynd at yr optegydd?   Dw i'n mynd ato fo bob naw mis.

Sgwrs

A: Wyt ti'n edrych ymlaen at y gwyliau?
B: Ydw, yn fawr. Dan ni'n mynd i aros efo fy chwaer a'r teulu ym Mhatagonia.
A: Cofia fi atyn nhw! Ydy'r plant yn mynd efo chi?
B: Wrth gwrs! Ond rhaid iddyn nhw golli tair wythnos o ysgol.
A: Wyt ti wedi gofyn i'r pennaeth eto?
B: Dw i'n mynd i ofyn iddi hi yfory. Rhaid i mi ysgrifennu nodyn ati hi.
A: Dewch draw aton ni ar ôl i chi ddŵad adre i ddangos eich lluniau chi i ni!
B: Iawn. Ac mi anfona i luniau atoch chi hefyd o Batagonia.
A: Gwych!

At

Dw i'n mynd i weld Aled a Nia	Cofia fi atyn nhw.

Dw i'n mynd i weld Aled.	....

Dw i'n mynd i weld Nia.	....

Dw i'n mynd i weld y plant.	....

Dros

Wnei di edrych dros y neges yma?	Mi edrycha i drosti hi mewn munud.

Wnei di edrych dros y traethawd yma?	Mi edrycha i drosto fo ar ôl cael paned.

Wnei di edrych dros y cofnodion yma?	Mi edrycha i drostyn nhw ar ôl cinio.

Gofynnwch i'ch partner edrych dros y rhain.

e.e. Wnei di edrych dros y neges yma?
Mi edrycha i drosti hi ar ôl...

- y neges (hi)
- yr ebost (fo)
- y llythyr (fo)
- y gwaith (fo)
- y gwaith cartre (fo)
- y nodiadau (nhw)
- y ffigurau (nhw)

A: O, bechod – mae gen ti lawer o waith yn cynllunio'r cyfarfod!

B: Oes, ond be am yr Adran Farchnata – dw i'n teimlo drostyn nhw, yn gorfod perswadio cynulleidfa i ddŵad!

A: Ac maen nhw'n teimlo drosta i – mi fydd rhaid i mi fynd i'r cyfarfod!

B: Teimlo drostat ti? Teimlo drosta i, gobeithio! Rhaid i mi fynd i'r cyfarfod hefyd.

Yn

Sgen ti ddiddordeb yn y llyfr?	Nac oes, sgen i ddim diddordeb ynddo fo.

Sgen ti ddiddordeb yn y swydd?	Nac oes, sgen i ddim diddordeb ynddi hi.

Sgen ti ddiddordeb yn y digwyddiadau?	Nac oes, sgen i ddim diddordeb ynddyn nhw.

Uned 6 / Dyma'r gwaith – edrychwch drosto fo!

Gofynnwch i'ch partner sgynno fo/sgynni hi ddiddordeb yn y pethau yma:

y ddrama	y wibdaith	y ras feicio
yr erthygl	y cwrs gramadeg	yr awdur
Wimbledon	y cyfarfodydd	y ffilmiau ditectif
Y Gemau Olympaidd	y cyngherddau	y teithiau cerdded

Rŵan, edrychwch ar y lluniau a gofynnwch i'ch partner sgynno fo/sgynni hi ddiddordeb yn y pethau yma.

Gwrando

Gwrandewch ar y ddeialog ac ysgrifennwch be ydy gwaith pawb:

| Mrs Scott | Toni | Sarjant James |

........................./........................./........................./

| Mrs Connor | Mr Hughes | Catrin | Mrs Thomas |

........................./........................./........................./........................./

| Miss Clarke | Gareth |

........................./........................./

Ar

Yn y ddeialog, dach chi'n clywed **Mae arnon ni bres iddyn nhw**.

Efo'ch partner, ymatebwch:

Mi ges i bum bunt gan John.   Mae arna i bum punt iddo fo.
Mi ges i bum punt gan Mari.   ....
Mi ges i bum punt gan John a Mari.   ....
Mi ges i ddeg punt gan Lloyd.   ....
Mi ges i ddeg punt gan Siân.   ....
Mi ges i bunt gan y plant.   ....

Gwrando a gwylio

Dyma Eadyth Crawford. Nodwch dri pheth ddysgoch chi amdani hi o'r fideo.

1. ....
2. ....
3. ....

Siaradwch – Yn y gweithle

- Pa mor aml wyt ti'n/oeddet ti'n gweithio ar y cyfrifiadur?
- Pa mor aml wyt ti'n/oeddet ti'n edrych ar ebyst?
- Pa mor aml wyt ti'n/oeddet ti'n mynd i gyfarfodydd?
- Pa mor aml wyt ti'n/oeddet ti'n siarad Cymraeg efo cydweithwyr?

Ymarfer – Derbyn a gwrthod gwahoddiad

Efo'ch partner, darllenwch y darnau a dewiswch be sy'n cael ei ddisgrifio.

priodas   pwyllgor pwysig   parti ymddeol   protest   taith gerdded

1. Diolch am y gwahoddiad. Dw i'n edrych ymlaen at ddŵad. Mi weles i'r poster amdani hi wythnos diwetha. Dw i'n meddwl bod yr amgylchedd yn bwysig iawn. Faint o'r gloch mae'r bws yn gadael?

....

2. Wel, gobeithio byddi di'n mwynhau'r holl amser sbâr. Dw i'n siŵr bod hwyliau da arnat ti! Mi fyddwn ni yna wrth gwrs, ond dw i ddim wedi dewis fy ngwisg ffansi i eto! Cofia fi at Pat!

....

3. Dw i yn poeni am fy ffitrwydd i, ond dw i ddim yn meddwl basai dringo i gopa'r Wyddfa dydd Sadwrn yma yn syniad da. Pob hwyl i chi!

....

4. Diolch am y gwahoddiad. Waw! Gwasanaeth yn yr eglwys gadeiriol! Mi chwilia i am het newydd dydd Sadwrn! Wnewch chi anfon eich rhestr anrhegion chi ata i?

....

5. Helô, Helen. Diolch, ond dim diolch. Mae gen i ddigon o ddiflastod yn fy ngwaith i bob dydd heb fynd i gyfarfodydd hir gyda'r hwyr hefyd. Dw i angen gorffwys, dim mwy o waith! Pob hwyl yn llwyddo i berswadio rhywun!

....

Deialogau

Efo'ch partner, penderfynwch be ydy geiriau **B** bob tro.

A: Wyt ti isio dŵad i swper nos Fawrth nesa?
B: ....
A: Be am nos Fercher 'ta?
B: ....

A: Wyt ti isio dŵad i weld ffilm newydd Ioan Rhys?
B: ....
A: Yn y Plaza nos Iau.
B: ....

A: Wyt ti isio dŵad i gyfarfod i drafod problemau plastig?
B: ....
A: Mae 'na tua deuddeg o bobol yn cyfarfod unwaith y mis.
B: ....

Llenwch y bylchau

Un o hoff ddiddordebau Carys Roberts .... canu'r delyn. Dyma ychydig o'i hanes...

'Mi ddechreues i gael gwersi yn yr ysgol pan oeddwn i'n naw oed, ond roeddwn i wedi dechrau canu'r piano pan oeddwn i'n saith – roedd rhaid .... mi ganu'r piano am .... (2) flynedd cyn cael gwersi telyn. Do'n i ddim yn hoffi'r piano .... gwbl – doedd gen i ddim diddordeb .... (yn) fo.

Y tro .... (x1) i mi gael fy nhelyn fy hun, telyn fach o Siapan oedd hi. Wedyn, mi .... (prynu) fy rhieni delyn newydd o'r Unol Daleithiau. Roedd hi'n delyn aur ac yn .... (mawr) na'r un o Siapan. Roeddwn i'n teimlo'n lwcus iawn. Mae 'na lawer o bobl yn meddwl .... y delyn yn arbennig i ni yng .... (Cymru), ond mae hi'n boblogaidd iawn dros y byd.

Pan .... (mynd) i i'r coleg, mi ddewises i astudio Cerdd fel pwnc, ond roedd hi'n anodd cadw'r delyn yn y coleg. .... 'na ddim llawer o le .... (i) hi mewn ystafell fach yn fy hostel, ac ro'n i'n poeni .... (am) hi pan oedd pobl yn dŵad mewn i'r ystafell. O edrych yn ôl, mi fasai gitâr neu ffliwt wedi bod yn .... o niwsans!

Ar ôl i mi .... (gadael) y coleg, mi ges i swydd fel athrawes .... ysgol uwchradd fawr. Mae 'na lawer o blant isio dysgu canu'r delyn felly dw i'n brysur iawn bob amser cinio, yn rhoi gwersi .... (i) nhw. Erbyn hyn, mae gen i delyn fach a dw i'n rhoi'r gwersi .... (ar) hi ac yn ei defnyddio hi i ymarfer canu efo'r plant yn y dosbarth: maen nhw .... eu bodd! Mae'n anodd credu pa .... ddefnyddiol ydy medru canu'r delyn yn yr ysgol.

Tasai gen i amser, mi .... i'n hoffi canu'r delyn yn fwy aml. Mae gen i ffrind sy'n byw yn Ffrainc, felly yr haf nesa dw i'n mynd i aros .... (at) hi, a mynd â'r delyn efo mi. Gobeithio .... y tywydd yn braf! Bysgio ydy'r ffordd .... (da) o gyfarfod pobl a gwneud tipyn bach o bres!'

Siaradwch – Mae Cymru'n dibynnu ar dwristiaid.

Nodwch o leia chwe lle twristaidd yng Nghymru.

Nodwch o leia 10 gair ar thema twristiaeth.

Be sy'n dda am dwristiaeth?	Be sy ddim yn dda am dwristiaeth?

Siaradwch am y pwnc mewn grŵp. Cofiwch siarad am eich profiadau chi yng Nghymru. Pa gyngor fasech chi'n ei roi i dwristiaid sy isio dŵad i Gymru?

Uned 6 / Dyma'r gwaith – edrychwch drosto fo!

Robin Radio

a) Atebwch:

Efo pwy mae Cadi'n gweithio? ....

Be ydy cysylltiad Catrin Zara efo Abercastell? ....

Pam mae Tom Siôn yn enwog? ....

b) Gwrandewch am:

Dw i'n cochi.	I'm blushing.
neb eto	no one yet
er enghraifft	for example

c) Cyfieithwch:

Have you met anyone famous? ....

We're looking for someone. ....

We'll ask someone else. ....

Help llaw

Mi ddysgoch chi rai arddodiaid (*prepositions*) yn y Cwrs Sylfaen (unedau 8 a 9) – â, am, ar, at, i, wrth.

Y tro yma, dan ni wedi edrych ar **yn** a **dros**:

Mae gen i gar.

ynddа i	yndd**on** ni
yndd**at** ti	yndd**och** chi
yndd**o** fo	yndd**yn** nhw
yndd**i** hi	

drost**a** i	drost**on** ni
drost**at** ti	drost**och** chi
drost**o** fo	drost**yn** nhw
drost**i** hi	

Mae car gyda fi.

Uned 7 – Be wyt ti'n (ei) feddwl ohono fo?

Nod yr uned hon ydy...
• **Iaith:** Yr arddodiad 'o' (ohona i, ohonat ti, ohono fo, ohoni hi, ohonon ni, ohonoch chi, ohonyn nhw) a'r negyddol 'mo'
• **Ymarfer:** Gwadu

Geirfa

cyffordd (cyffyrdd)	junction(s)
dawn (doniau)	talent(s)
gwrach(od)	witch(es)
lôn feicio	bike lane
ocsiwn (ocsiynau)	auction(s)

addasu	to adapt
cicio	to kick
codi ofn (ar)	to frighten
cyflogi	to employ
cyfrannu (at)	to contribute (to)
gosod	to put; to set
gwadu	to deny
gweini	to serve
sefydlu	to establish
ymddiheuro (i)	to apologise (to)

ar frys	in a hurry
drws ffrynt	front door
gwell hwyr na hwyrach	better late than never
oni bai am...	if it weren't for...

aber(oedd)	estuary (-ies)
artist(iaid)	artist(s)
arwydd(ion)	sign(s)
calendr(au)	calendar(s)
camera cyflymder	speed camera
cawr (cewri)	giant(s)
cricedwr (-wyr)	cricketer(s)
cyfarwyddyd (cyfarwyddiadau)	direction(s), instruction(s)
egni	energy
etholiad(au)	election(s)
llety	accommodation
llys(oedd)	court(s)
parc gwledig	country park
targed(au)	target(s)
testun(au)	subject(s); text(s)

brwnt	dirty (de Cymru)
budr	dirty (gogledd Cymru)
cywir	correct
ffyrnig	fierce
hael	generous
llwyddiannus	successful
mentrus	adventurous
rhamantus	romantic

Geiriau pwysig i mi...

Adolygu

Chwaraewch y gêm efo'ch partner chi.

Gêm Arddodiaid

Dechrau

Mae hi'n chwilio .... fi	Dw i'n aros .... ti	Dach chi'n edrych .... fo	Dw i'n gwrando .... hi
Mi fyddwch chi'n cwyno .... fo	Mi anfonest ti .... fo	Roedd hi'n darllen .... ti	Dw i wedi clywed .... chi
Mi arhoses i .... fo	Mi fydd hi'n gofyn .... fi	Mi siaradon ni .... hi	Edrychwch .... nhw
Dw i'n aros .... fo	Mae hi'n gwrando .... ni	Mae hi'n gwrando .... hi	Dw i'n gofyn .... chi

Uned 7 / Be wyt ti'n (ei) feddwl ohono fo?   77

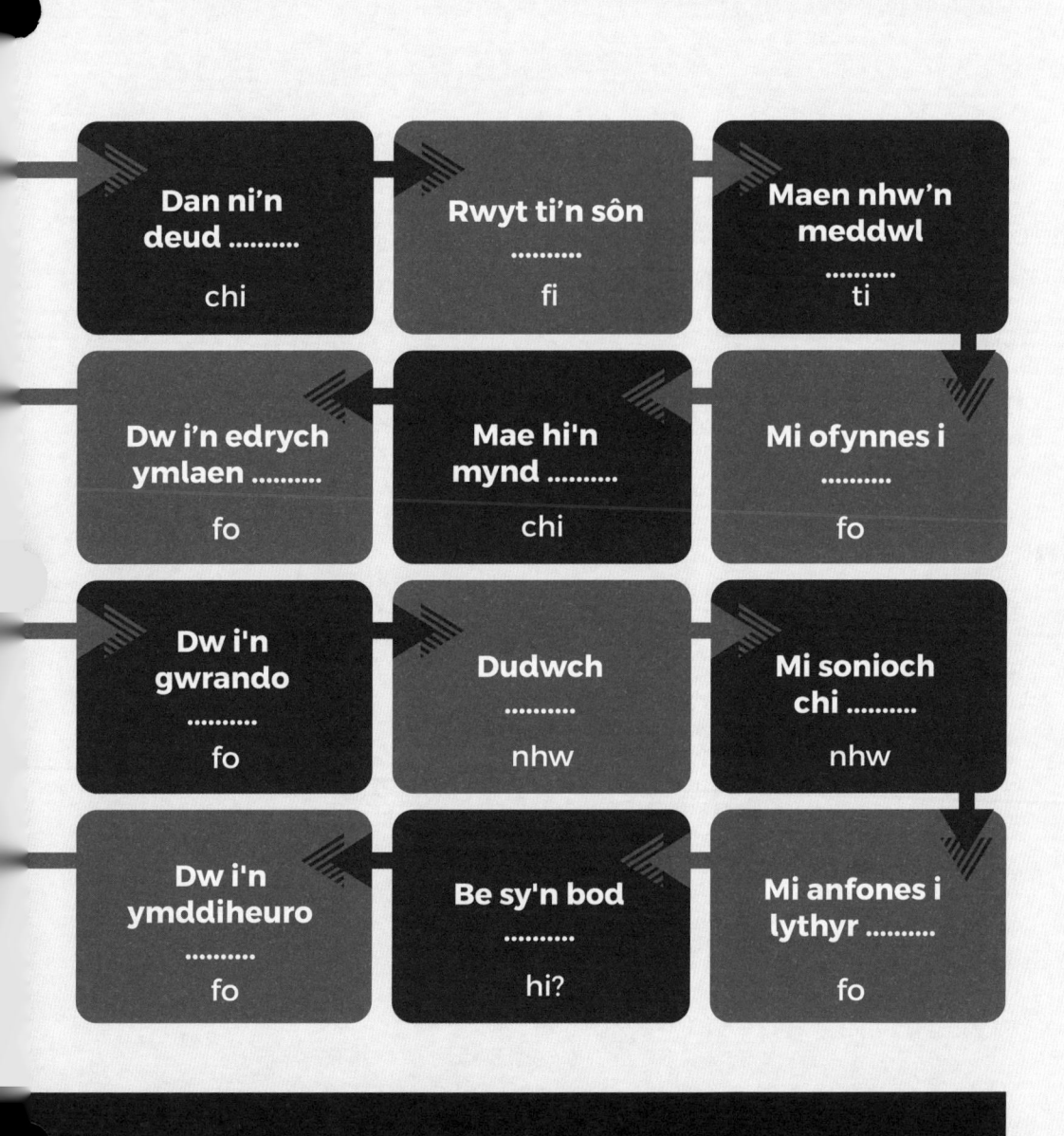

Dan ni'n deud ………. chi	**Rwyt ti'n sôn** ………. fi	**Maen nhw'n meddwl** ………. ti
Dw i'n edrych ymlaen ………. fo	**Mae hi'n mynd** ………. chi	**Mi ofynnes i** ………. fo
Dw i'n gwrando ………. fo	**Dudwch** ………. nhw	**Mi sonioch chi** ………. nhw
Dw i'n ymddiheuro ………. fo	**Be sy'n bod** ………. hi?	**Mi anfones i lythyr** ………. fo

Siaradwch

Siaradwch amdanoch chi eich hun, eich teulu neu'ch ffrindiau chi.
Rhaid i chi ofyn cwestiynau i'r bobol eraill yn y grŵp hefyd.

1. Pan o'n i'n ddeg oed...
2. Un nos Galan...
3. Deg mlynedd yn ôl...
4. Ar ôl gadael yr ysgol...
5. Mewn pum mlynedd...
6. Mewn chwe mis...

O

Mae 'na bump ohonon ni yn y dosbarth heddiw.	*There are five of us in class today.*
Mae 'na chwech ohonon ni yn y dosbarth heddiw.	*There are six of us in class today.*
Mae 'na saith ohonon ni yn y dosbarth heddiw.	*There are seven of us in class today.*
Mae 'na wyth ohonon ni yn y dosbarth heddiw.	*There are eight of us in class today.*

Holiadur

ailgylchu	mwynhau nofelau	chwarae offeryn	defnyddio llawer o blastig	mynd i'r un siop trin gwallt bob tro

Faint o bobol sy yn y llun?

Mae 'na dri o bobol yn y llun. ....

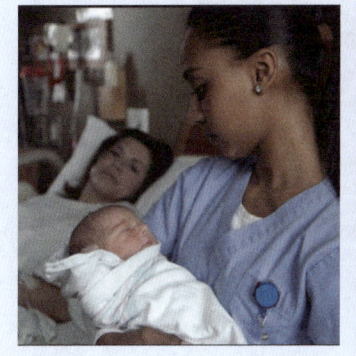

Mae 'na dair ohonyn nhw. ....

Yn y Bar Gwin:

Faint sy'n yfed gwin? ....

Faint sy'n darllen?   ....

Faint sy'n ferched?   ....

Faint sy'n ddynion?   ....

Uned 7 / Be wyt ti'n (ei) feddwl ohono fo?

Gwrando – Deud eich deud

Yn y bar carioci:

A: Wel? **Be oeddet ti'n (ei) feddwl** ....?

B: Be o'n i'n (ei) feddwl ....? Mae gen ti ddawn! Mi ddylet ti fynd ar Noson Lawen!

A: Rwyt ti'n rhy hael! Diolch yn fawr!

Ar ôl y gêm bêl-droed:

A: Wel? **Be oeddet ti'n (ei) feddwl** ...., Dad?

B: Be o'n i'n (ei) feddwl ....? Mi golloch chi o ddeg gôl i ddim! Wnest ti ddim cicio'r bêl!

A: Diolch am ddim byd!

Yn yr oriel:

A: Wel – **be wyt ti'n (ei) feddwl** ....?

B: Be dw i'n (ei) feddwl ....? Maen nhw'n ddiddorol! Pwy ydy'r artist?

A: Fi, wrth gwrs!

Be dach chi'n (ei) feddwl ohono fo?   Dw i'n meddwl fod o'n <u>annifyr</u>.
Be dach chi'n (ei) feddwl ohoni hi?   Dw i'n meddwl bod hi'n <u>fusneslyd</u>.
Be dach chi'n (ei) feddwl ohonyn nhw? Dw i'n meddwl bod nhw'n <u>gostus</u>.

Holiadur

A: *Patagonia* ydy fy hoff ffilm i. Be dach chi'n (ei) feddwl ohoni hi?
B: Dw i'n meddwl bod hi'n dda hefyd./Dw i'n meddwl bod hi'n ofnadwy./ Dw i ddim wedi gweld *Patagonia*.

	1.	2.	3.	4.	5.
hoff ffilm (hi)					
hoff lyfr (fo)					
hoff grŵp (nhw)					

Y Negyddol

Dach chi'n cofio?

Does 'na ddim llefrith ar ôl!
Does 'na ddim bisgedi ar ôl!

Yfes i ddim llefrith heddiw.
Fwytes i ddim bisgedi heddiw.

Yfes i mo'r llefrith.
Fwytes i mo'r bisgedi.
Weles i mo'r rhaglen.
Phrynes i mo'r car.

I didn't drink the milk.
I didn't eat the biscuits.
I didn't see the programme.
I didn't buy the car.

Efo'ch partner, dilynwch y patrwm:

Gest ti'r neges?   Naddo, ches i mo'r neges.
Brynest ti'r llyfr?   ....
Dalest ti'r biliau?   ....
Glywest ti'r rhaglen?   ....
Ddarllenest ti'r erthygl?   ....
Goginiest ti'r pysgod?   ....
Fwytest ti'r brechdanau?   ....
Lenwest ti'r tanc?   ....

Gest ti'r neges?   Naddo, ches i **moni** hi.
Gest ti'r llythyr?   Naddo, ches i **mono** fo.
Gest ti'r biliau?   Naddo, ches i **monyn** nhw.

Dilynwch y patrwm.

Anfones i mo'r ebost ddoe.   Anfona i mono fo yfory chwaith!
Orffennes i mo'r gwaith ddoe.   ....
Phrynes i mo'r blodau ddoe.   ....
Thales i mo'r biliau treth ddoe.   ....
Ches i mo'r neges neithiwr.   ....
Wnes i mo'r gwaith cartref neithiwr. ....

Sgwrs 1 – Yn y llys

A: Dudwch be ddigwyddodd, Mr Jones.
B: Wel, mi es i ar goll yn y Parc Gwledig.
A: Pam aethoch chi ar goll?
B: Chlywes i mo'r cyfarwyddiadau gan y warden.
A: Pam wnaethoch chi ddim troi wrth yr arwydd?
B: Weles i mo'r arwydd, a weles i mo'r gyffordd chwaith.
A: Pam groesoch chi'r lôn feicio mor gyflym a chodi ofn ar y plant?
B: Weles i mo'r lôn feicio chwaith. Wedyn mi aeth fy nghar i yn erbyn wal frics.
A: Sut?
B: Weles i mo'r wal pan o'n i'n trio parcio yn y maes parcio.
A: Pam dach chi yn y llys heddiw, felly?
B: Weles i mo'r camera cyflymder wrth yrru i ffwrdd ar frys!

Be oedd y broblem efo'r cyfarwyddiadau? (nhw)
....

Be oedd y broblem efo'r gyffordd? (hi)
....

Be oedd y broblem efo'r lôn feicio? (hi)
....

Be oedd y broblem efo'r wal? (hi)

....

Be oedd y broblem efo'r camera cyflymder? (fo)

....

Welodd o mona i ddoe.	*He didn't see me yesterday.*
Welodd o monat ti ddoe.	*He didn't see you yesterday.*
Welodd o monon ni ddoe.	*He didn't see us yesterday.*
Welodd o monoch chi ddoe.	*He didn't see you yesterday.*

Ymatebwch:

Welodd o ti ddoe?	Naddo, welodd o mona i.
Welodd o fo ddoe?	....
Welodd o chi ddoe?	....
Welodd o nhw ddoe?	....
Helpodd o chi ddoe?	....
Helpodd o ti ddoe?	....
Helpodd o hi ddoe?	....
Helpodd o nhw ddoe?	....
Ffoniodd o nhw ddoe?	....
Ffoniodd o chi ddoe?	....
Ffoniodd o hi ddoe?	....
Ffoniodd o ti ddoe?	....
Glywodd o ti ddoe?	....
Glywodd o nhw ddoe?	....
Glywodd o hi ddoe?	....
Glywodd o chi ddoe?	....

Ymarfer – Gwadu

A: Pwy dorrodd y ffenest? Dw i isio gwybod.
B: Dw i ddim yn gwybod. Wnes i ddim. Ro'n i allan neithiwr.
A: Mi glywes i fod ti wedi bod yn cadw sŵn yn hwyr eto.
B: Dydy hynny ddim yn wir. Wnes i ddim.
A: Wel, mae rhywun yn gwneud...

A: Mae 'na bres wedi mynd o'r swyddfa.
B: Be dach chi'n disgwyl i mi wneud? Dw i ddim yn gwybod dim byd.
A: Mae rhywun yn y swyddfa wedi mynd â'r pres.
B: Dim ond dwy bunt oedd yna.

A: Helô, helô, helô. Roeddech chi'n gyrru wyth deg milltir yr awr, syr.
B: Dw i ddim yn medru gwadu hynny. Ond dw i ar frys. Mae gen i gyfarfod pwysig, a dw i'n hwyr.
A: Gwell hwyr na hwyrach! Roeddech chi'n gyrru'n beryglus.
B: Dw i yn gwadu hynny. Yn gyflym, o'n, ond do'n i ddim yn gyrru'n beryglus.

Darllen

Pwy sy'n gwadu?

cwmni dŵr	athrawon	hogiau ifainc
'Y Pandas Pinc'	y llywodraeth	Tîm Mercedes

1. Maen nhw'n gwadu dechrau tân ar y mynydd.

....

2. Maen nhw'n gwadu newid yr olwyn yn rhy araf.

....

3. Maen nhw'n gwadu bydd dŵr budr yn broblem iechyd.

....

4. Maen nhw'n gwadu bod plant yn gweithio'n llai caled.

....

5. Maen nhw'n gwadu bydd etholiad yn fuan.

....

6. Maen nhw'n gwadu bydd y grŵp yn dod i ben.

....

Gwrando

Mae 'na nifer o bobol wedi bod yn y llys ac maen nhw i gyd yn gwadu gwneud rhywbeth. Be?

1. Mae'r ferch yn gwadu ....
2. Mae Mr Jones yn gwadu ....
3. Mae'r dynion yn gwadu ....
4. Mae'r bobol ifainc yn gwadu ....
5. Mae Miss Williams yn gwadu ....
6. Mae Sam Morris yn gwadu ....

Sgwrs 2

Atebwch y cwestiynau heb edrych ar y sgript.

1. Lle mae Siôn Ifans yn gweithio? ....
2. Pam mae o'n ffonio tŷ Mr a Mrs Huws? ....
3. Mae Mrs Huws wrth ei bodd yn gwylio criced. Cywir neu anghywir? ....
4. Pryd aeth Siôn Ifans i gartref Mr a Mrs Huws? ....
5. Pam mae Mr Huws yn trefnu gwyliau i'r Caribî? ....

Mrs Huws: Helô, Abercastell 395713. Pwy sy'n siarad?

Mr Ifans: Helô, Siôn Ifans o Siop Lyfrau'r Aber yma.

Mrs Huws: Wel, sut mae busnes, Mr Ifans?

Mr Ifans: Da iawn, diolch – ond dw i isio gofyn pryd dach chi'n dŵad i dalu am eich llyfr chi.

Mrs Huws: Llyfr? Pa lyfr?

Mr Ifans: Chaethoch chi mo'r llyfr *Cricedwyr a Chalypso*?

Mrs Huws: Cricedwyr? Mae'n gas gen i griced. Dach chi'n siŵr bod chi wedi ffonio'r rhif cywir?

Mr Ifans: Do, yn bendant. Mi ddudodd eich gŵr chi basai rhywun yn dŵad i dalu amdano fo, felly mi wnes i roi'r llyfr trwy'r drws ffrynt dros y penwythnos.

Mrs Huws: Weles i mo'r llyfr. Rhaid i chi ffonio'r gŵr ar 07823 556427. Dw i ddim yn mynd i dalu.

Mr Ifans: O, arhoswch funud, mae 'na lyfr arall yma hefyd yn enw eich gŵr chi. Weles i mono fo o dan y papurau ar y ddesg. Dyma fo – *Lleoedd rhamantus i aros yn y Caribî*.

Mrs Huws: O? Os felly, pan dach chi'n ffonio'r gŵr, peidiwch â sôn am ein sgwrs ni!

Mr Ifans: Dim gair! Hwyl, Mrs Huws.

(ffôn lawr)

Mrs Huws: Chwarae teg, anghofiodd o mo'r pen-blwydd priodas arbennig eleni! Ond wylia i mo'r criced, hyd yn oed yn y Caribî!

Llenwch y bylchau

Neithiwr, mi............................... (mynd) grŵp o ferched o Gwm Cynon i Gaerdydd i dderbyn gwobr arbennig gan Fenter Cymru. Mi enillon nhw'r wobr am sefydlu busnes newydd .... ardal Aberdâr, ardal lle mae dros ddeg y cant o'r bobl allan o waith.

Roedd y merched – Del, Jan, Lynette a Helen – yn yr ysgol efo'i gilydd, yn yr
.... dosbarth. Mi aethon nhw ar lwybrau gwahanol iawn ar ôl
.... (i) nhw adael. Mi aeth Lynette a Helen i brifysgolion
gwahanol, ac mi arhosodd Del a Jan adre.

Tua phum .... (blwyddyn) yn ddiweddarach, mi ddaeth y ddwy
arall yn ôl i fyw yn Aberdâr. 'Roedd hi'n amser anodd i ni i gyd,' meddai Del, 'am
resymau gwahanol. Doedd dim un .... (o) ni'n gweithio, a dim
pres yn dod i mewn. Mi benderfynon ni fod angen gwneud rhywbeth, ac un
diwrnod mi .... (cael) Jan y syniad o agor llety ....
(cath) a chŵn.'

Be yn union ydy'r 'llety' yma felly? 'Wel,' meddai Del, 'pan fydd pobl yn mynd i
ffwrdd ar wyliau, yn aml iawn .... dim lle gynnyn nhw i adael eu
hanifeiliaid anwes. Roedd fy rhieni i'n mynd i aros yn .... carafán
nhw yng ngorllewin Cymru bob haf, ac roedd hi'n broblem bob blwyddyn
cael rhywun i edrych ar ôl Fflwffen y gath. Weithiau, roedden nhw'n mynd
.... 'r gath i lety yn agos i Gaerdydd, ac roedd gwyliau'r gath yn
costio mwy ....'r gwyliau yn y garafán yng ngorllewin Cymru!'

'Ro'n i'n nabod llawer o bobl yn yr ardal â phroblem debyg. Mae ci neu gath
gan bob teulu bron, felly ro'n ni'n meddwl .... hyn yn syniad
da ar gyfer busnes newydd. Mi ofynnon ni am arian gan Fenter Cymru i
addasu adeiladau. Mae sgiliau gwahanol gan bawb – mae Lynette yn gofalu
.... y pres. Mae Del a Jan yn gweithio yn y swyddfa, a Helen yn
glanhau'r cytiau.'

Mae rhieni Jan a Helen yn helpu weithiau, ond mae'r merched yn gobeithio y
byddan nhw'n cyflogi person arall yn y dyfodol. Maen nhw hefyd yn meddwl
dylai anifeiliaid gael gofal da yn y llety. Maen nhw .... eu bodd
yn y gwaith. Be fyddan nhw'n (ei) wneud â'r mil o .... (££) a
dderbynion nhw yn y seremoni neithiwr? 'Wel,' meddai Del, ...
ni isio creu gwefan i'r cwmni. Mi fydd cwsmeriaid yn medru bwcio dros y we.
Dyna'r peth .... (x1). Yr ail beth fydd rhoi arwydd mawr yn
dweud 'Gwesty Cathod a Chŵn Cwm Cynon' y tu allan i'r llety. Mi fydd pawb yn
gwybod lle i ddŵad.'
.... lwc i Del, Jan, Helen a Lynette – .... (4)
merch fentrus... a llwyddiannus!

Robin Radio

a) Atebwch:

Pwy oedd yn y llun? ....

Be oedd ar ben Anti Mair? ....

Faint ydy oed mam Robin? ....

b) Gwrandewch am

gwisg gwrach	a witch's costume.
Mae'n ddoniol iawn.	It's very funny.
Mi wrthodes i.	I refused.

c) Cyfieithwch:

Did you see the picture of you? ....

What will everyone think of me? ....

Mum didn't see the picture. ....

Help llaw

1. Dysgwch yr arddodiad **o**. Y tro yma y bôn ydy **ohon**- Dyma'r patrwm yn llawn:

ohona i	ohonon ni
ohonat ti	ohonoch chi
ohono fo	ohonyn nhw
ohoni hi	

2. I greu'r negyddol efo enw pendant (*definite noun*) a ffurfiau cryno (*short form verbs*), rhaid i ni ddefnyddio **ddim** + **o** sy'n troi yn **mo**.

Weles i ddim newyddion neithiwr.	I didn't see any news last night.
Weles i **mo'r** newyddion neithiwr.	I didn't see **the** news last night.

Mae'n digwydd efo enwau priod (*proper nouns*) a rhagenwau (*pronouns*) hefyd:

    Weles i **mo** Tom.   Weles i **mono** fo.

Dysgwch:

mona i	mohon ni
monat ti	monoch chi
mono fo	monyn nhw
moni hi	

Wrth ddarllen, mae'n bosib byddwch chi'n gweld:

mohona i	mohonon ni
mohonot ti	mohonoch chi
mohono fo	mohonyn nhw
mohoni hi	

Dim ond efo berfau **cryno** (*concise*) mae hyn yn digwydd:

    Dw i ddim yn darllen y llyfr.
    Dw i ddim wedi darllen y llyfr.
    Fydda i ddim yn darllen y llyfr.
    Faswn i ddim yn darllen y llyfr.

OND

    Ddarllenes i **mo'r** llyfr.
    Ddarllena i **mo'r** llyfr.

3. Cofiwch fod **dau** dreiglad yn digwydd yn y negyddol.
Treiglad Llaes gyda T, C, P:

    Thalith hi monyn nhw.
    Chlywes i mo'r larwm.
    Pharcies i mo'r car.

Treiglad Meddal os nad ydy'r Treiglad Llaes yn bosib:

    Ddarllenes i mo'r ebost.
    Fwytodd o mo'r cinio.
    Weles i moni hi.

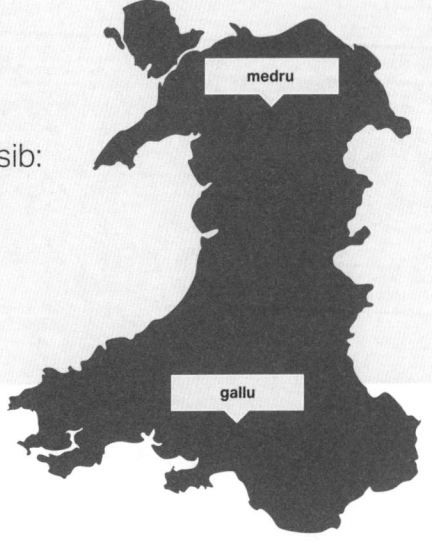

Uned 8 – Rhedwch ar ei ôl o!

Nod yr uned hon ydy...
- **Iaith:** ar ôl, wrth ymyl
- **Ymarfer:** Rhoi cyfarwyddiadau

Geirfa

cenhinen (cennin)	leek(s)
croesffordd	crossroads
cyfraith (cyfreithiau)	law(s)
daear	earth
ffaith (ffeithiau)	fact(s)
ffrâm (fframiau)	frame(s)
llawdriniaeth(au)	operation(s)
nefoedd	heaven
priffordd (priffyrdd)	main road(s)
sioc(iau)	shock(s)
tarten(ni)	tart(s)
ystol(ion)	ladder(s)

anffodus	unfortunate
dwbl	double
dwyieithog	bilingual
hallt	salty
tyn	tight

bys troed (bysedd traed)	toe(s)
esgus(odion)	excuse(s)
ficer(iaid)	vicar(s)
gorwel(ion)	horizon(s)
grefi	gravy
Iesu	Jesus
machlud	sunset
pellter	distance
sbeis(ys)	spice(s)

cydio (yn)	to hold (on to)
dod o hyd i	to find
drewi	to stink
tawelu	to become quiet; to calm down
ymestyn	to stretch
ysgwyd	to shake

adran cleifion allanol	outpatients' department
caws gafr	goats' cheese
chwerthin am ben	to laugh at
er	although
hyd yn hyn	up until now
o gwmpas	around
yn enwedig	especially
yn fuan	soon

Geiriau pwysig i mi...

....

....

....

Siaradwch

Enaid hoff cytûn – ffeindiwch rywun sy'n debyg i chi.
(Enaid hoff cytûn = *kindred spirit*)

Be dach chi'n (ei) hoffi fwya?

Ysgrifennwch yr ymateb yn y grid:

hoffi'r ddau – **2**
hoffi A yn fwy na B – **A**
hoffi B yn fwy nag A – **B**
ddim yn hoffi'r ddau – **0**

	chi							
cefn gwlad/dinasoedd								
eira/haul								
torheulo/nofio								
letys/tomatos								
cawod/bath								
pêl-droed/rygbi								
canu carioci/opera								
caws/siocled								
dydd Sadwrn/dydd Sul								
cawl cennin/cawl cyw iâr								

Ar ôl

ar fy ôl i	*after me*	ar ein hôl ni	*after us*
ar dy ôl di	*after you*	ar eich ôl chi	*after you*
ar ei ôl o	*after him*	ar eu hôl nhw	*after them*
ar ei hôl hi	*after her*		

Uned 8 / Rhedwch ar ei ôl o! 93

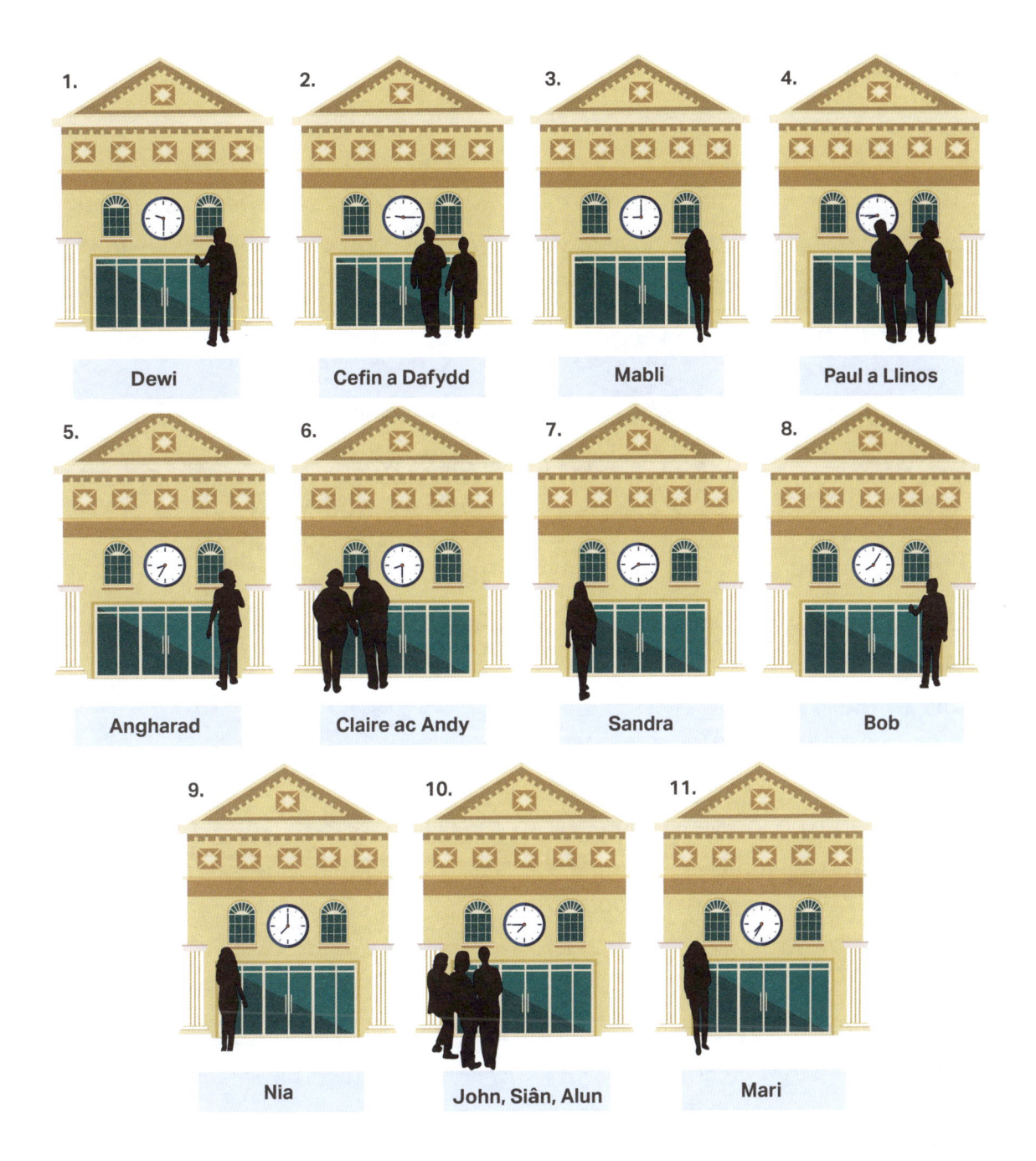

1. Dewi
2. Cefin a Dafydd
3. Mabli
4. Paul a Llinos
5. Angharad
6. Claire ac Andy
7. Sandra
8. Bob
9. Nia
10. John, Siân, Alun
11. Mari

1.
A: Pryd gyrhaeddest ti'r gwaith?
B: Mi gyrhaeddes i am hanner awr wedi naw.
A: Gyrhaeddest ti o flaen Cefin a Dafydd?
B: Naddo, mi gyrhaeddes i ar eu hôl nhw. Mi gyrhaeddon nhw am chwarter wedi naw.

Wrth ymyl

wrth fy ymyl i	next/close to me	wrth ein hymyl ni	next/close to us
wrth dy ymyl di	next/close to you	wrth eich ymyl chi	next/close to you
wrth ei ymyl o	next/close to him	wrth eu hymyl nhw	next/close to them
wrth ei hymyl hi	next/close to her		

Dach chi'n byw wrth fy ymyl i. — You live close to me.
Dach chi'n gweithio wrth fy ymyl i. — You work next to me.
Dach chi'n eistedd wrth fy ymyl i. — You are sitting next to me.
Dach chi'n sefyll wrth fy ymyl i. — You are standing next to me.

Efo'ch partner, llenwch y bylchau yn y deialogau:

A: Dach chi'n byw wrth ymyl Huw?
B: Ydw, dw i'n byw _____ _____ _____ _____ . Dw i'n byw yn rhif 10 ac mae o'n byw yn rhif 9.

A: Dach chi'n nabod Mabli John?
B: Ydw, dw i'n eistedd _____ _____ _____ _____ yn y gwaith. Mae hi'n ferch hyfryd. Sut dach chi'n ei nabod hi?
A: Dw i'n byw wrth ymyl ei rhieni hi.

A: Mi ddudodd John a Mari Griffiths fod ti'n byw _____ _____ _____ _____.
B: Ydw, dw i'n byw drws nesa iddyn nhw. Maen nhw'n gymdogion da iawn.
A: Rwyt ti'n lwcus. Mae fy nghymdogion i'n swnllyd iawn.

Ymarfer – Cyfarwyddiadau

Oeddech chi'n gwybod bod y gyfraith yn deud bod hi'n iawn i chi roi arwydd **L** (Saesneg) neu **D** (am Dysgwr) ar eich car chi os dach chi'n dysgu yng Nghymru? Does dim rhaid i'r car fod yn ddwyieithog!

Yn y dre

Edrychwch ar y map isod.
Mae 'na un llythyren ar goll ym mhob lleoliad!

1. Y ff__rdd __sg__i
2. __r __sb__t__
3. Yr ysgol uw__radd
4. Y Ga__olfa__ hamdde__
5. Y gylch__an __awr
6. Y goleu__d__u tr__ffig
7. Y__ a__chfa__chnad
8. __r __sgol g__nradd
9. S__op y c__gydd
10. Y __il__eddyg__a
11. Y __iop by__god a __glodion
12. Y __yfrge__
13. Yr egl__ys
14. Y __osg
15. Y ba__c
16. Y d__f__rn
17. Y p__zzer__a
18. Y __afle bw__
19. Y ca__el
20. __ fedd__gfa
21. Y gyl__fan fa__
22. Y__ o__saf d__enau

Uned 8 / Rhedwch ar ei ôl o!

Chi | **Ti**

Dechreuwch wrth y <u>banc</u>. .... wrth y banc.
<u>Trowch</u> i'r dde. .... i'r dde.
Ewch heibio i'r <u>feddygfa</u>. .... heibio i'r feddygfa.
Cerddwch yn syth ymlaen am <u>50</u> metr. .... yn syth ymlaen am 50 metr.
Arhoswch o flaen y <u>dafarn</u>. .... o flaen y dafarn.

Dechreuwch wrth ddrws ffrynt y banc. Trowch i'r dde. Trowch i'r dde eto ar y gyffordd. Cerddwch at y groesffordd ac mae'r adeilad ar y chwith. Lle dach chi?

Sgwrs

A: Dw i'n hwyr i briodas. Lle mae Eglwys y Santes Fair a'r Iesu, os gwelwch chi'n dda?

B: Wel, dach chi o flaen yr ysbyty rŵan, ac mae 'na dair ffordd i fynd i'r eglwys.

A: Pa un ydy'r gyflyma? Dw i ar frys!

B: Gawn ni weld… Rŵan 'ta, ewch yn syth ymlaen at y groesffordd. Mi fydd yr ysgol uwchradd ar eich ochr chwith chi.

A: Yr ysgol uwchradd, iawn.

B: Ia. Wedyn mi fyddwch chi'n gweld cylchfan. Ewch o gwmpas y gylchfan a chymerwch y trydydd tro. Pan welwch chi'r llyfrgell ar y dde, mi fyddwch chi'n medru gweld yr eglwys. Neu ella…

A: Diolch yn fawr, rhaid i mi fynd ar unwaith. Fi ydy'r ficer!

Gwrando

A: Esgusodwch fi, dw i'n ceisio dod o hyd i'r ysbyty. Mae gen i apwyntiad yn yr adran cleifion allanol am dri o'r gloch.

B: Tri o'r gloch! A dach chi'n cerdded! Mae'n dipyn o bellter rhwng fan hyn a'r ysbyty. A, dyna ambiwlans! ………………………………… ar ei ôl o! O, mae o wedi mynd.

A: Dw i'n anghofio cyfarwyddiadau. Dach chi'n medru meddwl am ffordd hawdd?

B: Wel, ………………………………… â mynd drwy ganol y dre, dach chi'n siŵr o fynd ar goll. Reit, dach chi'n gweld y gylchfan o'ch blaen chi yma?

A: Ydw.

B: ………………………………… o gwmpas y gylchfan, ………………………………… y trydydd tro, a………………………………… i'r chwith wrth y dafarn. Mi fydd y banc ar eich ochr chwith chi. Wedyn, ………………………………… drwy'r goleuadau traffig at y mosg.

A: At y mosg, o'r gorau.

B: ………………… i'r dde, ……………… yn syth rhwng yr ysgol gynradd a siop y cigydd, ac mi fyddwch chi'n medru gweld yr ysbyty.

A: Diolch yn fawr. Dw i newydd gael trên yma. Dw i ddim yn cerdded yn dda. Dw i'n cael llawdriniaeth ar fy nhroed yfory achos mae bysedd fy nhroed chwith wedi torri.

B: Well i chi gael tacsi, felly!

A: Diolch, wna i.

Atebwch y cwestiynau:

1. Lle mae'r dyn angen mynd?
2. Pam?
3. Be sy ar ôl y goleuadau traffig?
4. Sut mae o'n mynd i gyrraedd pen y daith?

Newydd

Yn y ddeialog, dach chi'n gweld **Dw i newydd gael trên**.
Dysgwch y patrwm:

Dw i newydd orffen.	*I've just finished.*
Dw i newydd gyrraedd.	*I've just arrived.*
Dw i newydd glywed.	*I've just heard.*
Dw i newydd adael.	*I've just left.*

Mae'r cyfarfod newydd ddechrau.	*The meeting has just started.*
Mae'r cyfarfod newydd orffen.	*The meeting has just finished.*
Mae'r bws newydd gyrraedd.	*The bus has just arrived.*
Mae'r bws newydd adael.	*The bus has just left.*

Cyfieithwch:

I've just bought a new car. ....

The film has just finished. ....

They have just arrived. ....

We've just had an idea. ....

Has the meeting just started? ....

They have just found the key. ....

Siaradwch

- Lle oeddech chi'n byw pan oeddech chi'n blentyn? Sut oedd yr ardal? Sut mae'r lle wedi newid erbyn hyn?
- Dach chi wedi byw yn rhywle arall (gwahanol i'r ardal lle dach chi'n byw rŵan)? Disgrifiwch yr ardal yna.
- Lle mae'r lle hardda yn yr ardal yma neu mewn ardal arall lle dach chi wedi byw?
- Mae Gwilym Bowen Rhys yn canu am 'Y Machlud'. Dyma rai llefydd enwog yng Nghymru yn ystod y machlud – dach chi'n eu nabod nhw/ wedi bod yno?

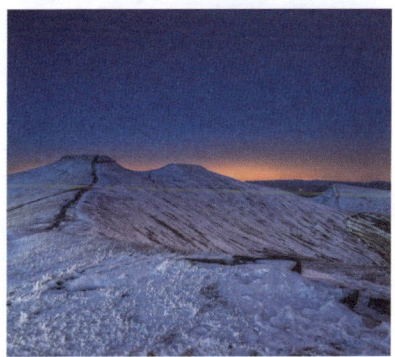

100 Uned 8 / Rhedwch ar ei ôl o!

Aberystwyth, Caerdydd, Caergybi, Cricieth, y Mwmbwls, Pen y Fan, Llyn Tegid, Rhosili, Talacre.

- Sgynnoch chi hoff le i edrych ar yr haul yn machlud ar y gorwel?

Llenwch y bylchau

Adran Ffyrdd
Cyngor Sir Llanaber

Annwyl Syr,
Dw i'n ysgrifennu ………………………… (at) chi i gwyno am y ffordd yn ………………………… stryd ni. Mae 'na dyllau mawr wedi bod yn y ffordd ers y gaeaf diwethaf. Mae gweithwyr y cyngor wedi bod i weld y tyllau, ond ………………………… nhw ddim wedi gwneud dim byd eto. Pan o'n i'n ………………………… (plant), roedd pob gaeaf yn galed iawn, ond roedd y ffyrdd yn ………………………… (da) na heddiw. Wrth gwrs, roedd 'na lawer llai o ………………………… (car) ar y pryd, ond dydy hynny ddim yn esgus. Naw ………………………… (blwyddyn) yn ôl, mi enillodd ein pentre ni wobr Pentre Gorau Cymru.

.... ni'n cystadlu heddiw, fasen ni ddim yn ennill dim byd.
Mae'n broblem fawr i'r bobl .... byw yma. Yr wythnos diwetha roedd rhaid i mi wario dros dri chan punt ar fy .... (car) ar ôl ....fo fynd i dwll yn y ffordd.
Ac nid dyma'r tro .... (x1) i hyn ddigwydd. Dw i'n gwybod .... llawer o fy nghymdogion wedi cael yr un broblem. Yr haf diwetha, mi .... (prynu) Mrs Evans drws nesa Volvo newydd.
Mi aeth hi ....fo i'r garej ddoe, ac roedd angen gwario cannoedd o .... (££) arno.

.... (dod) yma i weld y broblem! Mi fyddwch chi'n synnu pa .... ofnadwy ydy'r tyllau.
Dw i wedi dweud .... ein cynghorydd lleol, ond dydy o ddim wedi gwneud dim byd i helpu hyd yn hyn.
Dw i'n edrych .... at glywed oddi wrthoch chi'n fuan.

Yn gywir,
John Williams

Robin Radio

a) Atebwch:

Pam wnaeth Anti Mair ollwng yr ystol? ....

Be wnaeth Pero? ....

Be wnaeth Ceri? ....

b) Gwrandewch am:

dal ati	*to keep going*
ac i wneud pethau'n waeth	*and to make things worse*
ar fy mhen i	*on top of me*

c) Cyfieithwch:

What happened next? ....

my left foot ....

I'm not allowed to drive. ....

Rŵan dach chi'n medru darllen *Gwers Mewn Cariad* gan Beca Brown o gyfres Llyfrau Amdani. Dach chi'n medru prynu'r llyfr yn eich siop Gymraeg leol neu ar gwales.com. Dyma'r clawr a'r paragraff cynta.

'Maaaam...?'

    Na, ddim plentyn dwy oed sy'n galw ond oedolyn – oedolyn pump ar hugain oed – fy merch i. Ond ddim hi ydy'r unig un sy'n galw arna i fel yna chwaith – dw i'n clywed 'Liiiiiiiz...?' yn aml iawn hefyd, efo'r geiriau '... lle mae fy?... wyt ti wedi gweld? ... fedri di wneud? ...' yn ei ddilyn. Fi ydy'r un sy'n codi'r trôns budr; yn dod o hyd i'r goriadau **coll** ac yn **lleddfu hwyl ddrwg** gyda phaned foreol.

coll – *lost*
lleddfu hwyl ddrwg – *to alleviate a bad temper*

Help llaw

1. Mae 'na rai arddodiaid (*prepositions*) yn dŵad mewn dwy ran. Yn yr uned hon, dan ni'n gweld **ar ôl, wrth ymyl.**

ar ôl	wrth ymyl
ar fy ôl i	wrth fy ymyl i
ar dy ôl di	wrth dy ymyl di
ar ei ôl o	wrth ei ymyl o
ar ei hôl hi	wrth ei hymyl hi
ar ein hôl ni	wrth ein hymyl ni
ar eich ôl chi	wrth eich ymyl chi
ar eu hôl nhw	wrth eu hymyl nhw

2. Cofiwch fod **h** o flaen llafariaid ar ôl **ei** (benywaidd), **ein, eu:**

ei henw hi
ein henwau ni
eu henwau nhw

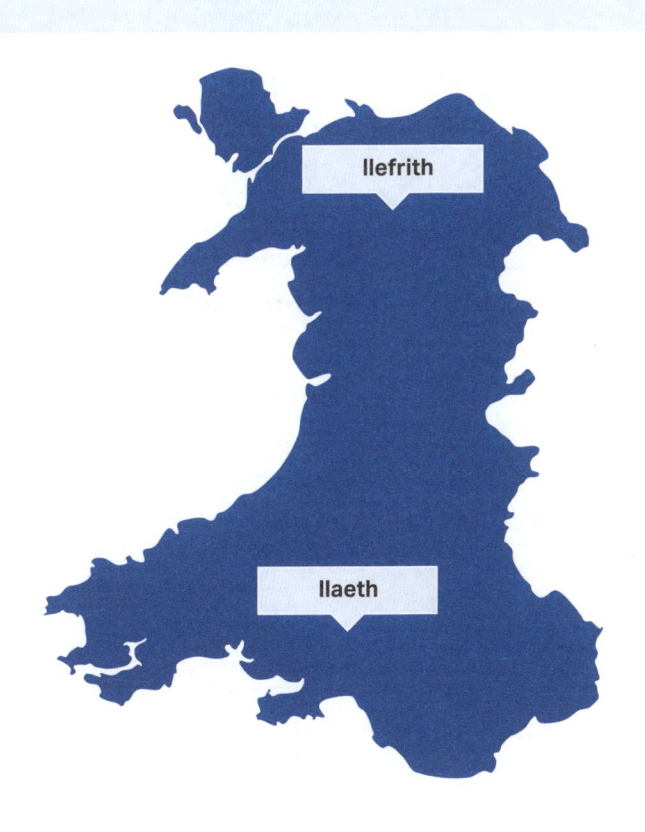

Uned 9 – Mi ddylwn i fod wedi mynd

Nod yr uned hon ydy...
- **Iaith:** Gorffennol yr Amodol (mi ddylwn i fod wedi, ddylwn i ddim bod wedi)
- **Ymarfer:** Perswadio

Geirfa

cadair freichiau (cadeiriau breichiau)	*armchair(s)*	**addurn(iadau)**	*decoration(s)*
cloch (clychau)	*bell(s)*	**alergedd(au)**	*allergy (allergies)*
clustog(au)	*cushion(s)*	**arogl(euon)**	*smell(s)*
effaith (effeithiau)	*effect(s)*	**cam(au)**	*step(s)*
enfys(au)	*rainbow(s)*	**cwsg**	*sleep*
ffeuen (ffa)	*bean(s)*	**cyntedd(au)**	*hallway(s)*
ffidil (ffidlau)	*violin(s)*	**diffyg(ion)**	*shortcoming(s); lack of*
gwên (gwenau)	*smile(s)*	**eirlys(iau)**	*snowdrop(s)*
heulwen	*sunshine*	**ieuenctid**	*youth*
soffa(s)	*sofa(s)*	**jyngl(s)**	*jungle(s)*
tylwythen deg (tylwyth teg)	*fairy (fairies)*	**lle(fydd) tân**	*fireplace(s)*
		mwgwd (mygydau)	*mask(s)*
		parch	*respect*
		rhybudd(ion)	*warning(s)*
		siâp (siapiau)	*shape(s)*
		ymateb(ion)	*response(s)*

awyddus	*keen*	**ailagor**	*to reopen*
blêr	*untidy*	**anadlu**	*to breathe*
cwrtais	*courteous, polite*	**arogli; ogleuo**	*to smell*
dwfn	*deep*	**blasu**	*to taste*
hwylus	*convenient*	**bwlio**	*to bully*
moethus	*luxurious*	**cyfnewid**	*to exchange*
nerfus	*nervous*	**chwynnu**	*to weed*
		gwasgu	*to squeeze, to squash*
		gwastraffu	*to waste*
		mentro	*to venture; to dare*
		pori	*to graze; to browse*
		prancio	*to prance, to gambol*
		rhentu	*to rent*
		sylweddoli	*to realise*

Uned 9 / Mi ddylwn i fod wedi mynd

ar glo	*locked*
curo'r drws	*to knock the door*
hel atgofion	*to reminisce*
henoed	*hen bobol*
llawr gwaelod	*ground floor*
mewn gwirionedd	*a dweud y gwir*
o fewn	*within*
pen draw	*far end; long run*
rhywbeth o'i le	*rhywbeth yn bod*
tŷ pâr/tŷ semi	*semi-detached house*
yn hollol	*completely, exactly*

Geiriau pwysig i mi...

Siaradwch

gweld	clywed	blasu	teimlo	arogli/ogleuo

Uned 9 / Mi ddylwn i fod wedi mynd

Be sy'n rhoi gwên ar eich wyneb chi? Siaradwch am bob un, yna meddyliwch am un peth arall sy'n gwneud i chi wenu.

gweld enfys	canu carolau Nadolig	tatws newydd cynta'r flwyddyn
clywed clychau'n canu	bara ffres	plu eira
bath poeth moethus	eirlysiau cynta'r flwyddyn	cig moch yn coginio
jôcs cracyrs	hel atgofion efo hen ffrind	babi'n chwerthin
eich tîm yn sgorio	addurniadau Nadolig	gweld ŵyn bach yn pori ac yn prancio

Mi ddylwn i...

Dach chi'n cofio?

Mi ddylwn i <u>olchi'r llestri</u> ar ôl y dosbarth.
Mi ddylet <u>ti</u> ymddiheuro.
Mi hoffwn i <u>fynd ar fordaith</u> ar fy ngwyliau nesa i.
Fedret ti <u>newid olwyn</u>?
Ddylwn <u>i</u> ddim deud celwydd.

yn y tŷ	Mi ddylwn i fod wedi hwfro.	*I should have vacuumed.*
yn y gwaith	Mi ddylwn i fod wedi ateb yr ebyst.	*I should have answered the emails.*
ar y ffordd	Mi ddylwn i fod wedi gweld y camera.	*I should have seen the camera.*
cyn y dosbarth	Mi ddylwn i fod wedi dysgu'r eirfa.	*I should have learned the vocabulary.*
ar y bws	Mi ddylwn i fod wedi gwisgo mwgwd.	*I should have worn a mask.*

Cyn y dosbarth:

1	**fi**	1	edrych ar yr eirfa
2	**ti**	2	cofrestru
3	**hi**	3	gorffen y llyfr darllen
4	**ni**	4	gwneud y gwaith cartref
5	**chi**	5	gwylio S4C
6	**nhw**	6	gwrando ar Robin Radio

Storïau Tylwyth Teg

Sinderela

Mi ddylai hi fod wedi mynd adre cyn hanner nos.
Ddylai hi ddim bod wedi gadael ei hesgid hi.
Ond mi orffennodd y stori'n hapus yn y pen draw!

Eira Wen

Mi.................... hi .... wedi gwrando ar ei saith ffrind.

.... hi ddim .... wedi cymryd yr afal gan y wrach.

.... hi ddim.................... wedi bwyta'r afal.

Ond mi orffennodd y stori'n hapus yn y pen draw!

Jac a'r goeden ffa – Rhowch y brawddegau yn eu trefn.

1. ....
2. ....
3. ....
4. ....
5. ....
6. ....

Ond mi orffennodd y stori'n hapus yn y pen draw!
Ddylai fo ddim bod wedi dringo'r goeden ffa.
Ddylai fo ddim bod wedi mynd i'r farchnad.
Ddylai fo ddim bod wedi prynu'r ffa.
Ddylai fo ddim bod wedi gwylltio'r cawr.
Ddylai fo ddim bod wedi gwerthu'r fuwch.

Ddylwn i ddim bod wedi...

Ddylwn i ddim bod wedi cysgu'n hwyr.	*I shouldn't have slept late.*
Ddylet ti ddim bod wedi rhentu'r tŷ.	*You shouldn't have rented the house.*
Ddylen ni ddim bod wedi deud celwydd.	*We shouldn't have told a lie.*
Ddylen nhw ddim bod wedi rhoi'r gorau i ddysgu.	*They shouldn't have given up learning.*
Mi hoffwn i fod wedi mynd.	*I would like to have gone.*
Mi fedrwn i fod wedi mynd.	*I could have gone.*
Hoffwn i ddim bod wedi mynd.	*I wouldn't like to have gone.*
Fedrwn i ddim bod wedi mynd.	*I couldn't have gone.*

Uned 9 / Mi ddylwn i fod wedi mynd

Efo'ch partner, meddyliwch am ymateb posib. Dilynwch y patrwm.

Mi gyrhaeddest ti chwarter awr yn hwyr.   Mi fedrwn i fod wedi cyrraedd yn gynharach.

Mi gest ti 49% yn yr arholiad.   ....

Mi barciest ti dros filltir i ffwrdd.   ....

Mi wariest ti gan punt ar siwmper!   ....

Mi gerddest ti hanner milltir.   ....

Mi gyrhaeddest ti chwarter awr yn hwyr!   Fedrwn i ddim bod wedi cyrraedd yn gynharach.

Mi gest ti 99% yn yr arholiad!   ....

Mi barciest ti tu allan i'r swyddfa!   ....

Mi gerddest ti ugain milltir!   ....

Mi es i i'r sinema nos Sadwrn.   Mi hoffwn i fod wedi mynd hefyd.

Mi arhoses i yn y gwely tan naw o'r gloch ddoe.   ....

Mi ges i fargen ddoe.   ....

Mi siarades i Gymraeg drwy'r dydd ddoe.   ....

Mi ymlacies i drwy'r dydd ddoe.   ....

Ymarfer – Perswadio

A: Dw i ddim isio mynd i'r parti.
B: Mi ddylet ti! Chwarae teg i Carwyn am ofyn i ni.
A: Ond fydda i ddim yn nabod neb.
B: Mi fyddi di'n fy nabod i! Tyrd, mi fydd o'n hwyl.
A: O'r gorau, 'ta.

A: Dw i ddim isio mynd i'r ddrama.
B: Mi ddylen ni! Mi fyddwn ni'n dysgu llawer.
A: Ond fydda i ddim yn dallt y stori.
B: Wrth gwrs byddi di! Tyrd, mi bryna i'r tocynnau.
A: O'r gorau, 'ta.

A: Dw i ddim isio mynd i'r cyfarfod.
B: Rhaid i ti! Ti ydy'r siaradwr heno!
A: Ond dw i'n nerfus iawn.
B: Mi fyddi di'n grêt!
A: Ond dw i ddim wedi siarad Cymraeg o flaen pobol o'r blaen.
B: Wyt ti isio ymarfer efo fi rŵan...?
A: Oes, plîs!

Tai

Efo'ch partner, ysgrifennwch o leia chwe gair ar y thema **Tai** yn y blwch.

Gêm Stamina

Efo'ch partner, dudwch frawddegau am y lluniau, e.e. Mae 'na bum coeden yn llun 1; Mae 'na giosg ffôn yn llun 2.

Siaradwch

- O'r lluniau, pa gartre fasech chi'n licio byw ynddo fo? Pam?
- Lle fasech chi ddim yn dewis byw a pham?
- Pa dŷ ydy'r un mwya tebyg i lle dach chi'n byw ar hyn o bryd/rhywle dach chi wedi byw?

Gwylio

Edrychwch ar y fideo. Gwrandewch ar y sgwrs yn y siop gwerthu tai.
Efo'ch partner, ysgrifennwch o leia 6 pheth am y tŷ.

1. ....
2. ....
3. ....
4. ....
5. ....
6. ....

Newidiwch bartner. Cymharwch eich rhestri.

Chwarae rôl

Rŵan, dach chi'n mynd i berswadio rhywun i brynu eich tŷ chi, tŷ ffrind neu aelod o'r teulu. Neu mae 'na groeso i chi feddwl am unrhyw dŷ. Rhaid i chi ateb y cwestiynau yma.

- Pa fath o dŷ ydy o?
- Faint o ystafelloedd sy yn y tŷ?
- Sgynnoch chi ardd?
- Oes 'na olygfa dda?
- Oes isio gwneud unrhyw waith yn y tŷ?
- Sut mae'r cymdogion?
- Be sy yn yr ardal?

Sgwrs

Nyrs: Bore da, Gwasanaeth Gwaed Cymru.

Eryl: Bore da, Eryl Evans sy 'ma. Mi ddylwn i fod wedi ffonio cyn heddiw.

Nyrs: Peidiwch â phoeni, dach chi'n ffonio rŵan.

Eryl: Mi weles i eich hysbyseb chi ar S4C neithiwr.

Nyrs: Da iawn. Felly sut fedra i eich helpu chi?

Eryl: Wel, pan o'n i'n fengach, ro'n i'n rhoi gwaed dwy neu dair gwaith y flwyddyn. Ond roedd rhaid i mi stopio rhoi gwaed achos mi es i ar wyliau i Affrica.

Nyrs: Ia, rhaid i chi aros pedwar mis ar ôl i chi gymryd tabledi malaria. Pryd aethoch chi i Affrica?

Eryl: Dwy fil un deg pump.

Nyrs: (chwerthin) Wel, mae'n iawn i chi roi gwaed felly, wrth gwrs.

Eryl: Dw i'n gwybod, ond rhaid i chi gael apwyntiad rŵan, ac mae hi'n anodd trefnu amser achos dw i'n gweithio.

Nyrs: Dach chi'n gweithio dros y penwythnos?

Eryl: Nac ydw, fel arfer.

Nyrs: Mae 'na apwyntiadau ar ddydd Sadwrn hefyd.

Eryl: O, mae diffyg amser dros y penwythnos yn broblem hefyd.

Nyrs: Wel, os ewch chi ar wefan Gwasanaeth Gwaed Cymru, dach chi'n medru trefnu apwyntiad. Hefyd, mae'n bosib cerdded mewn ar y diwrnod os dan ni ddim yn rhy brysur.

Eryl: Wel, do'n i ddim yn gwybod hynny. Dim esgus felly, mi ddylwn i ailddechrau rhoi gwaed.

Nyrs: Diolch yn fawr. Dan ni bob amser angen gwaed.

Eryl: Un peth arall. Mae'n gas gen i gael pigiad. Dach chi'n medru helpu efo hynny?

Nyrs: Nac ydw, rhaid i chi anadlu'n ddwfn am eiliad ac mi fyddwch chi'n hollol iawn.

Eryl: O'r gorau, wna i. Hwyl, a diolch am eich help chi.

Nyrs: Hwyl.

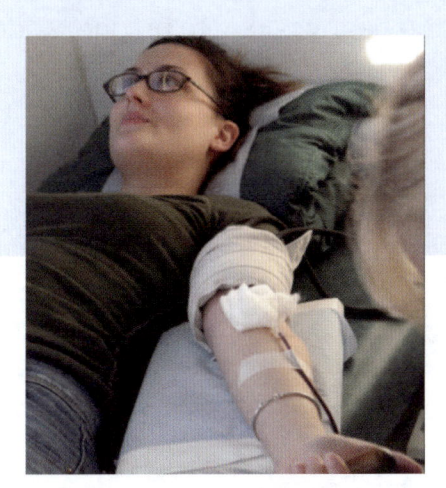

Siaradwch

- Dach chi erioed wedi rhoi gwaed?
- Dach chi'n rhoi gwaed rŵan?

Gwrando – Cymdogion swnllyd

1. Sut gafodd Jenny ddigon o bres i brynu fflat?

   ....

2. Be oedd prif reswm Jenny dros ddewis y fflat arbennig yma?

   ....

3. Pam oedd Jenny'n meddwl bod hi'n cael bargen?

   ....

4. Sut ddylai Jenny fod wedi sylweddoli bod 'na broblem, pan aeth hi i weld y fflat yn y lle cynta?

   ....

*****

5. Sut mae barn Jenny am ganu opera wedi newid?

   ....

6. Sut ymateb gafodd Jenny pan aeth hi i guro ar ddrws ei chymydog y trydydd tro?

   ....

7. Pam dydy pennaeth Jenny ddim yn hapus?

   ....

Uned 9 / Mi ddylwn i fod wedi mynd

8. Be ddylai Jenny ddim ei wneud, yn ôl Gwyn Lewis?

....

Siaradwch – Yr Ysgol

Geirfa

Ysgrifennwch bynciau ysgol yn y blwch:

- Lle aethoch chi i'r ysgol?
- Be oedd eich hoff bynciau chi yn yr ysgol? Be oedd eich cas bynciau chi?
- Pa bwnc ydy'r mwya defnyddiol i chi rŵan? Pa un ydy'r lleia defnyddiol?
- Be ddylech chi fod wedi (ei) wneud yn yr ysgol?
- Be ddylech chi ddim bod wedi (ei) wneud?
- Dach chi'n dal i fod mewn cysylltiad efo pobol o'r ysgol?
- Os dach chi mewn cysylltiad efo pobol o'r ysgol, sut dach chi'n cysylltu rŵan? Os dach chi ddim, pam mae hynny, tybed?

Dyddiau Ysgol. Dyddiau Da?

Pethau da am yr ysgol yn y gorffennol	Pethau drwg am yr ysgol yn y gorffennol
Pethau da am yr ysgol rŵan	**Pethau drwg am yr ysgol rŵan**

Siaradwch am y pwnc – **Dyddiau Ysgol. Dyddiau Da?** – yn eich grwpiau.

Uned 9 / Mi ddylwn i fod wedi mynd

Llenwch y bylchau

Mae pobl pentref Rhydymarian yn dathlu'r wythnos yma ar ôl ennill gwobr 'Pentref .... (da) Cymru'. Dim ond dau .... (cant) o bobl sy'n byw yn y pentre, ond maen nhw i gyd wrth .... bodd efo'r wobr ac yn edrych ymlaen .... y parti mawr fydd yn digwydd yn nhafarn y Llew Coch nos Sadwrn nesa.

'Mae'r pentre wedi newid cymaint yn y pum .... (blwyddyn) diwetha,' meddai Ceridwen Morris, 92 oed, y person hynaf yn y pentref. Mi .... hi ei geni yn Rhydymarian ac mae hi wedi byw yn y pentref ar hyd ei bywyd. 'Pan oeddwn i'n .... (plant), roedd Rhydymarian yn lle prysur iawn: roedd 'na dair siop, dwy dafarn a phedwar capel yma ac roedd dros gant o blant yn yr ysgol. Ond dros y blynyddoedd, mi .... (symud) llawer o bobl i ffwrdd, mi ddechreuodd mwy a mwy o bobl siopa .... archfarchnadoedd mawr tu allan .... 'r dre ac roedd llai o bobl yn mynd i'r capel a'r dafarn. Pan gaeodd yr ysgol yn 2006, ro'n i'n meddwl .... y pentref wedi marw am byth.'

Tafarnwraig y Llew Coch ydy Llio Dafydd, ... 'n dŵad o Rydymarian yn wreiddiol hefyd. ' .... chi wedi dŵad yma yn 2006, mi fasech chi wedi gweld pentre trist a llwyd iawn,' meddai Llio. 'Roedd pob busnes wedi cau a .... 'na ddim pobl ifanc yma o gwbl – roedd pawb wedi symud i Gaerdydd i weithio. Ond pan ddaeth tafarn y Llew Coch ar y farchnad, mi .... (penderfynu) i ddŵad yn ôl yma a mentro dechrau busnes. Erbyn hyn, mae'r dafarn a'r tŷ bwyta'n brysur iawn bob dydd a nos ac mae 'na lawer o grwpiau gwahanol yn cyfarfod yma: Merched y Wawr, clwb yr henoed, dosbarthiadau Cymraeg, dawnsio gwerin, clwb jiwdo, ac ati.'

Mae'r hen ysgol hefyd yn ganolfan brysur iawn erbyn hyn. Mae 'na bedwar busnes bach yn gweithio yn y ganolfan; mae 'na farchnad ffermwyr yn digwydd yno .... (x1) yr wythnos ac mewn dau fis mi .... hen neuadd yr ysgol yn ailagor fel theatr/sinema. Rheolwr y ganolfan .... Dyfan Rhys, dyn ifanc lleol. 'Ar ôl .... ni agor y theatr,' meddai Dyfan, 'y project nesa fydd troi hen gapel Bethania yn glwb ieuenctid. Mae 'na lawer o deuluoedd newydd yn symud i'r pentref rŵan. Mae'n bosib bydd rhaid adeiladu ysgol newydd yn y pentre cyn bo .... !'

Llongyfarchiadau mawr i bobl pentref Rhydymarian ar ennill y wobr. Mwynhewch y dathlu!

Uned 9 / Mi ddylwn i fod wedi mynd

Robin Radio

a) Atebwch

Efo pwy mae Carol isio siarad? ....

Pam dydy hi ddim yn medru gwneud hynny? ....

Be fydd yn digwydd mewn tair wythnos? ....

b) Gwrandewch am:

efo pob parch	*with all due respect*
Dw i'n dioddef o ddiffyg cwsg.	*I'm suffering from lack of sleep.*
hwiangerdd	*lullaby*

c) Cyfieithwch:

I don't want to speak to you. ....

You can't give advice. ....

I shouldn't have phoned today. ....

Help llaw

Mae **mi ddylwn i**, **mi hoffwn i** a **mi fedrwn i** yn codi yn unedau 22 a 23 yn y Cwrs Sylfaen.

1. Pan fyddwn ni'n defnyddio ffurfiau cryno yr amodol (*the concise forms of the conditional*), rhaid i ni roi'r gair **bod** cyn y gair **wedi**:

    Mi ddylwn i **fod** wedi mynd.
    Mi hoffwn i **fod** wedi mynd.
    Mi fedrwn i **fod** wedi mynd.

    Mae'r gair **bod** yn **treiglo'n feddal** ar ôl y ffurf gryno.

2. Cofiwch fod y ferf yn **treiglo'n feddal** yn y negyddol.
    Does 'na ddim treiglad ar ôl **ddim**:

    Ddylwn i ddim bod wedi mynd.
    Fedrwn i ddim bod wedi mynd.

    Does 'na ddim angen treiglo **bod** yn y gorffennol achos bod **ddim** yn treiglo.

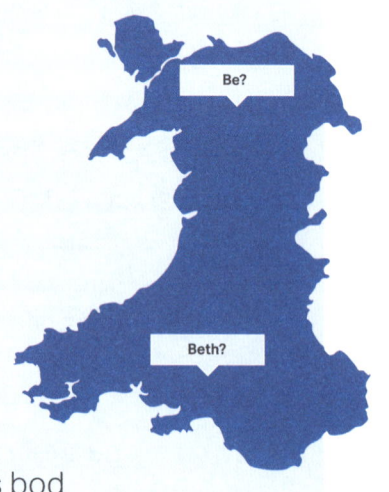

GiveAdvice Would Hoffi Gallu

Uned 10 – Adolygu ac Ymestyn

Nod yr uned hon ydy...
- **Iaith:** Adolygu ac Ymestyn
- **Ymarfer:** Diddordebau

Geirfa

arddangosfa (arddangosfeydd)	exhibition(s)
carreg (cerrig)	stone(s)
cofeb(au)	memorial(s)
cors(ydd)	bog(s)
crefft(au)	craft(s)
grawnwinen (grawnwin)	grape(s)
llywodraeth(au)	government(s)
morwyn (morynion)	maid(s)
mynwent(ydd)	graveyard(s), cemetery(-ies)

cariadus	loving
creadigol	creative
cyffredin	common; general
cymdeithasol	social; sociable
difrifol	serious
manwl	detailed
meddal	soft
proffesiynol	professional
siaradus	talkative
sur	sour
trwchus	thick
twristaidd	tourist

afiechyd(on)	disease(s)
bai (beiau)	blame; fault(s)
clo(eon)	lock(s)
clogwyn(i)	cliff(s)
cof	memory
cyfoeth	wealth
cysgod(ion)	shadow(s); shade(s)
defnydd	use
economi (economïau)	economy (economies)
efaill (efeilliaid)	twin(s)
gweithgaredd(au)	activity(-ies)
gwlân	wool
hyfforddiant	training
llwyddiant (llwyddiannau)	success(es)
llwyfan(nau)	stage(s)
plentyndod	childhood
pwrpas(au)	purpose(s)
safbwynt(iau)	stance(s), viewpoint(s)
serch	romantic love
to(eon)	roof(s)

ar ran	on behalf of
awyr iach	fresh air
Bryste	Bristol
Efrog Newydd	New York
o amgylch	around
o'r enw	named, called
y rhan fwya	the majority

atgoffa	to remind
cwympo	to fall (de Cymru)
cyfathrebu	to communicate
dioddef	to suffer
golygu	to mean; to edit
graddio	to graduate
gweu	to knit
snorclo	to snorkel
rafftio	to raft
rhwystro	to prevent
toddi	to melt

Geiriau pwysig i mi...

....

....

....

Adolygu – Gêm o gardiau

	♠	♦	♣	♥
A	Be ddylech chi fod wedi (ei) wneud ddoe?	Pwy oedd y canwr diwetha i chi (ei) glywed ar y radio/mewn siop?	Tasech chi'n ennill wythnos o gwrs yn Nant Gwrtheyrn, fasech chi'n derbyn neu'n gwrthod?	Efo pwy siaradoch chi Gymraeg ddiwetha (cyn y wers)?
2	Be fydd rhaid i chi (ei) wneud dros y penwythnos?	Disgrifiwch be sy o flaen yr adeilad lle dach chi rŵan.	Wyt ti'n edrych ymlaen at y penwythnos?	Tasech chi wedi dŵad â bocs o siocledi i'r dosbarth, be fasech chi wedi (ei) brynu?
3	Wyt ti'n edrych ymlaen at yr haf?	Pa berson enwog o'r gorffennol fasech chi wedi hoffi (ei) gyfarfod/chyfarfod?	Faint o bobol yn y dosbarth heddiw/heno sy'n gwisgo rhywbeth du?	Pa air Cymraeg wyt ti newydd (ei) ddysgu?
4	Pa mor aml wyt ti'n siopa mewn archfarchnad?	Tasech chi'n cael cynnig mynd ar wyliau dringo yn yr Himalayas, fasech chi'n mynd?	Pa lyfr dach chi newydd (ei) ddarllen?	Tasech chi wedi cael swydd wahanol yn syth ar ôl yr ysgol, be fasech chi wedi hoffi (ei) wneud?
5	Faint o bobol yn y dosbarth sy'n gwisgo trowsus?	Yn eich teulu chi, faint ohonoch chi sy'n siarad Cymraeg?	Pa le ydy eich hoff le twristaidd chi yn yr ardal?	At bwy anfonoch chi decst ddiwetha?
6	Be welest ti ar y teledu dros y penwythnos?	Tasech chi'n cael dewis gwyliau yng Nghymru neu wyliau ym Mecsico, pa un fasech chi'n (ei) ddewis?	Lle ewch chi am dro nesa?	Faint o bobol yn y dosbarth gaeth eu geni yng Nghymru?
7	Disgrifiwch beth sy wrth ymyl eich tŷ chi.	Be oedd y peth gorau am eich gwyliau diwetha chi?	Tasech chi wedi prynu paned mewn caffi cyn dŵad yma, beth fasech chi wedi (ei) brynu?	Yn eich teulu chi, faint ohonoch chi sy'n bwyta cig?
8	Dach chi wedi bod yn Rhufain?	Be oeddech chi'n (ei) feddwl o ginio ysgol?	Be ddylech chi (ei) wneud cyn y dosbarth nesa?	Pa raglen deledu sy'n rhoi gwên ar eich wyneb chi?
9	Pwy sy yn y newyddion ar hyn o bryd?	Dach chi'n cofio enw Cymraeg ar stori dylwyth teg?	Sgynnoch chi ddiddordeb yn *Eurovision*?	Sut fyddwch chi'n dathlu eich pen-blwydd nesa chi?
10	Ar ba gerddoriaeth dach chi'n hoffi gwrando i ymlacio?	Be dach chi newydd (ei) brynu?	Tasech chi'n cael cynnig mynd ar wyliau sgio i'r Alban, fasech chi'n derbyn neu'n gwrthod?	Be fasech chi'n hoffi (ei) newid am eich tŷ chi?
Jac	Tasech chi'n prynu bisgedi, pa rai fasech chi'n (eu) prynu?	Be ddylet ti fod wedi (ei) wneud dydd Sadwrn?	Be ydy'r peth gorau am eich tŷ chi?	Pa wlad sy yn y newyddion ar hyn o bryd?
Brenhines	Lle dach chi'n licio mynd i weld y machlud?	Disgrifiwch be sy yn eich ardal chi.	Tasech chi'n cael cynnig mynd ar fordaith, fasech chi'n mynd?	Sgynnoch chi ddiddordeb yn ffilmiau James Bond?
Brenin	Sgynnoch chi ddiddordeb mewn garddio?	Be dach chi newydd (ei) fwyta?	At bwy anfonoch chi ebost ddiwetha?	Tasech chi'n cael gwahoddiad i sioe gŵn, fasech chi'n derbyn neu'n gwrthod?

Cynffoneiriau (*Tags*)

Mae o'n llyfr da, tydy?   Ydy, wir
Mae hi'n rhaglen dda, tydy?   Ydy, wir.
Maen nhw'n blant da, tydyn?   Ydyn, wir.

Roedd o'n llyfr da, toedd?   Oedd, wir.
Roedd hi'n rhaglen dda, toedd?   Oedd, wir.
Roedden nhw'n blant da, toedden? Oedden, wir.

Be ydy'r cynffonair?

Mae o'n llyfr da, _____?
Mae o'n weithgaredd diddorol, _____?
Maen nhw'n weithgareddau diddorol, _____?
Maen nhw'n ffilmiau diddorol, _____?
Mae hi'n ffilm wych, _____?
Roedd hi'n ffilm wych, _____?
Roedd hi'n ddamwain ddifrifol, _____?
Roedd o'n blentyn difrifol, _____?
Roedd o'n blentyn cariadus, _____?
Mae o'n blentyn cariadus, _____?
Maen nhw'n blant cariadus, _____?
Maen nhw'n blant siaradus, _____?
Roedden nhw'n blant siaradus, _____?

Sgwrs

Rheolwr swyddfa:	Bore da, Dr Huws.
Dr. Huws:	Bore da, Chris. Mae hi'n braf, tydy?
Rheolwr swyddfa:	Ydy, wir, Dr. Huws. Mae'r haul yn gwenu.
Dr Huws:	Ddylwn i ddim bod wedi gwisgo siwt mor drwchus! Dw i'n toddi!
Rheolwr swyddfa:	Mae'r ffenest ar agor yn **eich swyddfa chi. Tynnwch eich siaced a'ch tei chi**, ac **eisteddwch** o flaen y ffenest am ychydig.
Dr. Huws:	Diolch. Un ar ddeg yn barod! Lle mae'r amser yn mynd? Ydy'r post yma eto?
Rheolwr swyddfa:	Ydy, Dr Huws, ers hanner awr wedi wyth. Mae 'na lawer o lythyrau heddiw.
Dr Huws:	Oes 'na rywbeth pwysig ynddyn nhw?
Rheolwr swyddfa:	Nac oes, a deud y gwir.
Dr Huws:	Oes 'na rywun wedi ffonio?
Rheolwr swyddfa:	Oes, Delyth Davies. **Mi wnaethoch chi anghofio** mynd at y deintydd ddoe.
Dr Huws:	O, mi ddylet ti fod wedi fy atgoffa i. Mi fydda i'n rhy brysur yr wythnos yma. Trefna apwyntiad arall mewn chwe mis. Mi ddylai fy nannedd i fod yn iawn, ac mae'n gas gen i sŵn dril, dw i'n cael cur pen ar ei ôl o.
Rheolwr swyddfa:	Mae Mrs Llinos Smith o'r Llywodraeth wedi ffonio. Mi fyddan nhw'n dŵad yma bore Llun nesa i drafod y ffurflen gais am grant i'r ysbyty efo **chi**.
Dr Huws.	Amhosib. Mi fydda i ar wyliau wythnos nesa. Mi ddylet ti fod wedi cofio.
Rheolwr swyddfa:	Mae'n ddrwg gen i, Dr Huws. Mi wna i ganslo'r cyfarfod.
Dr Huws:	Problemau, problemau! Lle mae'r nodiadau ar gyfer hyfforddiant y prynhawn 'ma?
Rheolwr swyddfa:	Mi ebosties i **eich nodiadau chi** a'r papurau **atoch chi** neithiwr.
Dr Huws:	Weles i mo'r ebost, ond mi edrycha i arno fo rŵan. Unrhyw neges arall?
Rheolwr swyddfa:	Wel, mi ffoniodd Gareth, yn gofyn **dach chi** wedi bwcio tacsi i'r maes awyr eto?
Dr Huws:	Mi ddylet ti fod wedi sôn am hynny gynta. Wyt ti'n medru ffeindio rhestr o rifau ffôn tacsis i mi rŵan?
Rheolwr swyddfa:	Ar unwaith, Dr Huws.
Dr Huws:	Neu ffonia di nhw. Rhaid i ni fod yn y maes awyr erbyn saith bore fory.

Rheolwr swyddfa: Dim problem.

Dr Huws: Rhaid i mi edrych ar y nodiadau rŵan. Mi fydda i'n rhy brysur i siarad efo neb ar y ffôn ond mi ddylwn i fod yn barod am baned mewn hanner awr. Erbyn amser cinio yfory, mi fydda i yn Barcelona! Diolch Chris, rwyt ti'n gofalu amdana i'n dda iawn.

Rheolwr swyddfa: Croeso, Dr Huws.

1. Ysgrifennwch un frawddeg o'r ddeialog efo **mi ddylwn/mi ddylet/mi ddylai**.

   ....

2. Ysgrifennwch un frawddeg o'r ddeialog efo **mo**.

   ....

3. Edrychwch ar y frawddeg, **Mi ddylai fy nannedd i fod yn iawn**. Nesa, gorffennwch y brawddegau yma.

   Mae'r garej wedi ffonio, mi ddylai fy .... i fod yn barod erbyn yfory.
   Mae'r llyfrgell wedi ffonio, mi ddylai fy .... i fod yn ôl erbyn yfory.
   Mae'r fferyllydd wedi ffonio, mi ddylai fy .... i fod i mewn erbyn yfory.
   Mae'r siop briodas wedi ffonio, mi ddylai fy .... i fod i mewn erbyn yfory.

Llenwch y bylchau

Mae grŵp gwerin Grawnwin Surion wedi cael gwahoddiad i ganu .... cyngerdd mawr yn yr Unol Daleithiau ym mis Medi. Nhw ydy'r grŵp ....(✘1) erioed o Gymru i gael gwahoddiad i gymryd rhan yn yr ŵyl werin fawr yn Efrog Newydd.

Mi..................................(cael) y grŵp ei ddechrau gan bedwar ffrind, pan oedden nhw yn y coleg yng .... (Caerfyrddin). Roedd y pedwar wedi meddwl mynd i weithio fel .... (athro) ysgol gynradd ar ôl graddio, ond wnaeth hynny ddim digwydd. Mi sylweddolon nhw fod canu a chwarae mewn grŵp yn .... (da) na dysgu plant bach. Ers............................. (3) blynedd rŵan, maen nhw'n gweithio fel cerddorion proffesiynol ac yn chwarae mewn gigs dros Ewrop.

Mi ddudodd y prif ganwr, Steffan Gwyn, bod nhw .... eu bodd efo'r llwyddiant maen nhw wedi'i gael. 'Roedd hi'n anodd i ddechrau,' meddai, 'ond ar ôl .... ni recordio'r CD cyntaf, mi .... (dechrau) pobl ofyn i ni ganu mewn gigs. Hefyd, roedd y DJ John Reed yn help mawr i ni .... y pryd. Roedd John yn chwarae ein caneuon ni ar ei .... (rhaglen) radio bob dydd bron!'

Mi fydd pethau'n newid ym mis Tachwedd, achos mae Gwennan, gwraig Steffan, yn disgwyl babi. 'Ar hyn o ....,' yn ôl Steffan, 'dydy hi ddim yn broblem mynd i ffwrdd am wythnos neu ddwy. Ond pan .... y babi'n cyrraedd, fydda i ddim yn medru mynd i ffwrdd am wythnosau. Dw i ddim isio gadael Gwennan ar ei phen ei .... efo'r babi.'

Felly, ydyn nhw'n mynd i dderbyn y gwahoddiad i fynd i Efrog Newydd? .... (✓), wrth gwrs,' meddai Steffan. 'Dw i wedi siarad .... Gwennan am y peth, ac mae hi wedi cytuno. Mi fydda i'n hedfan allan nos Fercher ac yn hedfan adre fore dydd Sul. Dw i ddim wedi bod yn America o'r ...., felly dw i'n edrych ymlaen yn fawr. Mae'r tri arall yn edrych ymlaen hefyd, a dw i'n meddwl .... nhw'n mynd i aros am rai diwrnodau wedi'r ŵyl, i fwynhau Efrog Newydd.'

Be bynnag ydy'r dyfodol i Grawnwin Surion, maen nhw'n dal i fwynhau canu a pherfformio fel grŵp. Pob lwc .... (i) nhw!

Gwrando

1. Pam doedd Awen ddim yn gyfforddus neithiwr?

   ....

2. Mi gaeth y theatr ei hagor yn hwyrach na'r disgwyl. Pa mor hwyr?

   ....

3. Sut mae adeiladu'r theatr wedi helpu economi Llanaber?

   ....

4. Sut mae Dewi'n gwybod yn dda sut mae'r theatr yn edrych?

   ....

****

5. Be oedd yn synnu Awen am y ddrama gafodd ei dewis?

   ....

6. Be dydy Menna Williams ddim yn arfer (ei) wneud, wrth berfformio?

   ....

7. Sut oedd Awen yn gwybod beth oedd y gynulleidfa yn (ei) feddwl o'r ddrama?

   ....

8. Pam fydd theatr Llanaber yn brysur yr wythnos ar ôl i'r ddrama *Y Llanast* orffen?

   ....

****

9. 'Mae'r ddrama yn y theatr am ddeg noson ac roedd y noson gyntaf yn noson lwyddiannus.'

Dan ni'n defnyddio **noson** efo rhifau ac ansoddeiriau.
Sut mae deud:

two nights	....	a popular night	....
three nights	....	a romantic night	....
four nights	....	an unhappy night	....
five nights	....	a long night	....

Ymarfer – Diddordebau

Edrychwch ar y fideo ac ysgrifennwch frawddeg am ddiddordebau tri o bobol sy ar y fideo.

1. ....
2. ....
3. ....

Siaradwch

Edrychwch ar y lluniau yma o bobol yn mwynhau eu hunain yng Nghymru. Ysgrifennwch y gweithgaredd wrth y llun a dudwch:

Faswn i byth yn gwneud hynny neu **Dw i/Mi faswn i wrth fy modd yn gwneud hynny:**

128 Uned 10 / Adolygu ac Ymestyn

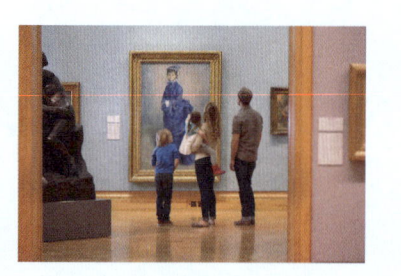

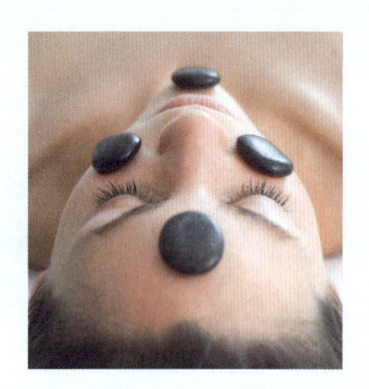

chwarae golff	snorclo mewn cors	sgwrsio efo ffrindiau mewn tafarn
ymweld â chastell	dringo mynydd	gwylio gêm bêl-droed fyw
mynd i'r traeth	rafftio dŵr gwyn	nofio yn y môr ym mis Rhagfyr
ymlacio mewn spa	mynd i 'gig' mawr	cerdded llwybr yr arfordir
neidio o glogwyn	gwylio adar	ymweld ag arddangosfa/ amgueddfa

- Siaradwch am y lluniau. Be dach chi wedi (ei) wneud? Dach chi'n nabod pobol sy'n gwneud y pethau hyn?
- Be ydy'ch diddordebau chi? Sut dach chi'n ymlacio?
- Fasech chi'n deud bod chi'n berson cymdeithasol?
- Dach chi'n gwneud unrhyw fath o gelf a chrefft fel gweu, gwaith coed, arlunio ac ati?
- Ydy eich diddordebau chi rŵan yn wahanol i'ch diddordebau chi ddeg mlynedd yn ôl?
- Be oeddech chi'n hoffi (ei) wneud pan oeddech chi'n blentyn?

Gwrando a darllen – Hanes Y Ferch o Gefn Ydfa

Roedd Ann Thomas yn byw ar fferm Cefn Ydfa ym mhentref Llangynwyd ger Maesteg. Roedd Ann yn ferch .... iawn, ac roedd ei theulu hi wedi .... ei bod hi'n priodi dyn .... o'r ardal o'r enw Anthony Maddocks. Ond un diwrnod, daeth Wil Hopcyn, bachgen ...., tlawd, i...........................'r to ar y fferm. .... Ann a Wil mewn cariad ar unwaith.

Yn anffodus, sylwodd mam Ann fod y ddau mewn cariad, ond yn ei ………………………………… hi, doedd Wil ddim yn ddigon da i Ann. Felly i ………………………………'r berthynas, cloiodd hi Ann yn ei hystafell wely.

Ond doedd Ann ddim eisiau rhoi'r gorau i ………………………………… â'i chariad hi. Gwelodd hi ………………………………… yn tyfu tu allan i'r ffenest, felly ………………………………… Ann ei llaw ac ysgrifennu neges ………………………………… at Wil ar ddeilen gan ddefnyddio ei ………………………………… ei hun. Gofynnodd hi i forwyn y tŷ fynd â'r ………………………………… at Wil, ac felly roedden nhw'n gallu…………………………………fel hyn am gyfnod. Pan sylweddolodd mam Ann beth oedd yn digwydd, roedd hi eisiau eu rhwystro nhw eto ac felly cloiodd hi Ann yn y ………………………………… nes roedd Wil wedi ………………………………… i ffwrdd i Fryste. Doedd Wil ddim yn meddwl basai e'n gweld ei gariad byth eto.

Roedd rhaid i Ann ………………………………… Anthony Maddocks, ond doedd ei ………………………………… ddim yn golygu dim byd iddi hi. Dechreuodd hi ddioddef o ………………………………… rhyfedd, doedd neb yn gwybod beth oedd yn bod arni hi. Mewn gwirionedd, roedd ei ………………………………… yn torri. Pan sylweddolodd mam Ann fod ei merch yn ddifrifol wael, ………………………………… hi am Wil. Ond roedd hi'n rhy hwyr. ………………………………… Ann yn farw yn ei freichiau e.

Mae cofeb i'r ddau yng ………………………………… pentref Llangynwyd, ac mae carreg fedd Wil yn y ………………………………… .Mae bedd Ann yn yr eglwys ei hun.

Ysgrifennodd Wil gân serch ………………………………… i Ann o'r enw 'Bugeilio'r Gwenith Gwyn'. Mae'r gân yn dal yn …………………………………, felly mae'r cof yn fyw am ………………………………… trist Wil ac Ann hyd heddiw.

Uned 10 / Adolygu ac Ymestyn

Gêm geirfa

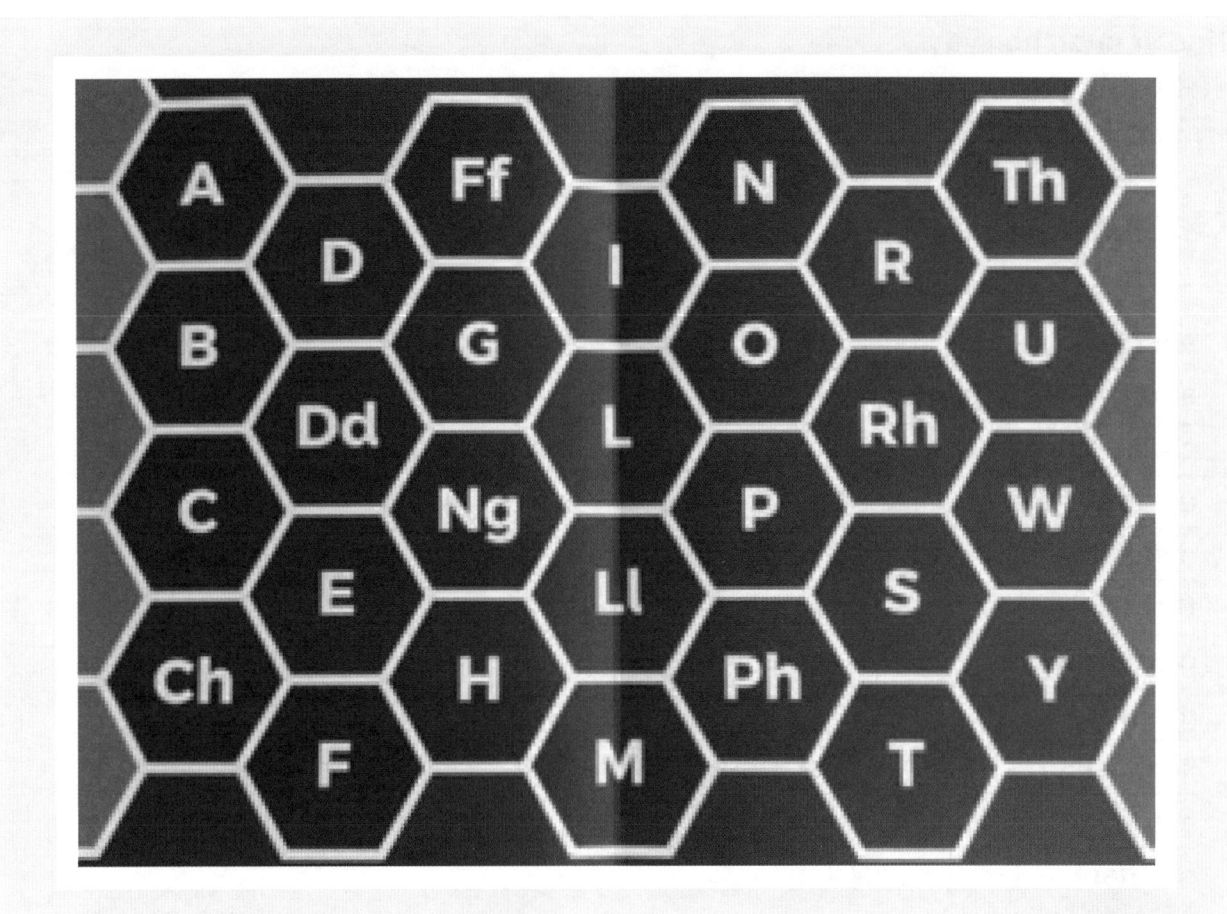

Robin Radio

a) Atebwch:

Pwy sy'n cael y teganau? ....

Pryd mae'r Clwb Gweu Cymraeg yn cyfarfod? ....

Pam mae Robin yn chwarae 'Oes Gafr Eto? ....

b) Gwrandewch am:

ers fy mhlentyndod	since (my) childhood
gofal dwys	intensive care
Dan ni'n griw siaradus.	We are a talkative crew.

isio

eisiau

c) Cyfieithwch:

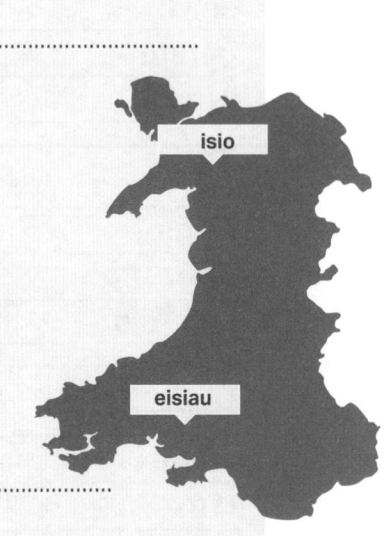

What do you do in your spare time? ....

Why have you come on the programme? ....

I have just started. ....

Uned 11 – Mi gaeth y llyfr ei ysgrifennu

Nod yr uned hon ydy...
- **Iaith:** Y goddefol (*the passive voice*)
- **Ymarfer:** Disgrifio

Geirfa

adeg(au)	*period(s) of time*
amaethyddiaeth	*agriculture*
cadair esmwyth	*easy chair*
dealltwriaeth	*understanding*
dyled(ion)	*debt(s)*
fflam(au)	*flame(s)*
gwefus(au)	*lip(s)*
gwleidyddiaeth	*politics*
lloches(au)	*shelter(s)*
meddyginiaeth(au)	*medication(s)*
rhaff(au)	*rope(s)*

adrodd	*to recite, to relate*
arestio	*to arrest*
argraffu	*to print*
clymu	*to tie; to knot*
diflannu	*to disappear*
dinistrio	*to destroy*
enwi	*to name*
gorlifo	*to overflow*
llyncu	*to swallow*
oedi	*to pause; to delay*
plygu	*to bend, to fold*
protestio	*to protest*
recordio	*to record*
sibrwd	*to whisper*
siglo	*to rock; to shake*
storio	*to store*
taro	*to hit*
ymddiswyddo	*to resign*

anaf(iadau)	*injury (-ies)*
cap(iau)	*cap(s)*
crud(au)	*cradle(s), cot(s)*
cwlwm (clymau)	*knot(s)*
deigryn (dagrau)	*tear(s)*
drych(au)	*mirror(s)*
estyniad(au)	*extension(s)*
ffoadur(iaid)	*refugee(s)*
lledr	*leather*
llefarydd (llefarwyr)	*spokesperson (spokespeople)*
llif(ogydd)	*flood(s)*
metel(au)	*metal(s)*
mwg	*smoke*
patrwm (patrymau)	*pattern(s)*
perygl(on)	*danger(s)*
pysgotwr (-wyr)	*fisherman (-men)*
seiclwr (-wyr)	*cyclist(s)*
sgwâr (sgwariau)	*square(s)*
tir(oedd)	*land; ground(s)*

amaethyddol	*agricultural*
crwn	*round*
diamynedd	*impatient*
esmwyth	*restful; smooth*
hirgrwn	*oval*
petryal	*rectangular*
smotiog	*spotty*
streipiog	*striped*
trwchus	*thick, dense*

Uned 11 / Mi gaeth y llyfr ei ysgrifennu

amser maith yn ôl	amser hir yn ôl
ar y pryd	at the time
Gemau Olympaidd	Olympic Games
hynny	that
o ddrwg i waeth	from bad to worse
oherwydd	achos
Prif Weinidog	First Minister (Cymru), Prime Minister (y Deyrnas Unedig (UK))
ymhen	within (amser)
yn ogystal â	as well as, in addition to
y rhain	these

Geiriau pwysig i mi...

Siaradwch

Dach chi'n trefnu swper arbennig. At bwy fasech chi'n hoffi anfon gwahoddiad? Dach chi'n medru dewis pedwar o bobol enwog (byw neu farw). Rhaid i chi ddeud pam dach chi'n dewis y pedwar person. Trafodwch hefyd be fydd y bwyd.

1. ....
2. ....
3. ....
4. ....

Bwydlen:

I ddechrau:
....

Prif gwrs:
....

Pwdin:
....

Y goddefol

Dach chi'n cofio?

Mi ges i fy ngeni <u>yng Nghaerdydd</u>. Mi ges i fy magu <u>yng ngwlad Pwyl</u>.
Lle gest <u>ti</u> dy eni? Lle gest <u>ti</u> dy fagu?

Enw	fi						
geni							
magu							

Mi ges i fy <u>nhalu</u> ddoe.   Mi gaethon ni ein <u>talu</u> ddoe.
Mi gest ti dy <u>dalu</u> ddoe.   Mi gaethoch chi eich <u>talu</u> ddoe.
Mi gaeth o ei <u>dalu</u> ddoe.   Mi gaethon nhw eu <u>talu</u> ddoe.
Mi gaeth hi ei <u>thalu</u> ddoe.

Wyt ti'n chwarae heddiw?   Nac ydw, mi ges i fy anafu yn y gêm ddiwetha.
Ydy o'n chwarae heddiw?   ....
Ydy hi'n chwarae heddiw?   ....
Ydyn nhw'n chwarae heddiw?   ....

1 - fi   **4** - ni
2 - ti   **5** - chi
3 - fo/hi (llun)   **6** - nhw

Uned 11 / Mi gaeth y llyfr ei ysgrifennu

Mi gaeth y tŷ ei adeiladu.	The house was built.
Mi gaeth y tŷ ei beintio.	The house was painted.
Mi gaeth y tŷ ei brynu.	The house was bought.
Mi gaeth y tŷ ei werthu.	The house was sold.
Mi gaeth y gân ei recordio.	The song was recorded.
Mi gaeth y gân ei chanu.	The song was sung.
Mi gaeth y gân ei pherfformio.	The song was performed.
Mi gaeth y gân ei hysgrifennu.	The song was written.
Mi gaeth y plant eu dewis.	The children were chosen.
Mi gaeth y plant eu deffro.	The children were woken up.
Mi gaeth y plant eu gweld.	The children were seen.
Mi gaeth y plant eu derbyn.	The children were accepted.

Efo'ch partner, rhaid i chi wneud brawddeg ac yna meddwl am frawddegau posib eraill. Dilynwch y patrwm:

siop + gwerthu = Mi gaeth y siop ei gwerthu. Mi gaeth y siop ei phrynu. Mi gaeth y siop ei pheintio.

A	tai	cloi
2	tabledi	llyncu
3	swyddfa	llosgi
4	ffeiliau	storio
5	rhaff	tynnu
6	papur	plygu
7	dyled	talu
8	stori	sibrwd
9	crud	siglo
10	theatr	enwi
Jac	derbynneb	argraffu
Brenhines	parsel	anfon
Brenin	cwlwm	clymu

Mi gaeth y car ei wneud gan Ford.
Mi gaeth y ceir eu gwneud gan Ford.
Mi gaeth y rhaglen ei gwneud gan Radio Cymru.
Mi gaeth y rhaglenni eu gwneud gan S4C.

The car was made by Ford.
The cars were made by Ford.
The programme was made by Radio Cymru.
The programmes were made by S4C.

Pwy ganodd y gân?

1. ....
2. ....
3. ....

Siaradwch

- Dach chi wedi clywed llawer o gerddoriaeth Gymraeg?
- Dach chi'n mynd i gig neu gyngerdd yn aml?
- Pwy oedd y canwr/gantores/grŵp diwetha weloch chi? Pryd a lle?

Weithiau, mi wnewch chi weld a chlywed **cafodd** yn lle **mi gaeth**. Mi fyddwch chi'n clywed **cafodd** yn y newyddion yn aml. Dyma gyfle i ymarfer hyn:

Uned 11 / Mi gaeth y llyfr ei ysgrifennu

Atebwch y cwestiynau efo'ch partner. Dilynwch y patrwm:

Pwy ysgrifennodd y ddrama?   Cafodd y ddrama ei hysgrifennu gan Shakespeare.

Pwy wnaeth y dillad?	Tolkien
Pwy actiodd y rhan?	Y Prif Weinidog
Pwy ysgrifennodd y llyfr?	yr heddlu
Pwy beintiodd y llun?	Richard Burton
Pwy enillodd ras Tour de France?	Charlotte Church
Pwy atebodd y cwestiwn?	Gareth Edwards
Pwy arestiodd y dyn?	Laura Ashley
Pwy ganodd y gân?	Picasso
Pwy sgoriodd y cais?	Geraint Thomas

Darllen – Be ydy'r gwahaniaethau?

	Partner A	Partner B
Geni		
Pam symud i Gymru?		
Gwaith tad/mam		
Be oedd y ddamwain?		
Priodi pryd?		
Priodi lle?		
Y plant?		

Sgwrs

A: Be oeddet ti'n (ei) feddwl o'r ddadl yn y Senedd ddoe?

B: Pa ddadl?

A: Dydy'r Lywodraeth ddim yn mynd i adeiladu'r rheilffordd newydd rhwng Caernarfon a Chaerdydd.

B: Be? Pam?

A: Maen nhw'n deud bod hi'n rhy ddrud. Ac mi fydd 'na ormod dir amaethyddol yn cael ei golli.

B: O diar. Ro'n i'n edrych ymlaen at y lein newydd. Be ddudodd y Prif Weinidog, 'ta?

A: Mi ddudodd hi bydd tipyn o oedi rŵan. Mae hi'n bosib bydd 'na draffordd yn lle rheilffordd.

B: Ydy pawb yn cytuno?

A: Dim o gwbl. Mi aeth pethau o ddrwg i waeth. Mi ymddiswyddodd y Gweinidog Amaethyddiaeth. Roedd o yn ei ddagrau.

B: O – gormod o emosiwn fel arfer! Sgen i ddim diddordeb mewn gwleidyddiaeth beth bynnag!

A: Paid â bod mor ddiamynedd. Rhaid i ti ddangos diddordeb!

B: Pam?

A: Ti ydy partner y Prif Weinidog!

Gwylio 1 – Cwrdd â dau fardd

Edrychwch ar y fideo o Myrddin ap Dafydd o ogledd Cymru ac Aneirin Karadog o dde Cymru yn deud eu hanes.

1. Ffeindiwch un peth sy'n gyffredin rhwng Myrddin ac Aneirin.

   ....

2. Nodwch un ffaith am Myrddin.

   ....

3. Nodwch un ffaith am Aneirin.

   ....

Gwylio 2 – Fideo Hansh – Dosbarth Cymraeg i Ffoaduriaid

Atebwch y cwestiynau.

1. Lle cafodd Theresa ei geni? ....

2. Lle cafodd Theresa ei magu? ....

3. I bwy mae Theresa'n gweithio? ....

4. Lle mae'r dosbarthiadau? ....

Ymarfer – Disgrifio

Fy hoff ystafell – Ysgrifennwch be dach chi'n (ei) glywed:

....
....
....
....
....

Edrychwch ar y lluniau o ystafelloedd byw gwahanol. Dudwch ddau beth am y llun cyntaf, tri pheth am yr ail, pedwar peth am y trydydd, pum peth am y pedwerydd a chwe pheth am y pumed.

Dach chi wedi clywed pobol yn disgrifio pêl rygbi fel "y bêl hirgron" a phêl-droed fel "y bêl gron" ar Radio Cymru ac S4C?

Gwaith Arholiad – Bwletin Newyddion

Gwrandewch ar y Bwletin Newyddion a llenwch y bylchau:

Dyma'r bwletin newyddion.

1. Bu .... difrifol yn ffatri Protechnics Abertawe y bore 'ma. Mae'r tân wedi ei ddiffodd erbyn hyn, ond mae mwg du trwchus yn dod o'r ffatri o hyd a'r ffordd fawr i mewn i'r ddinas ar .... oherwydd hynny. Dydy'r heddlu ddim yn gwybod beth oedd achos y tân eto, ond ch .... neb ei ....

2. C .... dau fachgen eu h .... ar ôl iddyn nhw fynd i drafferthion ar y môr ger arfordir Ynys Môn. Roedd y ddau'n ceisio hwylio i Amlwch, ond .... y mast ar y cwch. Yn lwcus iddyn nhw, c .... nhw eu .... gan bysgotwr ar y lan, a ffoniodd y gwasanaethau achub. Roedd y ddau'n iawn ar ôl y digwyddiad, ond yn oer ar ôl treulio .... awr ar y môr.

3. Newyddion drwg i ardal Pant Gwyn heddiw. Dywedodd .... ar ran cwmni dillad Gwen Ann eu bod nhw'n cau eu ffatri yn y dre. Mae'r gweithwyr wedi bod yn .... wrth y ffatri, ac yn siomedig iawn bod y cwmni'n symud y gwaith i .... newydd yng Ngogledd Lloegr. Mae'r cwmni'n dweud bod s .... ar gael i'r gweithwyr i gyd yn y ffatri newydd, ond does neb eisiau gadael Pant Gwyn.

4. Newyddion tramor nesa. Mae llawer o bobl wedi cael eu .... mewn llifogydd yng ngogledd Pacistan. Bu'n bwrw glaw am ...., ac mae'r afon Indus wedi gorlifo mewn sawl lle. Mae'n anodd cael bwyd a meddyginiaeth i sawl ardal, gan fod llawer o'r .... a'r pontydd wedi cael eu dinistrio. Mae ofn fod .... o bobl wedi colli eu bywydau.

5. Bu farw'r .... Eluned Wilkins yn ei chartref yng Nghaerdydd ddoe, dim ond diwrnod ar ôl dathlu ei phen-blwydd yn naw deg oed. Bu'n athrawes mewn ysgol Saesneg yng Nghaerdydd am dros .... mlynedd, ond bydd pobl yn cofio amdani fel awdur llyfrau Cymraeg i blant. Mae hi'n .... tri o blant a deg o wyrion.

6. Mae'r seiclwr Geraint Jones yn edrych .... yn fawr at y Gemau Olympaidd ymhen dau fis. Mewn cyfweliad ar Radio Cymru y bore 'ma, dwedodd ei fod wedi gwella o'r .... a gafodd wyth mis yn ôl wrth seiclo yn Sbaen. Ar y ...., doedd o ddim yn meddwl y basai'n gallu seiclo byth eto, ond mae o a'i deulu'n gobeithio am .... yng ngemau Llundain ym mis Awst.

7. Mae'r tywydd .... yn dal i achosi problem ledled Cymru a Lloegr. Yn ôl y swyddfa ...., bydd y tywydd poeth a sych yn para wythnos arall o leiaf. Newyddion drwg i'r garddwyr, ond newyddion da i'r .... twristiaeth. Mae nifer y bobl sydd wedi bwcio gwestai glan môr yn .... nag erioed, meddai llefarydd ar ran y Bwrdd Croeso.

*Bu – *There was*

Bu farw - *died*

Rŵan, atebwch y cwestiynau heb edrych yn ôl ar y sgript!

Bwletin Newyddion

1. Sut mae'r mwg wedi achosi problem yn Abertawe?

   ....

2. Sut cafodd y gwasanaethau achub wybod bod problem ar y môr?

   ....

3. Sut mae cwmni Gwen Ann yn ceisio helpu'r gweithwyr?

   ....

4. Beth sydd ddim yn cyrraedd rhai pobl oherwydd y llifogydd?

   ....

5. Am beth roedd yr awdur Eluned Wilkins yn enwog?

   ....

6. Pam roedd Geraint yn meddwl na fasai hi'n bosib iddo gystadlu yn y Gemau Olympaidd?

   ....

7. Sut mae'r tywydd yn helpu'r economi?

   ....

Rŵan, darllenwch un o'r bwletinau i'ch partner fel tasech chi'n deud y newyddion ar Radio Cymru.

Robin Radio

Mae *Cân i Gymru* yn rhaglen ar S4C bob Dydd Gŵyl Dewi. Cystadleuaeth ydy'r rhaglen, lle mae'r gwylwyr yn dewis un gân i fynd i Iwerddon i gystadlu yn erbyn caneuon o'r gwledydd Celtaidd eraill.

a) Atebwch:
Sut fydd y Fflamau Ffyrnig yn mynd i'r gystadleuaeth? ....
Faint ydy oed pawb yn y grŵp ar wahân i Sara? ....
Be ydy gwaith pawb yn y grŵp ar wahân i Sara? ....

b) Gwrandewch am:
Y Fflamau Ffyrnig   *The Fierce Flames*
i adrodd yr hanes   *to tell the story*
gwefus goch   *red lip*

c) Cyfieithwch:
You were chosen. ....
Where will you be competing? ....
Are you taking a holiday? ....

Help llaw

1. Mae'r goddefol *(passive voice)* a'r rhagenwau (fi, ti, fo, hi, ni, chi, nhw) yn codi yn lefel Sylfaen (uned 5):

   Mi ges i fy ngeni.   Mi gaethon ni ein geni.
   Mi gest ti dy eni.   Mi gaethoch chi eich geni.
   Mi gaeth o ei eni.   Mi gaethon nhw eu geni.
   Mi gaeth hi ei geni.

2. Cofiwch fod eisiau 'h' ar ôl **ei** benywaidd, **ein**, **eu** os bydd llafariad:

   Mi ges i fy enwi.   Mi gaethon ni ein henwi.
   Mi gest ti dy enwi.   Mi gaethoch chi eich enwi.
   Mi gaeth o ei enwi.   Mi gaethon nhw eu henwi.
   Mi gaeth hi ei henwi.

Uned 11 / Mi gaeth y llyfr ei ysgrifennu

3. Pan fyddwn ni'n defnyddio enwau (*nouns*), rhaid i ni wybod be ydy cenedl (*gender*) yr enwau unigol i'n helpu ni i dreiglo'n iawn:

    tŷ (gwrywaidd)   Treiglad meddal ar ôl **ei** (gwrywaidd)   Mi gaeth y tŷ ei **brynu**.
    siop (benywaidd)   Treiglad llaes ar ôl **ei** (benywaidd)   Mi gaeth y siop ei **phrynu**.

4. Dysgwch y gwahaniaeth rhwng:

    Roedd y bachgen yn cicio.   *The boy was kicking.*
    Mi gaeth y bachgen ei gicio.   *The boy was kicked.*

5. Mi fyddwch chi weithiau'n gweld ac yn clywed y ffurfiau yma hefyd:

    Ces i fy ngeni.   Cawson ni ein geni.
    Cest ti dy eni.   Cawsoch chi eich geni.
    Cafodd o ei eni.   Cawson nhw eu geni.

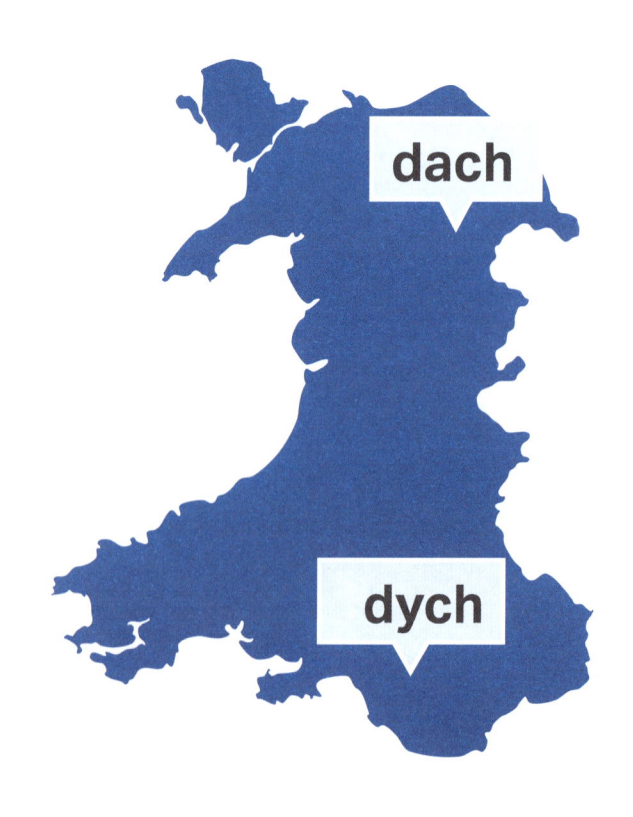

dach

dych

BroughtUp

Uned 12 – Arestiwyd y dyn

Nod yr uned hon ydy...
- **Iaith:** Dysgu'r Amhersonol
- **Ymarfer:** Ymddiheuro

Geirfa

allanfa (allanfeydd)	exit(s)
Yr Ariannin	Argentina
bro(ydd)	area(s), region(s)
bron(nau)	breast(s), chest(s)
colled(ion)	loss(es)
cyfrinach(au)	secret(s)
desg(iau)	desk(s)
genedigaeth(au)	birth(s)
hen nain (neiniau)	great-grandmother(s)
personoliaeth(au)	personality (-ies)
plaid (pleidiau)	political party (-ies)
rhes(i)	row(s)
rhwyd(i)	net(s)
taleb(au)	voucher(s)
telynores(au)	female harpist(s)
torf(eydd)	crowd(s)
triniaeth(au)	treatment(s)
tyrfa(oedd)	crowd(s)

ail-law	second-hand
bychan	bach
bywiog	lively
cyfartal	equal
dieuog	innocent, not guilty
electronig	electronic
euog	guilty
hamddenol	leisurely
hwyliog	full of fun
llafar	oral

arlunydd (-wyr)	artist(s)
arolygydd (-wyr)	inspector(s)
blas(au)	taste(s)
blwch (blychau)	box(es)
bryn(iau)	hill(s)
camgymeriad(au)	mistake(s)
canser(au)	cancer(s)
corff (cyrff)	body (bodies)
criw(iau)	crew(s)
cryfder(au)	strength(s)
cyfanswm (cyfansymiau)	total(s)
darlun(iau)	drawing(s)
difrod	damage
diwylliant (diwylliannau)	culture(s)
dodrefnyn (dodrefn)	piece(s) of furniture
hendaid (hendeidiau)	great-grandfather(s)
llanc(iau)	lad(s), youth(s)
man(nau)	place(s)
mudiad(au)	movement(s), organisation(s)
pecyn(nau)	package(s)
safle(oedd)	position(s), site(s)
sefydliad(au)	institution(s), establishment(s); institute(s)
telynor(ion)	male harpist(s)
tristwch	sadness
tymheredd	temperature
tywyllwch	darkness
unigolyn (unigolion)	individual(s)
ymchwil	research

Uned 12 / Arestiwyd y dyn

addysg gorfforol	physical education	**arddangos**	to exhibit
cael blas ar	mwynhau	**carcharu**	to imprison
cael hyd i	to find, to discover	**croesawu**	to welcome
canfed	hundredth	**cynhesu**	to heat (up)
canser y fron	breast cancer	**diogi**	to laze
gêm gyfartal	draw	**ffarwelio (â)**	to say goodbye (to)
glaw mân	drizzle	**hawlio**	to claim
i'r dim	exactly	**lledu**	to spread; to widen
o hyn ymlaen	from now on	**lleihau**	to reduce
		parhau	to continue
		plannu	to plant
		rhuthro	to rush
		rhybuddio	to warn
		saethu	to shoot

Geiriau pwysig i mi...

Uned 12 / Arestiwyd y dyn

Siaradwch

Be sy ar eich **rhestr bwced** chi?

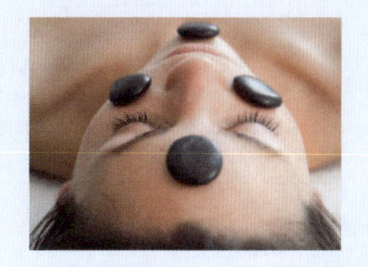

Adolygu – Ro'n i'n cicio neu Mi ges i fy nghicio?

Dechrau	picked up by the taxi	living in Scotland at the time	appointed to the job	brought up in Scotland	chosen to play in the team
travelling in Spain	seen in town yesterday	paid too much	driving a lorry	speaking Welsh	finishing the work
listening to the radio	named after my father	working at home	knocked down by a car	born in the spring	trained to use the machine
stopped by the police	hit by a bike	taught at home	worrying a lot	starting to enjoy the job	helping in school
arranging a party	losing the plot	injured in the game	arrested last night	making lunch	practising the piano
pushed to the floor	watching a film	gardening all afternoon	born in the last century	shopping in town	**Yn ôl i'r dechrau**

Yr Amhersonol

Iaith ffurfiol ac ysgrifenedig

Anafwyd pump o bobl.

Saethwyd pump o bobl.

Arestiwyd pump o bobl.

Lladdwyd pump o bobl.

Iaith lafar

Mi gaeth pump o bobl eu hanafu.

Mi gaeth pump o bobl eu saethu.

Mi gaeth pump o bobl eu harestio.

Mi gaeth pump o bobl eu lladd.

Uned 12 / Arestiwyd y dyn

Ymarfer

Cyflwynwyd y rhaglen gan Jason Mohammad.

Agorwyd y ffatri gan y Prif Weinidog.

Anfonwyd y neges gan y Prif Weinidog.

Adeiladwyd y tai gan gwmni lleol.

Cysylltwch y ddau hanner i greu un frawddeg:

1.	Arestiwyd pump o bobl		1.	mewn damwain ar yr M4.
2.	Lladdwyd pump o bobl		2.	fydd yn ymuno â'r cwmni y flwyddyn nesa.
3.	Anafwyd pump o bobl		3.	i'r cyfarfod staff ar ddechrau'r tymor newydd.
4.	Carcharwyd pump o bobl		4.	i wneud naid bynji i godi arian.
5.	Croesawyd pump o bobl		5.	am gyfanswm o ugain mlynedd.
6.	Gwelwyd pump o bobl		6.	am werthu cyffuriau.
7.	Cyflwynwyd pump o bobl		7.	yn dianc mewn car mawr gwyrdd.
8.	Perswadiwyd pump o bobl		8.	yn ystod storm Henry.

Ganwyd Lloyd George ym Manceinion.

Lloyd George was born in Manchester.

Cynhaliwyd protest neithiwr.

A protest was held last night.

Cafwyd cyfarfod diddorol yn y Senedd.

An interesting meeting was had in the Senedd.

Aethpwyd â chwech o bobl i'r ysbyty.

Six people were taken to the hospital.

Daethpwyd o hyd i gorff.

A body was found.

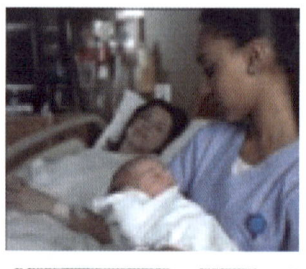

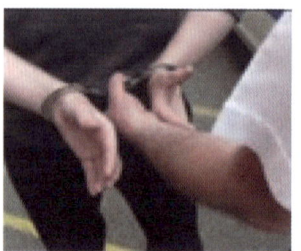

Uned 12 / Arestiwyd y dyn

Trowch i'r amhersonol:

1. Cafodd y llew ei saethu.

2. Cafodd y ferch fach ei henwi ar ôl ei nain.

3. Cafodd y llanc ei arestio gan yr heddlu.

4. Cafodd y llythyr ei bostio at y Prif Weinidog.

5. Cafodd yr arian ei gasglu i elusen.

6. Cafodd y ddesg ei symud i ystafell arall.

7. Cafodd y llanc ei garcharu am ddwy flynedd.

8. Cafodd y llyfrau eu hargraffu yng Nghymru.

Trowch i'r goddefol:

1. Adeiladwyd estyniad mawr i'r ysbyty llynedd.

2. Dangoswyd y faner ar wal y neuadd.

3. Ffilmiwyd y cyfweliad yng Nghaerdydd.

4. Enillwyd y wobr gan Huw Huws.

5. Saethwyd tri o bobl yn y parc lleol.

6. Caewyd y brif allanfa am ddwy awr.

7. Dinistriwyd yr eglwys mewn tân mawr.

8. Croesawyd y ffoaduriaid i'r pentref.

Darllen – O'r papur bro...

Papurau Cymraeg lleol ydy papurau bro. Efo'ch partner, darllenwch y darnau o'r papur bro a thanlinellwch bob berf sy'n gorffen efo **-wyd.**

Cynhaliwyd cyfarfod olaf Merched y Wawr am y tymor yng Ngwesty'r Llew Du. Fel arfer, roedd y bwyd yn fendigedig. Croesawyd Siân Jones, Llywydd Cenedlaethol y Mudiad, aton ni i glywed am waith codi arian y gangen at ymchwil i afiechyd canser y fron.

Llongyfarchiadau mawr i Alun a Pegi Morris ar enedigaeth Jac, brawd bach i Nel. Ganwyd Jac yn Ysbyty Abercastell ar Fehefin y nawfed. Jac ydy'r canfed babi i gael ei eni yn yr ysbyty, ac i ddathlu, cafwyd seremoni arbennig efo Sam Jones, Aelod Cynulliad Bro Castell a Sam Tân ei hun. Cyflwynwyd tegan meddal bychan Sam Tân i Jac ac i bob babi arall yn yr uned.

Mae tristwch mawr yn yr ardal ar ôl colli Bill Hughes. Bu Bill farw ar ôl salwch byr. Mi fydd pawb yn yr ardal yn cofio ei berfformiadau bywiog yn yr Ŵyl Ddrama bob blwyddyn, ac mi fydd colled fawr ar ei ôl. Cynhaliwyd yr angladd yng Nghapel Bethania a daeth tyrfa fawr i'r gwasanaeth. Diolchodd y gweinidog i gôr Bryncastell am ganu mor hwyliog. Mi fasai Bill wedi bod wrth ei fodd. Gwahoddwyd pawb i'r festri i gael te a bwffe ar ôl yr angladd.

Byddwch yn ofalus os byddwch chi yng nghoedwig y parc. Gwelwyd cath fawr ddu yn crwydro yn yr ardal yn ddiweddar. Credir* medrai hi fod yn beryglus i anifeiliaid anwes ac ŵyn bach. Mi fydd hi'n anodd ei gweld hi yn y tywyllwch, ond ffoniwch Heddlu Abercastell ar unwaith os gwelwch chi unrhyw beth.

O'r diwedd, mae parc chwarae newydd i'r plant ym Mryncastell. Diolch i bawb weithiodd mor galed i godi'r pres. Agorwyd y parc efo seremoni hyfryd, lle plannwyd dwy goeden bob ochr i'r allanfa gan y cynghorydd lleol, Dafydd Jones, a'i lyschwaer, yr actores fyd-enwog Catrin Zara. Cadwyd y gyfrinach tan y diwrnod bod ymwelydd mor arbennig ar ei ffordd i'r ardal. Dywedodd Ms Zara ei bod hi wrth ei bodd yn ymweld â chartref ei llysfrawd annwyl. Y cam nesaf fydd agor pwll padlo arbennig i'r plant lleiaf.

Ar ôl ennill eu gêm yn erbyn Aberystwyth neithiwr o ddwy gôl i un, mi fydd tîm pêl-droed merched Bryncoch rŵan yn mynd ymlaen i rownd nesaf y cwpan. Ond doedd hi ddim yn noson dda i Jess Davies, y capten. Rhuthrwyd hi i'r ysbyty ar ôl taro ei phen tra oedd hi'n ceisio rhoi'r bêl yn y rhwyd a threuliodd hi'r noson yn cael triniaeth yn Ysbyty Bryncastell. Mae pawb o'r criw yn edrych ymlaen at ei gweld yn ôl ar y cae yn fuan.

*Credir – *it is believed*

Gwrando a Llenwi bylchau – Bwletin Newyddion

_____ dyn am ddwyn arian o Fanc Llanaber. Mae'r _____ eisiau diolch i staff y banc am eu help i ddal y dyn _____ yma. Bydd e yn y llys y mis nesaf.

_____ un person ac _____ tri arall mewn damwain ddifrifol ar yr A470 yn gynnar y bore 'ma. _____ â'r tri i ysbyty Bryncastell. Roedd hi'n _____ iawn ar y pryd.

_____ deg teulu o Syria i Geredigion dros y _____ diwethaf. Bydd y plant yn mynd i ysgolion _____ lle byddan nhw'n dysgu'r _____ a'r Saesneg. Diolchodd arweinydd y cyngor i'r bobl leol am eu croeso cynnes i'r teuluoedd yma.

_____ seremoni Personoliaeth Chwaraeon y Flwyddyn Cymru yng _____ neithiwr. Aeth y wobr am yr unigolyn gorau i'r seiclwr Tomos Griffiths. _____ gwobr tîm y flwyddyn gan dîm _____ Tafarn y Bryn, Bryncastell, enillodd _____ tîm dartiau gorau Ewrop yn _____ y mis diwetha.

A'r tywydd i gloi. _____ pawb gan gryfder y gwynt neithiwr, a _____ coed wedi eu chwythu i lawr mewn rhai mannau. Canslwyd rhai trenau rhwng Caerdydd ac Abertawe ond bydd pethau'n gwella, a bydd y _____ yn codi dros y penwythnos.

Gwylio – Sain Ffagan

Gwyliwch y fideo a nodwch unrhyw enghreifftiau o'r amhersonol (**-wyd**) dach chi'n eu clywed.

....

....

Uned 12 / Arestiwyd y dyn

Atebwch y cwestiynau:

1. Ym mha flwyddyn agorwyd Amgueddfa Sain Ffagan?
   ....

2. Sawl tŷ teras sy yn y rhes?
   ....

3. O le symudwyd y tai?
   ....

4. Be ydy Llwybrau Llafar?
   ....

5. Sut dach chi'n medru defnyddio Llwybrau Llafar?
   ....

6. Be ddigwyddodd yn 2007?
   ....

7. Pwy sy wedi bod yn gweithio ar yr eglwys?
   ....

8. Be sy yn Sefydliad y Gweithwyr?
   ....

9. Be sy'n arbennig am staff yr adeiladau?
   ....

10. Be ydy **Cymru** a **Byw a Bod**?
    ....

11. Faint ydy cost tocyn mynediad i Sain Ffagan?
    ....

12. Pryd enillodd Sain Ffagan wobr?
    ....

13. Faint o bobl sy'n ymweld â'r amgueddfa bob blwyddyn?
    ....

Siaradwch

- Dach chi wedi bod yn Sain Ffagan?
- Pryd aethoch chi i amgueddfa ddiwetha? Lle?
- Sgynnoch chi hoff amgueddfa?

Ymarfer – Ymddiheuro

Meddyliwch am sefyllfaoedd lle basech chi'n ymddiheuro, e.e. cyrraedd y dosbarth yn hwyr.

Gwrandewch ar y tair deialog a nodwch y tair ffordd mae'r bobol yn deud *sorry*:

1. ....

2. ....

3. ....

Gorffennwch y deialogau hyn efo ymddiheuriad a be dach chi'n mynd i'w wneud:

A: Dw i ddim yn medru defnyddio'r fforc yma, mae hi'n fudr.
B: ....
A: Diolch. Ond brysiwch, neu mi fydd y bwyd yn oeri.

A: Be oedd yr holl sŵn yna neithiwr? Do'n i ddim yn medru cysgu.
B: ....
A: Gobeithio, wir.

A: Roedd y drws ffrynt ar agor pan gyrhaeddes i adre. Mi anghofiest ti gau'r drws eto.
B: ....
A: Wel, mi fydd rhaid i ti gael dau gloc larwm i wneud yn siŵr fod ti'n deffro.

Sgwrs

A: Bore da. Gwasanaeth Cwsmeriaid Creision Ŷd y Ceiliog Coch. Ga i helpu?

B: Cewch gobeithio. Mi brynes i focs o'ch creision ŷd chi yn yr archfarchnad ddoe.

A: Gobeithio byddwch chi'n cael blas arnyn nhw!

B: Ches i ddim blas o gwbl! Pan agores i'r bocs, roedd 'na lawer iawn o blastig ond – dim ond dau ddarn o greision ŷd!

A: O diar.

B: Ro'n i wedi gosod y bwrdd yn barod i gael brecwast hamddenol efo fy nheulu cyn ffarwelio am y diwrnod, ond ro'n i'n siomedig iawn.

A: Mae'n ddrwg iawn gen i glywed. Ga i ymddiheuro ar ran y cwmni?

B: Mi faswn i'n meddwl, wir!

A: Mi anfonwn ni becyn arall atoch chi, ac un arall am eich trafferth chi.

B: Dim ond dau? Mae hyn yn ofnadwy, dw i wedi treulio amser yn aros i chi ateb y ffôn, a...

A: O'r gorau, Mr Jones. Gawn ni gynnig ugain o flychau mawr o Greision Ŷd i chi?

B: Wel... iawn. Sut dach chi'n mynd i anfon y bocsys?

A: Mi fedrwn ni anfon taleb ar ebost. Argraffwch y daleb, ac mi fyddwch chi'n medru casglu'r blychau o archfarchnad gyfleus.

B: Wel, mi fasai hynny'n iawn. Diolch.

A: Croeso, unrhyw bryd!

Dach chi'n gwybod am y ceiliog ar focsys creision ŷd? Mae 'na stori bod Nansi Richards, y delynores o Gymru, yn aros efo Mr Kellogg, perchennog y cwmni, yn America tua chanrif yn ôl. Roedd hi'n cael blas ar ei brecwast, y creision ŷd, a soniodd Mr Kellogg fod o'n chwilio am lun i fynd ar ei focs o. Mi ddudodd Nansi fod y gair Cymraeg 'ceiliog' yn ei hatgoffa hi o'r cyfenw Kellogg – a bod ceiliog yn llun da i'w roi ar focs grawnfwyd brecwast. A dyna ddigwyddodd – roedd y syniad yn ffitio i'r dim. Mae'n debyg bod hon yn stori wir!

Pwnc llosg: Mae bywyd yn anodd i bobol ifanc y dyddiau yma.

Gwyliwch Tedy o Batagonia yn siarad ac atebwch y cwestiynau:

1. Be sy'n wahanol am bobol ifanc yng Nghymru a phobol ifanc ym Mhatagonia?

Arholiadau

....

....

Ceir

....

....

2. Be ydy'r pethau mae pobol ifanc yng Nghymru ac ym Mhatagonia'n (eu) mwynhau?

....

....

3. Pa broblemau sy gan bobol ifanc yng Nghymru ac ym Mhatagonia?

....

....

4. Be sy'n gwella bywyd i bobol ifanc yng Nghymru ac ym Mhatagonia?

....

....

Uned 12 / Arestiwyd y dyn

Pwnc llosg: Mae bywyd yn anodd i bobol ifanc y dyddiau yma.

Edrychwch ar y geiriau isod a'u rhoi nhw yn y bylchau o dan y lluniau. Croeso i chi roi eich syniadau eich hun hefyd.

teithio	technoleg	ffioedd prifysgol
swyddi tymor hir	yr amgylchedd	y cyfryngau cymdeithasol
arholiadau	prisiau tai	cymdeithasu

Llenwch y blychau:

Pethau oedd yn fwy anodd i bobol ifanc yn y gorffennol

....
....
....

Pethau sy'n fwy anodd i bobol ifanc rŵan

....
....
....

Pethau oedd yn haws i bobol ifanc yn y gorffennol

....
....
....

Pethau sy'n haws i bobol ifanc rŵan

....
....
....

Dach chi'n cytuno? Pam?/Pam ddim?
- Siaradwch am sefyllfa pobol ifanc heddiw a phan oeddech chi'n gadael addysg lawn amser: gwaith, prisiau tai, pres, cost mynd i'r brifysgol, yr amgylchedd, technoleg, cyfle i deithio ac ati.
- Oedd hi'n well neu'n waeth i bobol ifanc yn y gorffennol?
- Ydy/Oedd byw trwy gyfnod clo yn fwy anodd i bobol ifainc?

Bwletin Newyddion

Atebwch y cwestiynau.

1. Beth sy'n profi bod yr achos yma wedi bod yn anodd i'r heddlu?

   ....

2. Pam mae'r niwl yn achosi problem?

   ....

3. Beth wnaeth yr Aelod Seneddol â'r arian ?

   ....

4. Heblaw am chwarae rygbi, am beth roedd Bob Davies yn enwog?

   ....

5. Pam dydy rhai pobl ddim yn hapus am y ffordd newydd?

   ....

6. Beth oedd y sgôr ar ddiwedd y gêm neithiwr?

   ....

7. Sut bydd y tywydd dydd Sul?

   ....

Ysgrifennu llythyr

Arddywediad – Ysgrifennwch be dach chi'n (ei) glywed:

....

....

....

....

....

....

....

Sut mae deud?

Dear councillor

Thank you for your letter.

I'm writing to you on behalf of…

I look forward to hearing from you.

Yours sincerely

Siaradwch

- Pryd ysgrifennoch chi lythyr ddiwetha?
- Pryd gaethoch chi lythyr ddiwetha?
- Dach chi'n anfon llawer o negeseuon ebost neu negeseuon testun?

Llyfrau Amdani!

Rŵan dach chi'n medru darllen *Y Llythyr* gan Helen Naylor, (addaswyd gan Dwynwen Teifi).

Dach chi'n medru prynu'r llyfr yn eich siop Gymraeg leol neu ar www.gwales.com

Dyma'r llythyr sy'n dechrau'r nofel.

Tredafydd,
Awst 1996

Fy annwyl Huw,

Roedd hi mor braf derbyn dy lythyr di. Diolch am y lluniau hefyd. Roedd hi'n hyfryd gweld dy fod ti ddim wedi newid llawer dros y blynyddoedd. Yn anffodus, dw i ddim yn gallu dweud yr un peth amdana i fy hun!

Ces i deimladau cymysg wrth ddarllen y llythyr. Ro'n i'n hapus iawn o weld dy fod ti wedi cael bywyd llwyddiannus. Ro'n i'n dweud o hyd gallet ti fod yn arlunydd arbennig! Ond ro'n i'n teimlo'n drist hefyd mod i ddim wedi bod yn rhan ohono. Roedd gyda ni gymaint o gynlluniau pan o'n ni'n ifanc, ond oedd e? Ond rhaid i ni beidio meddwl am y gorffennol. Mae cymaint o bethau sy angen i ni siarad amdanyn nhw nawr. Mae Bethan a finnau mor falch dy fod ti wedi penderfynu dod i Dredafydd. Cofia roi gwybod pan fyddi di'n cyrraedd y wlad.

Cofion gorau, Megan.

O.N. Dyma lun o Bethan a finnau yn y lolfa uwchben y siop. Wyt ti'n cofio'r lolfa?

Wedyn, mae'r stori'n dechrau go iawn – yn ôl yn 1945.

Robin Radio

a) **Atebwch:**

O le mae hen nain Alejandro yn dŵad yn wreiddiol?

....

Sawl gwaith mae Alejandro wedi bod yng Nghymru cyn yr ymweliad yma?

....

Lle arhosodd Anti Mair ac Alejandro ar y daith o Batagonia?

....

b) **Gwrandewch am:**

dan deimlad	*emotional*
diffyg cwsg	*lack of sleep*
am y tro	*for the time being*

c) **Cyfieithwch:**

the old country

....

My great-grandfather was brought up...

....

Are you back to stay?

....

Help llaw

Does 'na **ddim** gwahaniaeth mewn ystyr rhwng:

Mi gaeth y gêm ei dangos ar y teledu.   Dangoswyd y gêm ar y teledu.
Mi gaeth y dyn ei arestio.   Arestiwyd y dyn.

Ond fyddwch chi ddim yn clywed yr amhersonol (**-wyd**) pan mae pobol yn siarad. Mi fyddwch chi'n ei glywed weithiau mewn sefyllfa ffurfiol fel radio/teledu/araith (*speech*)/cyhoeddiadau ac mi fyddwch chi'n ei weld mewn adroddiadau ysgrifenedig ffurfiol.

I greu berfau amhersonol, rhaid i ni ddod o hyn i fôn *(stem)* y ferf ac ychwanegu **–wyd**:

cyhoedd**i**	cyhoedd-	cyhoedd**wyd**
aresti**o**	aresti-	aresti**wyd**
gweld	gwel-	gwel**wyd**

Dysgwch rai ffurfiau afreolaidd:

cael	cafwyd	cynnal	cynhaliwyd
geni	ganwyd	gwneud	gwnaethpwyd
mynd â	aethpwyd â		

Uned 13 – John sy'n byw yng Nghaerdydd

Nod yr uned hon ydy...
- **Iaith:** Ymarfer brawddegau pwysleisiol
- **Ymarfer:** Perswadio

Geirfa

allanfa (allanfeydd)	exit(s)
basged(i)	basket(s)
carreg fedd (cerrig beddau)	gravestone(s)
cneuen (cnau)	nut(s)
cneuen goco (cnau coco)	coconut(s)
nifer(oedd)	number(s), quantity(-ies)
raced(i)	racket(s)
tafodiaith (tafodieithoedd)	dialect(s)
talaith (taleithiau)	state(s)
ysgrifen	handwriting

awdurdod(au)	authority (-ies)
carchar(dai)	prison(s)
cefnogwr (-wyr)	supporter(s)
gofalwr (-wyr)	caretaker(s); carer(s)
gramadeg	grammar
lleoliad(au)	location(s)
mwynhad	enjoyment
paith (peithiau)	prairie(s)
rhyfel(oedd)	war(s)
trefniad(-au)	arrangement(s)

cadeirio	to chair
gwlychu	to get wet
heneiddio	to age
lapio	to wrap
trin	to treat

agored	open
angenrheidiol	necessary
blynyddol	annual
clyfar	clever
cyfrifol	responsible
deallus	intelligent
galluog	capable, brainy
gweithgar	hardworking
hoffus	likeable
preifat	private
sefydlog	stable, fixed, unchanging

gwneud y tro	to make do, to answer the purpose
manylion personol	personal details
o bell	from afar

Geiriau pwysig i mi...

Siaradwch

Trafodwch eich profiad yn dysgu Cymraeg.

Enw	Pryd wnaethoch chi ddechrau dysgu Cymraeg?	Lle oedd eich dosbarth cynta chi?	Faint o bobol oedd yn eich dosbarth cynta chi?

Enw	Be ydy'r peth gorau am ddysgu Cymraeg?	Sut dach chi'n defnyddio'r Gymraeg?

Wedyn **trafodwch** y pwnc:

Mae rhai pobol yn deud bod dysgu iaith arall yn anodd.

- Pam mae pobol yn meddwl hyn?
- Be sy'n medru helpu pobol i ddysgu iaith arall?
- Pam mae rhai pobol yn dysgu'n well na phobol eraill?
- Be oedd y peth mwya anodd yn eich profiad chi o ddysgu Cymraeg?
- Sut mae dysgu Cymraeg yn wahanol i ddysgu iaith arall, yn eich profiad chi?
- Pwy a/neu be sy wedi eich helpu chi fwya?

Yna, efo'ch gilydd, penderfynwch ar **dri** "gair o gyngor" i unrhyw berson sy'n dechrau ar y daith i ddysgu Cymraeg.

1. ....
2. ....
3. ....

Adolygu –wyd

Efo'ch partner, taflwch y dis i ddechrau un o'r storïau newyddion. Wedyn, meddyliwch am ail frawddeg i'r stori.

1	Anafu .... o bobol mewn damwain + lle + neithiwr
2	Agor (adeilad mawr) gan (person enwog) + lle + ddoe
3	Ennill Oscar gan (actor enwog) + nos Sul
4	Lladd .... o bobol mewn storm + lle + y bore 'ma
5	Llosgi (adeilad mawr) mewn tân + lle + dros nos
6	Cynnal (digwyddiad) + lle + echdoe

Sy

Dach chi'n cofio?

Efo'ch partner, edrychwch ar y lluniau a dilynwch y patrwm:

Be ydy garddwr?   Rhywun sy'n chwynnu/garddio/gweithio mewn gardd.

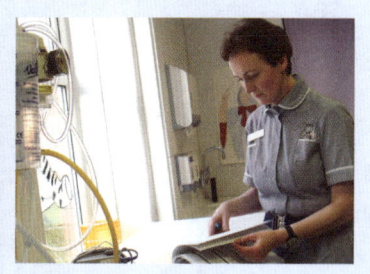

Pwyslais – sy

Pwy sy'n byw yn Llandudno?   John sy'n byw yn Llandudno.
Pwy sy'n gweithio yn Tesbury's?   Aled sy'n gweithio yn Tesbury's.
Pwy sy'n gwisgo trowsus du?   Marc sy'n gwisgo trowsus du.
Pwy sy'n mwynhau pobi?   Siân sy'n mwynhau pobi.
Pwy sy'n cadeirio'r cyfarfod?   Y cynghorydd sy'n cadeirio.

Trefnu parti – Pwy sy'n...?
Partner A

gwneud y gwahoddiadau?	Angharad
anfon y gwahoddiadau?	
prynu'r anrhegion	Dafydd
lapio'r anrhegion	
bwcio'r neuadd?	Bethan
addurno'r neuadd?	
prynu'r bwyd?	Carys a Gwyn
coginio'r bwyd?	
gosod y bwyd yn y neuadd?	Enfys a Harri
trefnu'r gemau?	
clirio'r neuadd?	Ffion ac Owen
golchi'r llestri?	

Uned 13 / John sy'n byw yng Nghaerdydd

Partner B

gwneud y gwahoddiadau?	
anfon y gwahoddiadau?	Gareth
prynu'r anrhegion	
lapio'r anrhegion	Ameer
bwcio'r neuadd?	
addurno'r neuadd?	Hywel a Fflur
prynu'r bwyd?	
coginio'r bwyd?	Jac a Martha
gosod y bwyd yn y neuadd?	
trefnu'r gemau?	Ifan
clirio'r neuadd?	
golchi'r llestri?	Rhys a Rhian

Cywirwch – dilynwch y patrwm:

A: Mae Shirley Bassey yn dŵad o Bontypridd.
B: Paid â bod yn wirion! Tom Jones sy'n dŵad o Bontypridd.

A: Mae Michael Douglas yn dŵad o Abertawe. (Catherine Zeta Jones)
B: ....

A: Mae Caerdydd yn chwarae yn Stadiwm Liberty. (Abertawe)
B: ....

A: Mae'r Alban yn chwarae rygbi yn Twickenham. (Lloegr)
B: ....

A: Mae'r Beatles yn canu *Dancing Queen*. (Abba)
B: ....

Pwyslais – oedd

Pwy oedd yn byw yn Aberystwyth?	John oedd yn byw yn Aberystwyth.
Pwy oedd yn gweithio fel nyrs?	Marc oedd yn gweithio fel nyrs.
Pwy oedd yn gweithio mewn ffatri?	Mari oedd yn gweithio mewn ffatri.
Pwy oedd yn absennol wythnos diwetha?	Rhian oedd yn absennol wythnos diwetha.

Pwyslais – fydd

...yn ystod y chwe mis nesa?

Enw	mynd ar wyliau?	gweithio ar ddydd Sadwrn?	mynd i gampfa?	cael pen-blwydd?	mynd i Lundain?

Gwylio – Pobol Patagonia

Pwy sy'n dŵad o Gymru a phwy sy'n dŵad o Batagonia?

dŵad o Gymru	dŵad o Batagonia

Nodwch un ffaith ddysgoch chi wrth wylio'r fideo:

Florencia _____

Elvira _____

Fabio ac Ann-Marie _____

Sgwrs – Gwrando a darllen

Mam/Tad:	Noswaith dda Mr/Ms Huws.
Mr/Ms Huws:	Noswaith dda. Reit, rhiant pwy dach chi?
Mam/Tad:	Mam/Tad Alan ac Elen dw i.
Mr/Ms Huws:	O ia. Wel, be dw i'n medru ei ddeud am Alan ac Elen?
Mam/Tad:	Dw i ddim yn gwybod, chi sy'n eu dysgu nhw.
Mr/Ms Huws:	Wel, dw i'n mynd i ddechrau efo Alan. Mae o'n fachgen galluog iawn. Mae ei ysgrifen o'n daclus, mae ei lyfrau o'n daclus ac mae o'n gwneud y gwaith cartref bob tro. Fo sy'n dod gyntaf yn y prawf mathemateg bob wythnos.
Mam/Tad:	Ydy o'n gwrando yn y dosbarth?
Mr/Ms Huws:	Ydy, wir. Dydy o byth yn siarad yn y dosbarth.
Mam/Tad:	Wel, wir, dydy o ddim yn gwrando yn y tŷ.
Mr/Ms Huws:	Mae o'n darllen ac yn ysgrifennu yn dda yn Gymraeg ac yn Saesneg.
Mam/Tad:	Bendigedig.
Mr/Ms Huws:	A deud y gwir, Alan sy'n mynd i gystadlu ar ran yr ysgol yn y cwis newydd ar S4C – Plant Clyfar Cymru – y mis nesa.
Mam/Tad:	Wel, wel! A be am Elen?
Mr/Ms Huws:	Wel, mae hi'n ddigon deallus, ond dydy hi ddim mor weithgar ag Alan. Dydy ei llyfrau hi ddim yn daclus, mae ei hysgrifen hi'n flêr iawn ac mae hi'n anghofio ei gwaith cartref yn aml.
Mam/Tad:	Ydy hi'n gwrando yn y dosbarth?
Mr/Ms Huws:	Mae hi'n gwrando ar ei ffrindiau!
Mam/Tad:	O diar! Oes 'na unrhyw beth da am Elen, 'ta?
Mr/Ms Huws:	Wel, mae hi'n hoffus iawn… Ac mae hi'n licio rygbi, tydy?
Mam/Tad:	O ydy! Mae hi'n mwynhau cystadlu efo'r Urdd hefyd.
Mr/Ms Huws:	Yn yr eisteddfod?
Mam/Tad:	Efo tîm rygbi'r sir wrth gwrs. Hi ydy'r capten!
Mr/Ms Huws:	Ia, wir? Da iawn, Elen.

Cymharwch Alan ac Elen:

	Alan	Elen
llyfrau		
ysgrifennu		
gwaith cartref		
siarad		
cystadlu		

Ymarfer – Trefnu digwyddiad

Edrychwch ar y llun o ffair flynyddol Abercastell. Efo'ch partner, faint o frawddegau dach chi'n medru (eu) gwneud? e.e. "Mae 'na chwech o gnau coco yn y llun."

Siaradwch

- Dach chi wedi helpu mewn ffair leol erioed?
- Tasech chi'n helpu, be fasech chi'n hoffi (ei) wneud?
- Be dach chi'n feddwl sy'n angenrheidiol i gael ffair leol dda?

Gwrando

Be mae'r bobol yma yn ceisio (ei) drefnu?

1. ....

2. ....

3. ....

4. ....

5. ....

Efo'ch partner, ysgrifennwch un ffaith am bob sgwrs.

1. ....

2. ....

3. ....

4. ....

5. ....

Ysgrifennu

Mae'r dosbarth yn trefnu parti syrpréis i ddathlu pen-blwydd arbennig eich tiwtor. Efo'ch partner, ysgrifennwch ebost at bawb yn deud be ydy'r trefniadau.

Gwrando

Gwrandewch ar y Bwletin Newyddion ac atebwch y cwestiynau:

1. Pryd bydd yr M4 yn ailagor?

   ....

2. Pa newyddion drwg a gafodd ardal Pontypridd yn ddiweddar?

   ....

3. Pwy mae Phil Jones yn gobeithio (eu) helpu?

   ....

4. O faint bydd prisiau cwmni Tonfedd yn codi?

   ....

5. Sut mae Elin Prosser yn wahanol i enillwyr eraill y gystadleuaeth?

   ....

6. Pa brofiad drwg gafodd Jason yn ystod y daith?

   ....

7. Beth mae trefnwyr y regata (ei) eisiau?

   ....

Dach chi'n clywed llawer o rifau yn y bwletin. Sut mae deud?

five cars ....

two people ....

two hours ....

two hundred ....

ten per cent ....

over a hundred thousand pounds ....

Ysgrifennu Llythyr

Llenwch y bylchau:

_____ Gynghorydd Smith

Diolch yn fawr iawn _____ _____ _____ yn deud am eich polisi newydd o gasglu'r biniau ysbwriel _____ pedair wythnos. Cynhaliwyd cyfarfod yn Neuadd y pentref i drafod y mater a dw i'n _____ atoch chi _____ _____ llawer o bobol sy'n byw yn Y Stryd Fawr. Mae pobol yn anhapus iawn _____ y polisi yma. Dan ni'n dallt _____ rhaid i chi arbed pres ond tybed dach chi'n medru ateb y ddau gwestiwn yma? Yn y gaeaf, mae llawer _____ ni'n hapus efo'r polisi newydd, ond ydy hi'n bosib casglu'r biniau'n amlach yn ystod misoedd yr haf? Dan ni'n poeni bydd y biniau'n drewi _____ tywydd poeth. Yn ail, ydy hi'n bosib helpu teuluoedd mawr a chasglu eu biniau nhw yn _____ aml?

Dw i'n edrych ymlaen _____ glywed _____ _____ chi.

_____ _____

Gareth Jones

Robin Radio

a) **Atebwch:**
Pa iaith oedd Alejandro yn (ei) siarad efo ei fam?

....

Lle oedd Alejandro yn clywed Cymraeg?

....

Lle oedd o'n siarad Cymraeg?

....

b) **Gwrandewch am:**

carreg fedd	*gravestone*
tafodiaith	*dialect*
galw draw	*to call over*

c) **Cyfieithwch:**
It's hard to say.

....

What is different?

....

It's you who's speaking quickly.

....

Help llaw

Mae **sy** yn codi yn Uned 22 yn y Cwrs Mynediad ac Uned 2 yn y Cwrs Sylfaen. Yma, dan ni'n dangos sut i ddefnyddio **sy** i bwysleisio *(emphasise)*.

Fel arfer, mae brawddegau Cymraeg yn dechrau efo berf. Os dach chi isio rhoi **pwyslais** ar y **goddrych** *(subject)* yn yr amser presennol, dach chi'n rhoi'r goddrych **yn gyntaf** ac wedyn **sy**. Mae **sy** yn troi yn **fydd** yn y dyfodol ac yn **oedd** yn yr amherffaith.

Fi **sy**'n gweithio heno.   Carwyn **sy**'n gyrru'r car.   Llinos **sy**'n dysgu heddiw.

Fi **oedd** yn gweithio neithiwr.   Carwyn **oedd** yn gyrru'r car.   Llinos **oedd** yn dysgu ddoe.

Fi **fydd** yn gweitho nos yfory.   Carwyn **fydd** yn gyrru'r car.   Llinos **fydd** yn dysgu yfory.

blin

crac

Emphasise1
Can&When

Uned 14 – Dw i'n meddwl mai ti sy'n iawn

- **Nod yr uned hon ydy:** Dysgu'r cymal enwol pwysleisiol (*emphatic clauses*)
- **Ymarfer:** Perswadio

Geirfa

agwedd(au)	attitude(s)
caets(ys)/ cawell (cewyll)	cage(s)
cerdd(i)	poem(s)
cwyn(ion)	complaint(s)
lefel(au)	level(s)
nyth(od)	nest(s)
pibell(i)	pipe(s)
tagfa (tagfeydd)	traffic jam(s)
taran(au)	thunder

amynedd	patience
athletau	athletics
clonc	chat
cotwm	cotton
cownter(i)	counter(s)
cyswllt	contact
deiet	diet
diweithdra	unemployment
dringwr (-wyr)	climber(s)
gofal	care
hyder	confidence
lladrad(au)	burglary (burglaries)
lleidr (lladron)	thief (thieves)
lluosog(ion)	plural(s)
llwyth(i)	load(s)
mwd	mud
proffesiwn (proffesiynau)	profession(s)
rhedwr (-wyr)	runner(s)
stwffin	stuffing
sychder	drought; dryness
trac(iau)	track(s)
tyst(ion)	witness(es)

dwys	intense; intensive
gwyllt	wild
hollbwysig	all-important
mwdlyd	muddy
od	odd
prin	rare, scarce
profiadol	experienced
sengl	single
sychedig	thirsty

ailadrodd	to repeat
apelio (at)	to appeal
awgrymu	to suggest
cludo	to transport
coroni	to crown
cosi	to itch
cymysgu (efo)	to mix (with)
delio (â)	to deal (with)
pwyso	to press; to weigh
rasio	to race
ymgeisio (am)	to apply (for)

Bannau Brycheiniog	The Brecon Beacons
drosodd	over; overleaf
gwneud llanast o	to make a mess of
mân siarad	chit-chat
o ddifri	seriously
pob dim	popeth
rhiant (rhieni) maeth	foster parent(s)
traws gwlad	cross country
trwm ei glyw/chlyw	hard of hearing
wedi blino'n lân	exhausted
yn bennaf	mainly
yn fyw ac yn iach	alive and kicking
yn syth bin	immediately

Uned 14 / Dw i'n meddwl mai ti sy'n iawn 173

Geiriau pwysig i mi...

....

....

....

Siaradwch – Y lein ddillad

garddio	tân gwyllt	eira	archfarchnadoedd	gwaith tŷ
lliwiau	coginio	cefn gwlad	nofio	adar
trenau	ffonau symudol	operâu sebon	dinasoedd	siocled
ffermydd	Cymru	bwyta'n iach	teganau plant	nos Galan

Adolygu

Enw	swper neithiwr (oedd)	swper heno (sy)	swper nos yfory (fydd)

Uned 14 / Dw i'n meddwl mai ti sy'n iawn

Be ydy rhedwr traws gwlad?   Person sy'n rasio ar drac mwdlyd.

1	**nyrs**	cymysgu	cerddi	sychedig
2	**tafarnwr**	trwsio	cawl	dŵr cynnes
3	**plymwr**	trin	cleifion	dwys
4	**bardd**	chwynnu	gerddi	mewn ysbyty
5	**garddwr**	ysgrifennu	cwsmeriaid	efo llwy bren
6	**cogydd**	gweini ar	pibell	gwyllt

Mai

John ydy o.	Dw i'n gwybod mai John ydy o.	*I know that he is John.*
Mari ydy hi.	Dw i'n gwybod mai Mari ydy hi.	*I know that she is Mari.*
John a Mari ydyn nhw.	Dw i'n gwybod mai John a Mari ydyn nhw.	*I know that they are John and Mari.*

Be ydy enwau'r llefydd yma?

--- - ---

John ydy'r tala.	Dw i'n gwybod mai John ydy'r tala.	*I know that John is the tallest.*
Mari ydy'r dala.	Dw i'n gwybod mai Mari ydy'r dala.	*I know that Mari is the tallest.*
John ydy'r hyna.	Dw i'n gwybod mai John ydy'r hyna.	*I know that John is the oldest.*
Mari ydy'r fenga.	Dw i'n gwybod mai Mari ydy'r fenga.	*I know that Mari is the youngest.*

Tîm athletau bechgyn Ysgol Abercastell

	Dyddiad geni	**Taldra**	**Cyflymder (amser 100m)**
Gareth	1.10.2012	4'10"	13 eiliad
Dafydd	3.3.2013	5'	13.3 eiliad
Aled	2.5.2012	4'8"	15 eiliad
Paul	1.12.2012	4'10"	14 eiliad
Derec	3.1.2013	4'9"	14.2 eiliad
Martin	1.12.2012	5'1"	13.9 eiliad
Sam	3.11.2012	4'9"	15.2 eiliad

Tîm athletau merched Ysgol Abercastell

	Dyddiad geni	**Taldra**	**Cyflymder (amser 100m)**
Ffion	2.3.2013	4'6"	14 eiliad
Nia	3.11.2012	5'2"	14.3 eiliad
Angharad	3.3.2013	4'10"	16 eiliad
Fflur	1.12.2012	4'10"	12.9 eiliad
Efa	1.10.2012	4'9"	15 eiliad
Mandy	1.12.2012	4'11"	14.9 eiliad
Cara	7.1.2013	5'	13.6 eiliad

Be ydy eich barn chi?

Dw i'n meddwl mai <u>Caffi'r Castell</u> ydy'r caffi gorau.
Dw i'n meddwl mai <u>pasta</u> ydy'r bwyd mwya blasus.
Dw i'n meddwl mai <u>Pobol y Cwm</u> ydy'r rhaglen fwya cyffrous.

Enw	tŷ bwyta – da	dinas – hardd	siocled – blasus	ffrwyth – melys	llyfr – diflas

Pwy/Be oedd...?

Dw i'n meddwl mai George Best oedd y pêl-droediwr gorau erioed.
Dw i'n meddwl mai *The Godfather* oedd y ffilm orau erioed.
Dw i'n meddwl mai *Friends* oedd y rhaglen orau erioed.
Dw i'n meddwl mai y Beatles oedd y grŵp gorau erioed.

Enw	pêl-droediwr	ffilm	rhaglen	grŵp pop

1. Mi fasai _____ (enw) a fi'n deud mai .... oedd y pêl-droediwr gorau.

2. Mi fasai _____ (enw) a fi'n deud mai .... oedd y ffilm orau.

3. Mi fasai _____ (enw) a fi'n deud mai .... oedd y rhaglen orau.

4. Mi fasai _____ (enw) a fi'n deud mai .... oedd y grŵp pop gorau.

Dw i'n siŵr mai fi sy'n iawn.	*I'm sure it's me who's right.*
Dw i'n siŵr mai ti sy'n iawn.	*I'm sure it's you who's correct.*
Dw i'n meddwl mai Iona sy'n iawn.	*I think that it's Iona who's right.*
Dw i'n meddwl mai nhw sy'n iawn.	*I think that it's them who are correct.*

Dw i'n meddwl mai Rick fydd yn rasio mewn ras.	*I think it's Rick who will be racing in a race.*
Dw i'n meddwl mai Wil fydd yn mynd i Wimbledon.	*I think it's Wil who will be going to Wimbledon.*
Dan ni'n meddwl mai Cerys fydd yn gwneud y gacen briodas.	*We think it's Cerys who will make the wedding cake.*
Dan ni'n meddwl mai Sam fydd yn ysgrifennu nofel.	*We think it's Sam who will write a novel.*

Ro'n i'n meddwl mai **Cerys** sy'n dysgu'r dosbarth.	*I thought **Cerys** is teaching the class.*
Ro'n i'n meddwl mai **Cerys** oedd yn dysgu'r dosbarth.	*I thought **Cerys** used to to teach the class.*
Ro'n i'n meddwl mai **Cerys** fydd yn dysgu'r dosbarth.	*I thought **Cerys** will be teaching the class.*
Ro'n i'n meddwl mai **Cerys** fasai'n dysgu'r dosbarth.	*I thought **Cerys** would teach the class.*

Siaradwch

- Be ydy enw'r caffi?
- Pwy ydy'r hyna yn y llun?
- Pwy ydy'r fenga?
- Sut mae Yasmin a Zara'n perthyn?
- Pwy sy'n mwynhau nofio?
- Pwy sy'n gweithio mewn banc?
- Pwy sy'n astudio mewn coleg?
- Be sy yng nghwpan Meg?

Uned 14 / Dw i'n meddwl mai ti sy'n iawn

Gofyn cwestiynau

Bod neu Mai? Unwch ddau hanner y brawddegau.

1. Dw i'n meddwl   Mae John yn mynd i Lundain.
_____

2. Dw i'n meddwl   John sy'n mynd i Lundain.
_____

3. Dw i'n siŵr   Roedd pawb yn brysur yn y gwaith ddoe.
_____

4. Dw i'n siŵr   Y bòs oedd y person mwya prysur.
_____

5. Ella   Mae Siân yn gwybod yr ateb.
_____

6. Ella   Siân sy'n gwybod yr ateb.
_____

Lluosog

Cerdd gan Emyr Davies

Mae athro'n troi'n athrawon,
Mae tŷ yn mynd yn dai,
Mae cân yn troi'n ganeuon,
Ar bwy, yn wir, mae'r bai?

Mae iaith yn mynd yn ieithoedd,
Mae coeden yn troi'n goed...
Yr iaith Gymraeg, dw i'n meddwl,
Yw'r fwya od erioed!

Beth yw'r unigol/lluosog?

	meibion	merch	
tad		car	
	dwylo		plu
swyddfa			dosbarthiadau
	cymylau	dinas	
	protestiadau	pysgodyn	
	nadroedd		chwiorydd
brawd			plant
	dail		blodau
cariad			cestyll
mochyn		afon	
	defaid		gwledydd
	gwragedd		gwŷr
llygoden		rhiant	
	ffyrdd		lladron
mynydd		malwen	
	plygiau		cefndryd
	ŵyn		cantorion
	geifr	taten	
hosan			lloi
	cŵn		sbeisys

Ymarfer – Deud stori

Darllenwch eich stori chi a llenwch y grid.

	Enw'r person	Pryd aeth o/hi?	Sut aeth o/hi?	Pryd gyrhaeddodd o/hi yr Eisteddfod?	Faint gostiodd y tocyn?	Lle aeth o/hi i ddechrau?	Be oedd yn digwydd yno?
Stori A							
Stori B							
Stori C							
	Lle aeth o/hi wedyn?	Be brynodd o/hi?	Lle aeth o/hi yn y prynhawn?	Be oedd yno?	Am faint o'r gloch aeth o/hi adre?	Lle oedd o/hi yn bwriadu mynd y noson wedyn?	
Stori A							
Stori B							
Stori C							

Sgyrsiau – Yn siop trin gwallt 'Cyrls a Chlonc'

Uned 14 / Dw i'n meddwl mai ti sy'n iawn

Gwrandewch ar y tair sgwrs:

A: Glywest ti hanes Ffion?

B: Naddo!

A: Wel wel, paid ag ailadrodd hyn, ond… Mi glywes i bod hi wedi deud "Cau dy geg" wrth y bòs!

B: Naddo! Wel, chlywes i erioed y fath beth! Pam?

A: Roedd y bòs yn deud bod hi'n diogi… Ac roedd hi wedi gweithio shifft deuddeg awr yn y cartre gofal.

B: Deuddeg awr? Pam, felly?

A: Roedd pump o'r staff yn sâl.

B: Wel, dw i ddim yn synnu bod hi'n flin, felly. Be ddigwyddodd wedyn, 'ta?

A: Hei, glywsoch chi'r stori am Carol?

B: Pa stori? A phaid â sibrwd! Rwyt ti'n gwybod bod Sara ychydig yn drwm ei chlyw…

A: Y stori bod Carol wedi gwneud llanast o drefniadau'r parti Nadolig.

C: Sut?

A: Wel, mae hi wedi trefnu mynd i'r Mochyn Mawr.

B: Ha ha, cyfle i bawb fwyta fel mochyn – mae'r cinio Nadolig yn wych yna, yn enwedig y stwffin cnau arbennig!

A: Ia, ond mae'r Mochyn Mawr yn cau dros y Nadolig!

C: Pam 'ta?

A: Wel… mae Carlo y Cogydd wedi diflannu efo… Well i fi beidio â deud mwy…

B a C: O, paid â gadael y stori ar ei hanner!

A: Glywest ti fod y grŵp roc trwm 'Y Storm Ddu' ddim yn mynd i ganu eto?

B: Naddo.

A: Mae popeth drosodd.

B: Wel wel. Maen nhw'n hen, cofiwch. Maen nhw i gyd dros saith deg oed!

A: Wel na, dw i'n meddwl bod nhw wedi penderfynu gorffen pan oedden nhw'n chwarae yn Las Vegas.

B: Pam, be ddigwyddodd?

A: Mi gloiodd Daniel Du Twm Tywyll yn y gawell ar y llwyfan … a thaflu'r goriad i mewn i'r dorf!

B: O na! Sut ddaeth o allan o'r caets?

Ysgrifennu stori

Edrychwch yn ôl ar y tabl sy'n dangos y lluosog. Efo'ch partner, ysgrifennwch stori 6 brawddeg. Triwch gael cymaint â phosib o'r geiriau lluosog i mewn i'r stori.

Sgwrs

Alun: Be ydy'r broblem? Dan ni ddim wedi symud ers hanner awr!
Bethan: Ella mai damwain sy'n stopio'r traffig.
Alun: Dan ni'n mynd i golli'r gêm os dan ni yn y ciw 'ma yn llawer hirach.
Bethan: Be wyt ti'n (ei) feddwl fydd y sgôr?
Alun: Dw i'n gobeithio mai ni fydd yn ennill. O dair gôl i ddwy.
Bethan: Mi fasai hynny'n braf. Ond dw i'n poeni mai Caerdydd fydd yn ennill. Maen nhw'n chwarae'n dda ar hyn o bryd
Alun: O na! Mae'r heddlu isio pasio.
Bethan: Dw i ddim wedi gweld ambiwlans, o leia.
Alun: Dw i wedi blino ar hyn. Rho'r radio ymlaen, i ni glywed be sy wedi digwydd.
Cyflwynydd Radio Cymru: Bore da. Dyma'r newyddion. Dan ni newydd glywed bod tagfa fawr ar yr M4 y tu allan i Gaerdydd ar hyn o bryd. Mae lori oedd yn cludo pren wedi gollwng ei llwyth ar y ffordd i'r dwyrain. Mae ciw o bum milltir erbyn hyn. Mae'r heddlu ar eu ffordd i helpu'r traffig i adael y draffordd a gyrru trwy Gasnewydd.
Alun: O na, dw i'n meddwl mai taran glywes i i fan 'na...
Bethan: Naci, lori fawr oedd hi, ar ochr arall y draffordd – yr ochr sy'n symud.
Alun: Mae'r awyr yn las ar hyn o bryd.
Cyflwynydd Radio Cymru: A'r tywydd i gloi. Mae'r sychder hir yn mynd i orffen heddiw, efo ffrynt tywydd gwlyb yn symud o Iwerddon ar draws Cymru. Mi fydd 'na dywydd stormus ledled y de. Gobeithio na fydd cefnogwyr Caerdydd ac Abertawe yn gwlychu gormod yn ystod y gêm fawr y prynhawn 'ma!
Alun: Mae pethau'n mynd o ddrwg i waeth!
Bethan: O, wel! Pwysa'r botwm 'na a newidia i Radio Rocio – dw i'n teimlo fel clywed dipyn o fân siarad efo Robin!
Alun: Iawn. ...

Maybe it's an accident that's stopping the traffic.	
I hope that it's us who will win.	
I'm worried that it's Cardiff who will win.	
I think that it's thunder I heard there.	

Trafod pwnc

Trafodwch: Mae 'na ormod o geir ar y ffordd.
- Dach chi'n defnyddio car? Pa mor aml?
- Ydy pobol yn fwy parod i ddefnyddio'r bws a'r trên y dyddiau yma?
- Pryd oedd y tro diwetha i chi ddefnyddio'r bws neu'r trên?
- Fasech chi'n defnyddio'r trên neu'r bws yn amlach, tasai'r gwasanaeth yn well?
- Be ydy'ch hoff ffordd chi o deithio?
- Tasech chi'n cael cynnig mynd i Baris am benwythnos hir, (a rhywun arall yn talu) pa ffordd fasech chi'n dewis mynd?
- Dach chi'n cytuno bod 'na ormod o geir ar y ffordd? Pam?

Gwrando - Bwletin Newyddion

1. Beth ydy'r newyddion **da** i weithwyr y ffatri?

   _____

2. Beth sy'n awgrymu bod lladron yn gweld siop 'Dillad Del' fel targed hawdd?

   _____

3. Pam mae llawer o bobl yn protestio yn Madrid?

_____

4. Beth sydd wedi digwydd i'r ddau ddringwr ar Fannau Brycheiniog erbyn hyn?

_____

5. Am beth fydd pobl yn cofio Olwen Lewis yn bennaf?

_____

6. Pam mae'r gêm rygbi hon yn bwysig?

_____

7. Ble bydd y tywydd gwaetha yfory?

_____

Robin Radio

a) Atebwch :
Efo pwy mae Rhian Morris yn gweithio? _____
Pam mae hi'n siarad ar Radio Rocio? _____
Be mae rhaid i chi (ei) gael yn eich tŷ i fod yn rhiant maeth? _____

b) Gwrandewch am :
rhieni maeth   _foster parents_
cynnal sgwrs   _to hold a conversation_
diffyg hyder   _lack of confidence_

c) Cyfieithwch:
first language   _____
spare bedroom   _____
personal details   _____

Help llaw

Mai

1. Cofiwch ein bod ni'n defnyddio **bod** ar ôl nifer o eiriau, e.e.

meddwl	siŵr	ella
gwybod	sicr	er
gobeithio	hapus	wrth gwrs

Dw i'n meddwl **bod** y gêm yng Nghaerdydd.
Dw i'n siŵr **bod** y gêm yng Nghaerdydd.
Ella **bod** y gêm yng Nghaerdydd.

2. Ond pan fydd pwyslais (*emphasis*), rhaid defnyddio **mai**, e.e.

Hi ydy'r tiwtor.	Dw i'n siŵr **mai** hi ydy'r tiwtor.
John sy'n byw yn Llundain.	Dw i'n siŵr **mai** John sy'n byw yn Llundain.
Cymru fydd yn ennill y gêm.	Gobeithio **mai** Cymru fydd yn ennill y gêm.
Star Wars oedd y ffilm orau.	Dw i'n meddwl **mai** *Star Wars* oedd y ffilm orau.

Ar ôl **mai**, mae 'na frawddeg gyflawn (*complete sentence*). Dydy hyn ddim yn wir am **bod:**

Dw i'n meddwl **mai** John sy'n byw yng Nghaerdydd.
Dw i'n meddwl **bod** John yn byw yng Nghaerdydd.

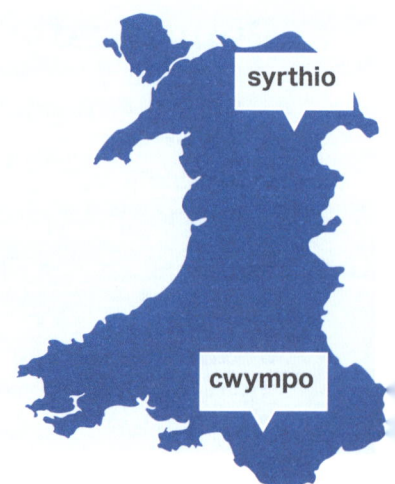

syrthio

cwympo

Reporting Back C7

Uned 15 – Adolygu ac ymestyn

Nod yr uned hon ydy...
- **Iaith:** Adolygu ac ymestyn

Geirfa

craith (creithiau)	scar(s)
ffin(iau)	border(s)
ffon (ffyn)	stick(s)
gwasg (gweisg)	printing press(es)
iard(iau)	yard(s)
roced(i)	rocket(s)
streic(iau)	strike(s)
tasg(au)	task(s)
Tsieina	China
tymheredd	temperature

adnewyddu	to renew, to refurbish
addo	to promise
cwblhau	gorffen
llifo	to flow
mesur	to measure
sleifio	to slink, to sneak, to sidle

cadw golwg ar	to keep an eye on; to keep track of
cynnal a chadw	maintenance
dan bwysau	under pressure
dyddiad cau	closing date
gwm cnoi	chewing gum
i'r dim!	exactly! perfect!
y pen	per head

Geiriau pwysig i mi...

....

....

canlyniad(au)	result(s)
clwt (clytiau)	cloth(s), rag(s)
cwt gwair	hay hut
cwt ieir	hen coop
dril(iau)	drill(s)
dur	steel
feirws (feirysau)	virus(es)
gwm	gum
llwch	dust
penderfyniad(au)	decision(s)
pennawd (penawdau)	headline(s)
pridd	earth, soil
saws(iau)	sauce(s)
steil	style
tâl (taliadau)	payment(s)
tâp (tapiau)	tape(s)
twlc (tylciau)	sty (sties)

afiach	disgusting; sickly
ambell	a few
anarferol	unusual
anlwcus	unlucky
arferol	usual
cul	narrow
dieithr	strange
dyddiol	daily
gwastad	flat
iachus	healthy (bwyd)
llydan	wide
llym	severe
pleserus	enjoyable
pur	pure
sydyn	sudden
wythnosol	weekly

Adolygu – Gêm o Gardiau

	♠	♦	♣	♥
A	Pa wlad sy yn y penawdau newyddion ar hyn o bryd?	Be ydy eich prif ddiddordeb chi?	Dudwch rywbeth am eich ffrind gorau chi.	Pwy ydy'r person fenga dach chi'n (ei) nabod? (Defnyddiwch **mai**.)
2	Pa dŷ bwyta ydy'r gorau yn yr ardal yma? (Defnyddiwch **mai**)	Pryd gest ti dy dalu ddiwetha?	Be oedd eich prif ddiddordeb chi pan oeddech chi'n blentyn?	Fasech chi'n hoffi mynd ar fordaith ta gwyliau sgio?
3	Be oedd eich pwnc gorau yn yr ysgol? (Defnyddiwch **mai**.)	Pwy ydy'r person hyna dach chi'n (ei) nabod? (Defnyddiwch **mai**.)	Pwy wyt ti'n meddwl ydy'r canwr gorau ar hyn o bryd? (Defnyddiwch **mai**.)	Dach chi wedi symud tŷ llawer yn ystod eich bywyd?
4	Tasech chi'n ennill gwyliau i unrhyw le yn y byd, i le fasech chi'n mynd?	Tasech chi'n cael cyfarfod rhywun enwog, pwy fasech chi'n (ei) ddewis?	Tasech chi'n cael mynd i unrhyw ddigwyddiad chwaraeon, i be fasech chi'n mynd?	Be sy ar y teledu am ddeg heno?
5	Pwy sy'n mynd i ennill Cwpan y Byd? (Defnyddiwch **mai**.)	Lle fyddwch chi'n mynd ar wyliau nesa?	Be ydy'r rhaglen orau ar y teledu ar hyn o bryd? (Defnyddiwch **mai**.)	Sut fasech chi'n mynd i Lundain, tasech chi'n mynd am benwythnos?
6	Gan bwy gaeth eich car ei wneud?	Be wyt ti'n (ei) feddwl ydy'r peth gorau am fyw yn yr ardal yma?	Gan bwy gaeth dy ffôn ei wneud?	Pwy o Gymru sy yn y papurau ar hyn o bryd?
7	Pa un ydy'r ffilm orau erioed? (Defnyddiwch **mai**.)	Lle oeddech chi'n mynd ar wyliau pan oeddech chi'n blentyn?	Be oedd y pwnc anodda yn yr ysgol i chi? (Defnyddiwch **mai**.)	Pwy ydy'r actor mwya enwog o Gymru ar hyn o bryd? (Defnyddiwch **mai**.)
8	Pa mor bell dach chi'n byw o'r dosbarth?	Lle gaeth eich taid chi ei eni?	Pa mor aml dach chi'n gyrru car mewn wythnos?	Pwy sy'n smwddio dillad yn eich tŷ chi?
9	Lle aethoch chi ar eich gwyliau diwetha?	Pwy sy'n golchi'r llestri yn eich tŷ chi?	Faint o'r gloch ewch chi i'r gwely heno?	Lle aethoch chi allan am bryd o fwyd ddiwetha?
10	Pwy sy'n canu dy hoff gân di?	Lle gaeth eich ffrind gorau ei (g)eni?	Dudwch rywbeth am y person fenga yn eich teulu chi.	Be oedd eich hoff bwnc chi yn yr ysgol?
Jac	Be oedd eich cas bwnc chi yn yr ysgol?	Sgynnoch chi deulu neu ffrindiau sy'n byw dramor? Pwy? Lle?	Be ydy'r llyfr gorau erioed? (Defnyddiwch **mai**.)	Pryd aethoch chi ar drên ddiwetha?
Brenhines	Sgynnoch chi deulu neu ffrindiau sy'n byw yn Lloegr? Pwy? Lle?	Lle gaeth eich nain chi ei geni?	Dach chi/Oeddech chi'n chwarae unrhyw offeryn cerddorol?	Pa un ydy'r lle hardda yng Nghymru? (Defnyddiwch **mai**.)
Brenin	Llun pwy sy ar flaen y papurau newyddion ar hyn o bryd?	Be ydy eich hoff gân chi? (Defnyddiwch **mai**.)	I le hedfanoch chi ddiwetha?	Dudwch rywbeth am y person hyna yn eich teulu chi.

Darllen ac ysgrifennu

Darllenwch y darn yma am Dŷ Te Tebot Tsieina Y Tebot Piws.

Mi gaeth Abercastell eu tŷ te arbennig cyntaf pan agorwyd Y Tebot Piws yn 1963. Mae'n siŵr mai dyma'r tŷ te mwya poblogaidd yn y sir. Cacennau cartref o bob math sy'n cael eu gwerthu yma, a the blasus o India, Sri Lanka, Nepal, Tsieina ac Affrica. Mae'n debyg mai'r gacen gaws efo saws afal a sbeis sinamon ydy'r bwyd mwya poblogaidd. Mae pobol yn dŵad o bell i flasu'r te prynhawn enwog. Mae'r fwydlen yn ddwyieithog ac mae pawb sy'n gweithio yn y Tŷ Te yn siarad Cymraeg. Mae 'na groeso mawr i ddysgwyr – dewch yma i ddathlu diwedd y flwyddyn, i gael cacennau gorau Abercastell ac i ymarfer eich Cymraeg! Mi gewch chi amser pleserus iawn.

Bar Tapas a Gwin 'Y Gwydr Glas'

Uned 15 / Adolygu ac ymestyn

Adolygu mai

Cwis – Ffeindiwch y lleoedd

Ysgrifennwch yr enw lle wrth ymyl y dot ar y map. Defnyddiwch y patrwm yma:
Dw i'n meddwl/gwybod mai Dinbych ydy o.

Dinbych	Pwllheli	Aberteifi	Pontypridd	Llandrindod
Machynlleth	Llangefni	Caerdydd	Conwy	Merthyr
Dinbych-y-pysgod	Bangor	Wrecsam	Llanelli	Caerfyrddin

Adolygu -wyd

Lle yng Nghymru?
Agorwyd y Cae Ras yn _____ yn 1864.
Ailenwyd Canolfan Hamdden y _____ ar ôl Jade Jones yn 2012.
Agorwyd Venue Cymru yn _____ yn 2005.
Agorwyd Theatr y Werin yn _____ yn 1972.
Ganwyd Dylan Thomas yn Cwmdonkin Drive, _____ yn 1914.
Agorwyd Llyfrgell Genedlaethol Cymru yn _____ yn 1907.
Agorwyd Canolfan y Mileniwm ym Mae _____ yn 2009.

Ymarfer – Y Gwaith – Gwylio 1

Edrychwch ar y bobol yma yn siarad am eu gwaith.

Pwy sy'n gweithio mewn tri lle?..
Pwy sy'n gweithio'n rhan amser?..
Pwy sy'n gweithio efo plant?..
Pwy oedd yn cael llyfrau gan Siôn Corn?...
Pwy sy'n gweithio efo hen bobol?..
Pwy sy'n helpu efo iechyd pobol? ....
Pwy dach chi'n (ei) feddwl sy wedi creu ei chwmni/gwmni ei hun?................

Y Gwaith

Cymharwch y ddau lun, ffeindiwch bum peth sy'n wahanol.

Pa un sy'n eich atgoffa chi o le dach chi/ roeddech chi'n gweithio? Pam?

Siaradwch – Eich swyddi chi

Enw	swydd gynta	swydd bresennol/ola

- Lle dach chi'n gweithio?/Lle oeddech chi'n gweithio? (Os dach chi wedi ymddeol, pam benderfynoch chi ymddeol?)
- Oes/Oedd gynnoch chi dasgau dyddiol?
- Be ydy/oedd y peth gwaetha am eich swydd chi? A'r peth gorau?
- Ydy/Oedd eich patrwm gwaith wedi newid yn ystod pandemig COVID-19?
- Tasech chi'n cael gwneud swydd rhywun arall am un diwrnod, swydd pwy fasech chi'n (ei) hoffi?

Sgwrs

A: Brysiwch! Rhaid i ni gwblhau'r holl dasgau cyn y dyddiad cau.

B: Dan ni wedi bod wrthi ers wyth awr yn barod heddiw – mae'n gas gen i weithio dan bwysau.

A: Rhaid i ni gadw at yr amserlen! **Pwy sy'n cadw golwg ar y cloc?**

B: Fi.

A: Dach chi wedi ffeindio potel ddŵr poeth fawr? Mae'n bwysig bod y bòs yn cadw'n gynnes pan mae o allan yn gyrru.

B: Ydw, mae 'na un yn barod... **Pryd dan ni'n cael ein talu?**

A: Ar ôl y Nadolig, wrth gwrs.

B: Oes 'na rywun o'r adran cynnal a chadw wedi bod yma eto?

A: Oes, wrth gwrs, rhaid iddo fo hedfan am filoedd o filltiroedd...

B: Oes 'na unrhyw beth iachus yn mynd i mewn i'r parseli 'ma? Ych a fi, mae'r holl rwtsh yma'n afiach!

A: Wel, mae plant yn hoff o bethau melys – o'r gorau, mi wnawn ni roi ychydig o gnau ac orennau i mewn hefyd.

B: Wel, ymlaen â ni, mi fydd hi'n fis Ionawr cyn bo hir... ac wedyn mi gawn ni i gyd wyliau.

A: I'r dim! Rhywle cynnes, gobeithio ...

Felly – pwy ydy'r bòs?

Yn y ddeialog dach chi'n clywed "cadw golwg ar..."

Sut dach chi'n deud?
to keep order _____
to keep warm _____
to keep an eye on _____

Yn y ddeialog mi wnaethoch chi glywed bod rhywun yn "cael ei dalu".

I ddefnyddio'r **goddefol** (rhywbeth yn digwydd i chi neu rywun arall) yn y presennol, newidiwch gorffennol **cael** i'r presennol, e.e.

Mi ges i fy nhalu.   Dw i'n cael fy nhalu.
Mi gest ti dy dalu.   Rwyt ti'n cael dy dalu.
Mi gaeth o ei dalu.   Mae o'n cael ei dalu.
Mi gaeth hi hi ei thalu.   Mae hi'n cael ei thalu.
Mi gaethon ni ein talu.   Dan ni'n cael ein talu.
Mi gaethoch chi eich talu.   Dach chi'n cael eich talu.
Mi gaethon nhw eu talu.   Maen nhw'n cael eu talu.

Dw i'n cael fy nhalu bob <u>mis</u>.   Dan ni'n cael ein gwylio gan y camera.
Rwyt ti'n cael dy dalu bob wythnos.   Dach chi'n cael eich dysgu gan y tiwtor.
Mae o'n cael ei yrru i'r <u>gwaith</u>.   Maen nhw'n cael eu hanfon ar gwrs.
Mae'r gacen yn cael ei <u>phobi</u> rŵan.

Be ydy'r brawddegau?

Dw i'n cael fy mesur am siwt	gan y deintydd	yn y parti croeso
Mae'r streic yn cael ei galw	â'r tâp mesur	yn y gwaith dur
Mae ei thymheredd hi'n cael ei fesur	gan y gymuned	yn y siop ddillad
Mae'r dril yn cael ei ddefnyddio	gan y gweithwyr	ar y ward
Mae'r gwm cnoi'n cael ei lanhau	gan y nyrs	â'r clwt gwlyb
Mae'r teulu dieithr yn cael eu croesawu	o'r bwrdd	ar y dant drwg

....

....

....

....

Geirfa – gwrywaidd neu fenywaidd?

Llyfr lliwio
Gwrywaidd
cerdyn
bag
dosbarth
llyfr
maes
tocyn
tŷ

Cot law
Benywaidd
pêl
ystafell
ysgol
siop
cot
rhaglen
gêm

Geirfa

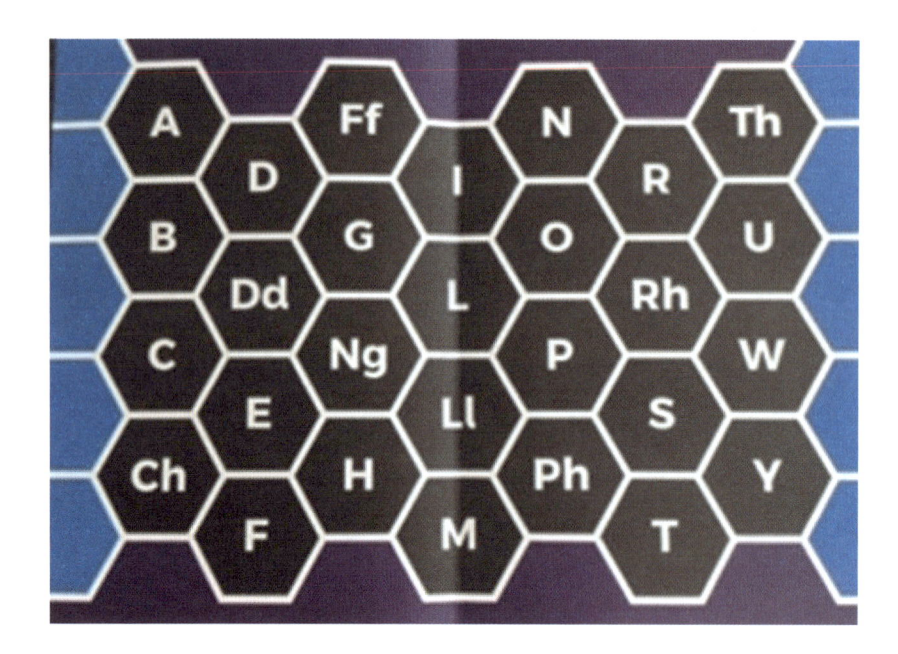

Gwylio 2 – Ffynnon Gwenffrewi

Dyma _____ Gwenffrewi yn Nhreffynnon, yn Sir y Fflint.

Mae miloedd o _____ yn dod i **ffynnon** Gwenffrewi bob blwyddyn. Ers mil, tri chant o _____ mae pobol yn dod yma i **weddïo** ac i ofyn am gael eu gwella.

Yn y seithfed _____, yn ôl yr hanes, gwrthododd Gwenffrewi fod yn gariad i Caradog, achos ei bod hi isio bod yn **lleian**. Gwylltiodd Caradog. _____ ei phen i ffwrdd. Lle arhosodd ei phen hi ar y llawr, llifodd dŵr pur o'r ddaear, a dyna ddechrau'r ffynnon.

Daeth Sant Beuno, ewythr Gwenffrewi, a rhoi ei phen hi yn ôl ar ei _____ hi. Gweddïodd, a daeth Gwenffrewi yn ôl yn _____.

Mi wnaeth hi fyw fel lleian am dros ugain mlynedd.

Roedd Gwenffrewi yn ferch o **gig a gwaed** – ac mae hi wedi cael ei derbyn fel _____ ers iddi hi farw. Roedd sôn mewn hen _____ bod gan Gwenffrewi **graith** o gwmpas ei gwddw felly efallai bod rhan o'r stori yn wir. Gweddïodd Gwenffrewi i Dduw _____ pawb oedd yn mynd i mewn i ddŵr y ffynnon. Mae _____ ers y **ddeuddegfed** ganrif bod pobol yn gwella ar ôl bod yn y dŵr.

Yn yr _____ ger y ffynnon, dach chi'n medru gweld llawer o _____ wedi eu gadael gan bobol dros y blynyddoedd ar ôl iddyn nhw gael eu gwella.

Mae'r dref, Treffynnon *(Holywell* yn Saesneg), yn cael ei _____ yn "Lourdes Cymru". Mae'n werth dŵad yma am dro!

Llenwch y bylchau heb edrych ar y sgript os yw'n bosib.

Gwrthodwyd .... gan ....

Torrwyd pen .... i ffwrdd gan ....

Rhoddwyd pen .... yn ôl ar ei hysgwyddau gan ....

Derbyniwyd .... fel santes ar ôl iddi hi farw.

Dywedwyd bod craith gyda ....

Gadawyd llawer o .... ger y ffynnon ar ôl i bobol gael eu gwella.

Galwyd y .... yn Lourdes Cymru ers canrifoedd.

.... yw'r enw Cymraeg ar y dre.

.... yw'r enw Saesneg ar y dre.

Dw i'n siŵr .... stori wir yw hanes Gwenffrewi. neu Dw i'n siŵr .... chwedl yw hanes Gwenffrewi.

Bwletin Newyddion

1. Sut roedd pobl dros y byd wedi clywed am Caradog Price? _____
_____

2. Os bydd yr ysgol yn cau, beth fydd y broblem i rieni Aberwylan? _____
_____

3. Beth fydd yn digwydd i'r teithwyr oedd ar y fferi? _____
_____

4. Sut bydd pobl Cymru'n clywed am hanes Dr Ifan Tomos yn ystod y chwe mis nesa?
_____

5. Faint o chwaraewyr newydd fydd gan dîm Chelsea? _____
_____

6. Am faint o amser oedd y neuadd ar gau? _____
_____

7. Pwy fydd yn hapus fod y tywydd yn newid? Pam? _____
_____

Llenwch y bylchau yn y darn yma:

Y dyddiau hyn, dydy cadw ci neu gath _____ yn beth anarferol o gwbl. Os rhywbeth, mae gan rhan fwyaf o _____ (pobl) anifail anwes. Ond mae gen i ddiddordeb arbennig _____ cadw anifeiliaid o wledydd tramor. Dydy hyn ddim yn beth newydd o gwbl i mi, achos pan oeddwn i'n _____ (plant), roeddwn i'n byw yng _____ (Gogledd) India, pan oedd fy rhieni'n gweithio yno fel athrawon. Cyn i mi gael fy ngeni, symudodd Mam a Dad o Gymru i India. Ar ôl priodi, _____ (penderfynu) nhw y basen nhw'n hoffi gweithio am rai _____ (blwyddyn) cyn dechrau teulu.

Ar ôl bod yno am bum mlynedd, _____ fy chwaer Nia ei geni. Mae Nia chwe blynedd yn _____ (hen) na fi ac roedd hi'n arfer gofalu _____ (am) i bob tro roeddwn i'n mynd allan i chwarae yn yr iard achos roedd llawer o anifeiliaid peryglus o gwmpas y tŷ. Felly doedd gweld anifeiliaid ecsotig ddim yn syndod i mi na Nia.

Dim ond _____ (x1) gwelais i neidr beryglus iawn. Un tro pan oeddwn i'n chwarae ar fy mhen fy _____ yn yr iard, gwelais i neidr hir ddu yn sleifio o dan y tŷ. _____ (rhedeg) i yn ôl i'r tŷ yn syth ac ar ôl gweld Nia, dwedais i _____ hi beth oedd wedi digwydd. Aeth hi â fi at Aziz, y cogydd, a daeth e allan o'r tŷ â ffon hir yn ei law i chwilio _____ y neidr.

Yn y diwedd, daliodd e'r neidr, a mynd â hi'r tu allan _____ 'r iard yn bell o'n tŷ. Dw i'n meddwl _____ cobra oedd hi, un o nadroedd mwyaf peryglus India. Roeddwn i wedi bod yn lwcus iawn.

Erbyn hyn, mae Nia'n cadw siop anifeiliaid anwes yn Aberystwyth ond _____ dim nadroedd peryglus gynni hi! Ac er fy _____ i'n byw yng Nghaerdydd mewn tŷ teras, dw i wedi cadw fy niddordeb mewn anifeiliaid peryglus. Ond nid neidr beryglus sy gen i rŵan; dw i wrth fy _____ yn cadw pysgod peryglus - piranhas!

Ymarfer

Mae gen i ddiddordeb mewn cadw anifeiliaid.

Dilynwch y patrwm:

Mae hi yn y gegin drwy'r amser.　　　　Mae gynni hi ddiddordeb mewn coginio.

Mae hi'n prynu llyfr newydd bob wythnos.
Mae hi isio rhedeg marathon.
Mae hi mewn grŵp drama.
Mae hi'n mynd o gwmpas y byd.
Mae hi'n mynd am dro yn aml.

Ac er fy mod i'n byw yng Nghaerdydd...

Ysgrifennwch hanner cyntaf y frawddeg, gan ddefnyddio **er**.

_____, does gen i ddim cot heddiw.
_____, mae o yn y gwaith.
_____, maen nhw'n colli pob gêm.
_____, mae'r tŷ bwyta'n gwneud yn dda iawn.

Robin Radio

a) **Atebwch:**

Pam mae'r bobol ifanc yn mynd i Seland Newydd?
_____

Be mae rhaid i chi (ei) wneud cyn mynd i'r diwrnod hwyl?
_____

Sut mae'r ffordd i'r fferm?
_____

b) **Gwrandewch am:**

ymlaen llaw — _beforehand_
yn hollol wastad — _completely flat_
o fewn clyw — _within hearing distance_

c) **Cyfieithwch:**

a great opportunity for them _____
How are you going to raise the money? _____
Who's doing the music? _____

sâl

tost

Uned 16 – Mi es i i'w thŷ hi

Nod yr uned hon ydy:
- **Iaith**: Defnyddio cywasgiadau (contractions)
- **Ymarfer**: Egluro

Geirfa

gradd meistr	masters degree
llenyddiaeth	literature
medal(au)	medal(s)
menter (mentrau)	venture(s); initiative(s)
pencampwriaeth(au)	championship(s)
trafnidiaeth	transport

adnabyddus	well-known
crand	grand
cyfoes	contemporary
cyhoeddus	public
di-Gymraeg	ddim yn siarad Cymraeg
di-ri(f)	countless
eglur	evident; clear
figan	vegan
llysieuol	vegetarian

ac yn y blaen	etc.
ar lafar	spoken; orally
ar y blaen	in the lead
lawr llawr	downstairs
oddi ar	from (on); off; down from
synnwyr cyffredin	common sense
undydd	one-day
uwchben	above
yn erbyn	against
y Wladfa	the colony*

*Yr enw ar yr ardal lle mae cymuned sy'n siarad Cymraeg ym Mhatagonia, ardal o'r Ariannin.

arfer(ion)	habit(s)
arolwg (arolygon)	review(s); survey(s)
blinder	tiredness
bylb(iau)	bulb(s)
canolbarth	middle part, midlands (mewn gwlad)
cemegyn (cemegau)	chemical(s)
cymar	partner, companion
cynllun(iau)	plan(s); design(s)
distawrwydd	silence
dyffryn(noedd)	valley(s)
esboniad(au)	explanations(s)
gofod	space
goleudy (goleudai)	lighthouse(s)
hapusrwydd	happiness
lolipop(s)	lollypop(s)
obsesiwn (obsesiynau)	obsession(s)
palmant (palmentydd)	pavement(s)
streiciwr (-wyr)	striker(s)
toriad(au)	cut(s)
treiglad(au)	mutation(s)
undeb(au)	union(s)
ynni	energy

annog	to encourage
egluro	to explain
lansio	to launch
treiglo	to mutate

Uned 16 / Mi es i i'w thŷ hi

Geiriau pwysig i mi...

....

....

Siaradwch – Byw yn wyrdd

Yn eich grŵp, dudwch pa rai o'r pethau yma dach chi'n (eu) gwneud a pha rai dach chi ddim yn (eu) gwneud.

1. ailgylchu gwastraff bwyd
2. bwyta bwyd llysieuol/figan
3. cael cawod yn lle bath
4. cerdded mwy ar deithiau byr
5. defnyddio bagiau defnydd i siopa bob amser
6. diffodd goleuadau wrth adael ystafelloedd
7. peidio â hedfan
8. peidio â thaflu bwyd
9. prynu a defnyddio pethau mwy gwyrdd, e.e. brws dannedd pren
10. prynu bwyd lleol
11. prynu bwyd yn ei dymor
12. defnyddio car trydan
13. prynu dillad o siopau elusen
14. prynu llai o bethau mewn pecyn plastig
15. rhannu ceir yn y gwaith
16. rhoi dillad/llyfrau ac ati i siopau elusen
17. casglu dŵr glaw
18. teithio mwy ar drafnidiaeth gyhoeddus
19. troi'r *thermostat* i lawr ar y gwres canolog
20. tyfu eich bwyd eich hun
21. defnyddio ynni gwyrdd, e.e. paneli solar
22. golchi dillad mewn dŵr oerach

Cywasgiadau

A
Be sy yn y lluniau?

caws a gwin
y caws a'r gwin

dyn a baner
y dyn a'r faner

pobol a hufen iâ
y bobol a'r hufen iâ

merch a llyfr
y ferch a'r llyfr

bachgen a physgod
y bachgen a'r pysgod

dynes a cheffyl
y ddynes a'r ceffyl

Fy anrheg a fy ngherdyn i.	*My present and my card.*
Dy anrheg a dy gerdyn di.	*Your present and your card.*
Ei anrheg a'i gerdyn o.	*His present and his card.*
Ei hanrheg a'i cherdyn hi.	*Her present and her card.*
Ein hanrheg a'n cerdyn ni.	*Our present and our card.*
Eich anrheg a'ch cerdyn chi.	*Your present and your card.*
Eu hanrheg a'u cerdyn nhw.	*Their present and their card.*

Cyfieithwch:

the towns and the villages

her house and her garden

his house and his garden

her son and her daughter

his son and his daughter

their house and their garden

their son and their daughter

your building and your business (chi)

our Assembly Member and our Member of Parliament

O

Mi ddaeth hi o'r dosbarth.	*She came from the class.*
Mi ddaeth hi o fy nosbarth i.	*She came from my class.*
Mi ddaeth hi o dy ddosbarth di.	*She came from your class.*
Mi ddaeth hi o'i ddosbarth o.	*She came from his class.*
Mi ddaeth hi o'i dosbarth hi.	*She came from her class.*
Mi ddaeth hi o'n dosbarth ni.	*She came from our class.*
Mi ddaeth hi o'ch dosbarth chi.	*She came from your class.*
Mi ddaeth hi o'u dosbarth nhw.	*She came from their class.*

Gêm dis

1 + 6 = Mi ddes i o'u parti nhw.

1	fi	1	dy
2	hi	2	ei (g)
3	fo	3	ei (b)
4	ni	4	ein
5	chi	5	eich
6	nhw	6	eu

parti / dosbarth / cwrs / tŷ / cartref

I

Mi aeth o i'r tŷ.	He went to the house.
Mi aeth o i fy nhŷ i.	He went to my house.
Mi aeth o i dy dŷ di.	He went to your house.
Mi aeth o i'w dŷ o.	He went to his house.
Mi aeth o i'w thŷ hi.	He went to her house.
Mi aeth o i'n tŷ ni.	He went to our house.
Mi aeth o i'ch tŷ chi.	He went to your house.
Mi aeth o i'w tŷ nhw.	He went to their house.

Be fydd Siôn a Siân yn (ei) brynu i'w teulu ac i'w ffrindiau?

e.e. Mi fydd Siôn yn prynu CD i'w frawd o.

Mi fydd Siân yn prynu CD i'w brawd hi.

A	CD	A	mam
2	llun	2	tad
3	sanau	3	brawd
4	*Prosecco*	4	chwaer
5	siocledi	5	nain
6	llyfr	6	taid
7	blodau	7	ffrind
8	talc	8	bòs
9	tocyn awyren	9	cymydog
10	tocyn llyfr	10	nith
Jac	tocyn gêm rygbi	**Jac**	nai
Brenhines	menig	**Brenhines**	cariad
Brenin	geiriadur Cymraeg	**Brenin**	tiwtor

Efo'n gilydd

Mi aethon ni efo'n gilydd.	We went together.
Mi aethoch chi efo'ch gilydd.	You went together.
Mi aethon nhw efo'i gilydd.	They went together.
Mi aeth y plant efo'i gilydd.	The children went together.

Dilynwch y patrwm:

Dach chi'n mynd ar yr un bws?	Ydan, dan ni'n mynd efo'n gilydd.
Dach chi'n teithio ar yr un bws?	....
Ydyn nhw'n teithio ar yr un bws?	....
Ydyn nhw'n mynd ar yr un bws?	....
Dach chi'n mynd ar yr un pryd?	....
Ydyn nhw'n dysgu ar yr un pryd?	....
Dach chi'n dysgu ar yr un pryd?	....
Dach chi'n bwyta ar yr un pryd?	....
Ydyn nhw'n bwyta ar yr un pryd?	....

Gwrando – Traeth Abercastell

Dyma un o draethau prydfertha Cymru. Mae 'na lawer o bobol leol ac ymwelwyr yn hoffi dŵad yma .... i fwynhau ac i ymlacio. Edrychwch ar yr hen ddyn a dynes yn eistedd ar eu cadeiriau nhw. Maen nhw'n ofalus iawn .... pennau nhw, yn gwisgo het a hances rhag ofn iddyn nhw losgi yn yr haul poeth. Mae'r nain yn rhoi lolipop .... hwyres hi. Mae'r taid yn edrych ymlaen at ei hufen iâ o.

Edrychwch ar y dyn ifanc yn gofyn .... gymar o dynnu llun o'r môr, a'r bachgen bach yn dangos y gwylanod .... fam e. Mae un .... tadau'n cario ei fab o ar ei ysgwyddau ac mae'r bachgen yn gofyn .... dad o fynd yn gyflymach.

Mae rhai pobol ar y ffordd i mewn .... môr – mam, tad .... dau blentyn bach nhw, a grŵp o ffrindiau sy'n mynd i mewn i'r dŵr i chwarae pêl ....
Mae merch fach yn dangos ei chastell tywod .... mam .... chariad hi.

Dw i'n cerdded efo fy ffrind .... chi hi. Dw i ar y ffôn yn gofyn i fy mhlant i roi pitsa yn y popty i ni gael swper .... ar ôl i ni gyrraedd adre.

Ymarfer – Egluro

Egluro'r treigladau!

Y Treiglad Meddal			**Y Treiglad Trwynol**		**Y Treiglad Llaes**
t > d	d > dd	m > f	t > nh	d > n	t > th
c > g	g > /	rh > r	c > ngh	g > ng	c > ch
p > b	b > f	ll > l	p > mh	b > m	p > ph

Pam mae geiriau'n treiglo? Edrychwch ar y treigladau a dewiswch yr esboniad o'r blwch. Wedyn, efo'ch partner, rhaid i chi ymarfer y patrwm yma:

Y rheswm am y treiglad meddal/trwynol/llaes ydy bod ....

Mae hi'n **dd**iflas.

Mae hi'n athrawes **f**usneslyd.

Dw i'n byw **yng Ngh**aerdydd.

Mae gynnyn nhw **g**i a **ch**ath.

Mae o'n dŵad o **F**eddgelert.

Phrynes i ddim byd.

---

ansoddair ar ôl enw benywaidd unigol	berf yn treiglo pan mae'n negyddol
gair yn dilyn yr arddodiad (*preposition*) **yn**	gair yn dilyn yr arddodiad **o**
ansoddair ar ôl **yn**	treiglad yn dilyn **a** sy'n golygu *and*

Gwnewch hyn unwaith eto. Y tro yma, does 'na ddim help efo'r esboniadau. Pob lwc!

Dw i'n mynd i **G**aerdydd.

Mae hi'n golchi ei **ch**ar bob wythnos.

Ddudes i ddim byd.

Lle mae fy **m**ag i?

Glywoch chi rywbeth?

Mae 'na dri **ch**ant o bobol yn y neuadd.

Gwylio

1. Edrychwch ar y fideo o Eseia Grandis yn egluro sut ddaeth o i Gymru a sut ddysgodd o Gymraeg.

   Atebwch:

   a) O ba wlad mae Eseia yn dŵad yn wreiddiol? ....

   b) Ers faint mae o'n byw yng Nghymru? ....

   c) Lle ddysgodd o siarad Cymraeg? ....

   ch) Pa mor aml oedd y dosbarth? ....

   d) Pa mor hir oedd y dosbarth? ....

Dyma sgript o sgwrs Eseia.

Eseia yw'n enw i. Dw i'n byw yn Llanddarog, yn Sir Gaerfyrddin. **Dan ni'n dod fel teulu o'r Ariannin**, o Batagonia, ochr yr Andes, neu Cwm Hyfryd. (Dan ni'n byw yng Nghymru ers dwy flynedd.) Wnes i ddysgu Cymraeg yn ysgol Gymraeg yr Andes. Wel, dw i'n dod o'r Ariannin, ond dw i'n dod o Ganolbarth yr Ariannin yn wreiddiol, o Córdoba, (talaith o'r enw Córdoba, fel yn Sbaen). Ond symudodd fy nheulu i Batagonia pan o'n i'n bedair oed.) Felly ces i fy magu yn y Wladfa Gymraeg, a wnes i ddysgu Cymraeg yn ysgol Gymraeg yr Andes. Nid ysgol swyddogol, ond canolfan iaith. Ro'n i'n arfer mynd dwywaith yr wythnos, awr a hanner pob dosbarth, ac felly fel 'na wnes i ddysgu'r iaith.

Edrychwch ar y frawddeg 'Dan ni'n dod fel teulu o'r Ariannin'. Codwch ar eich traed a dudwch wrth bawb yn y dosbarth am eich teulu chi, gan ddechrau efo 'Dan ni'n dod fel teulu...'.

Siaradwch – Cadw anifail anwes

Cadw anifail anwes – pethau da	Cadw anifail anwes – pethau drwg

Mae cadw anifeiliaid anwes yn dda i chi.

- Oedd gynnoch chi anifail anwes pan oeddech chi'n blentyn?
- Sgynnoch chi anifail anwes rŵan?
- Eglurwch sut a pham mae cadw anifeiliaid anwes yn gwneud pobol yn hapus.

Gwrando – Bwletin Newyddion

1. Beth mae'n rhaid i bobl Port Talbot (ei) wneud?

2. Pwy gafodd ei anafu yn y mynyddoedd?

3. Am beth roedd y rhan fwya o bobl yn protestio yn Aberystwyth?

4. Faint o ysgolion Cymru sy ar gau heddiw?

5. Pam mae 60,000 o bobl yn hapus?

6. Faint o fedalau enillodd seiclwyr Cymru ym Mhencampwriaethau'r Byd ddoe?

7. Ble bydd y tywydd gorau yfory?

Efo'ch partner: Eglurwch un o'r storïau i rywun sy ddim wedi clywed y bwletin. Ysgrifennwch y stori mewn dim mwy na phedair brawddeg.

Darllen – Amdani

Rŵan, dach chi'n medru darllen hunangofiant Nigel Owens, *C'Mon, Reff!* Dach chi'n medru prynu'r llyfr o'ch siop lyfrau Cymraeg leol neu ar www.gwales.com

Dyma'r clawr ac un paragraff o'r llyfr:

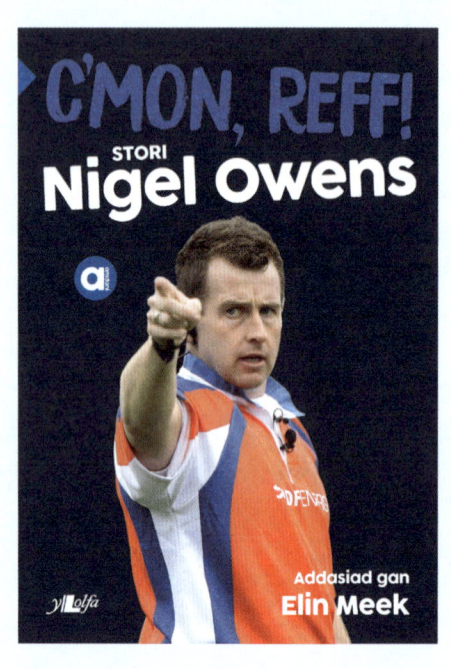

Y gwreiddiau

Ro'n i eisiau ffermio erioed. Pan o'n i'n blentyn bach, ro'n i a fy rheini'n byw mewn tyddyn o'r enw Moultan ym Mynyddcerrig, yng Nghwm Gwendraeth, gyda Mam-gu, Tad-cu ac Wncwl Ken, brawd fy nhad. Roedd 'Nhad yn un saith o blant gaeth eu magu yno. Roedd pawb yn eu nabod nhw fel Teulu Moultan. Roedd Mam-gu a Tad-cu, Wil a Maggie Moultan, yn cadw tair erw o dir, ac yn rhentu wyth erw arall, er mwyn magu ceffylau'n bennaf.

Robin Radio

a) Atebwch:
Faint o bres enillodd Rhian ar y loteri? ....
Pam mae Rhian isio symud? ....
Pwy sy'n mynd i gael pres gan Rhian? ....

b) Gwrandewch am:
rhoi'r gorau (i)   *to give up*
Gawn ni weld.   *We shall see.*
Pob hapusrwydd i chi.   *Every happiness to you (lit.)*

c) Cyfieithwch:
I'm very fond of your programme.   ....
There is no hurry.   ....
how the journey went   ....

Help llaw

1. Dysgwch y cywasgiadau:

a	o	i
a'r	o'r	i'r
a fy	o fy	i fy
a dy	o dy	i dy
a'i	o'i	i'w
a'n	o'n	i'n
a'ch	o'ch	i'ch
a'u	o'u	i'w

2. Byddwch yn ofalus efo'r gair 'gilydd'. Rhaid i ni ddeud:

   Maen nhw efo'**i** gilydd.

3. **Treigladau** – Mae'r treigladau'n aros yr un peth efo cywasgiadau.

ei waith o   a'i waith o   o'i waith o   i'w waith o   (treiglad meddal)

ei champfa hi   a'i champfa hi   o'i champfa hi   i'w champfa hi   (treiglad llaes)

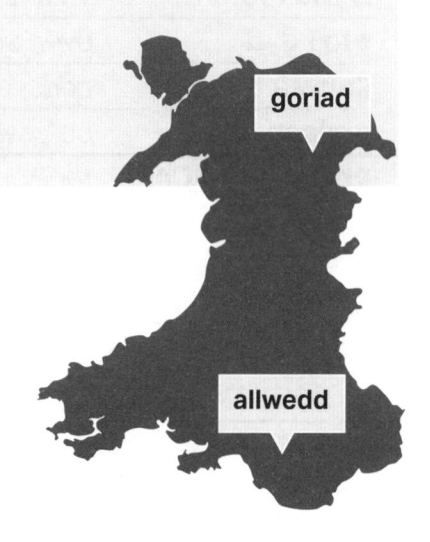

goriad

allwedd

Uned 17 – Mae'r sioe ar yr unfed ar bymtheg

Nod yr uned hon ydy:
- **Iaith:** Defnyddio trefnolion *(ordinals)*
- **Ymarfer:** Gwneud cais

Geirfa

adain (adenydd)	*wing(s)*	**bawd (bodiau)**	*thumb(s)*
amrywiaeth(au)	*variety (-ies); variation(s)*	**cangarŵ(od)**	*kangaroo(s)*
		cerbyd(au)	*vehicle(s)*
darlith(oedd)	*lecture(s)*	**cyfrif(on)**	*account(s)*
draenen ddu	*blackthorn*	**cylch(oedd)**	*circle(s)*
llwy garu (llwyau caru)	*lovespoon(s)*	**hanesydd (-wyr)**	*historian(s)*
		maer (meiri)	*mayor(s)*
talcen(ni)	*forehead(s)*	**prydferthwch**	*beauty*
trwydded(au)	*licence(s)*	**pŵer (pwerau)**	*power(s)*
		rhyw(iau)	*sex(es)*
		symbol(au)	*symbol(s)*
hanesyddol	*historical*	**teip(iau)**	*type(s)*
		traddodiad(au)	*tradition(s)*
		ymddeoliad(au)	*retirement(s)*

ar y cyfan	on the whole
blwyddyn naid	leap year
bryd hynny	at that time
bwffe bys a bawd	finger buffet
Calan Mai	May Day
curo dwylo	to clap, to applaud
cylch chwarae	playgroup
Dydd Ffolant	Valentine's Day
eto i gyd	even so
llanw a thrai	tides; ebb and flow
ymlaen llaw	beforehand
yr Oesoedd Canol	the Middle Ages

amseru	to time
breuddwydio	to dream
bwriadu	to intend
clebran	to chatter
cribo	to comb
ffilmio	to film
gefeillio (â/efo)	to twin (with)
ofni	to fear
rhifo	to count
rhyddhau	to release

Geiriau pwysig i mi...

Siaradwch

Yn eich grŵp, trafodwch:

Pam mae pobol yn ...?

1. **dysgu Cymraeg**

Yn ôl arolwg diweddar, y tri phrif reswm ydy:

- byw mewn cymuned neu ardal lle mae pobol yn siarad Cymraeg bob dydd
- teimlad o berthyn i Gymru a'r diwylliant
- cefnogi plant mewn addysg Gymraeg

Trafodwch efo'ch partner be dach chi'n feddwl ydy'r rheswm mwya poblogaidd yn yr arolwg, yr ail a'r trydydd.

Be ydy'r farn yn eich dosbarth chi?

Pam mae pobol yn ...?

2. **dŵad ar wyliau i Gymru**

Mae arolwg arall wedi gofyn i ymwelwyr pam maen nhw'n dewis dŵad i Gymru ar wyliau. Y tri phrif reswm ydy:

- cymryd rhan mewn gweithgareddau yn yr awyr agored
- mwynhau traethau, cefn gwlad a phrydferthwch naturiol Cymru
- ymweld â lleoedd diddorol neu hanesyddol

Be ydy'r farn yn eich dosbarth chi?

Pam mae pobol yn ...?

3. **defnyddio Facebook/Twitter/Instagram ac ati?**

- llenwi amser sbâr
- cadw mewn cysylltiad â ffrindiau
- derbyn newyddion

Be ydy'r farn yn eich dosbarth chi?

Trefnolion

Dach chi'n cofio?

Anne Jones oedd fy nhiwtor Cymraeg cynta i.

Fiesta oedd fy ail gar i.

Golwg y Mynydd oedd enw fy nhrydydd tŷ i.

Mi dreulies i fy nhrydedd flwyddyn i yn Ffrainc.

Mi dreulies i fy mhedwaredd flwyddyn i yn Sbaen.

Edrychwch ar y calendr yma:

1af cyntaf	2il ail	3ydd trydydd	4ydd pedwerydd	5ed pumed	6ed chweched	7fed seithfed
8fed wythfed	9fed nawfed	10fed degfed	11eg unfed ar ddeg	12fed deuddegfed	13eg trydydd ar ddeg	14eg pedwerydd ar ddeg
15fed pymthegfed	16eg unfed ar bymtheg	17eg ail ar bymtheg	18fed deunawfed	19eg pedwerydd ar bymtheg	20fed ugeinfed	21ain unfed ar hugain
22ain ail ar hugain	23ain trydydd ar hugain	24ain pedwerydd ar hugain	25ain pumed ar hugain	26ain chweched ar hugain	27ain seithfed ar hugain	28ain wythfed ar hugain
29ain nawfed ar hugain	30ain degfed ar hugain	31ain unfed ar ddeg ar hugain				

1. Be ydy dyddiad dydd Calan?

....

2. Be ydy dyddiad dydd Gŵyl Dewi?

....

3. Be ydy dyddiad dydd San Ffolant?

....

4. Be ydy dyddiad noswyl Nadolig?

....

5. Be ydy dyddiad dydd Nadolig?

....

6. Be ydy dyddiad gŵyl San Steffan?

....

7. Be ydy diwrnod arbennig mewn blwyddyn naid?

....

8. Be ydy dyddiad nos Galan?

....

Be ydy dyddiad dy ben-blwydd di?

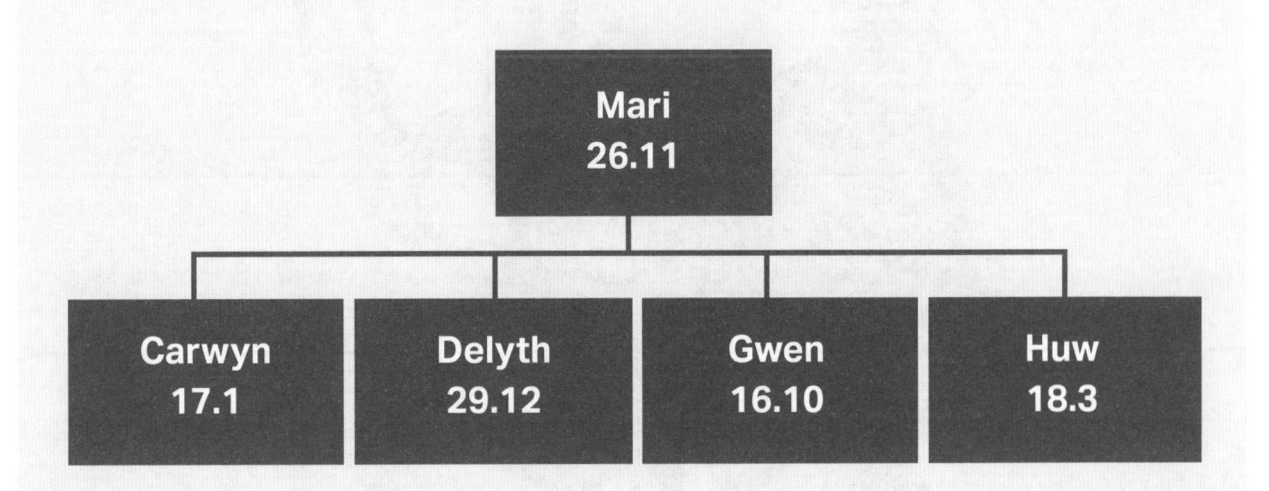

```
              Mari
              26.11
    ┌───────┬───┴───┬───────┐
 Carwyn   Delyth   Gwen    Huw
  17.1    29.12   16.10   18.3
```

Digwyddiadau hanesyddol:

Efo'ch partner, cysylltwch y digwyddiad â'r dyddiad.

Hedfanodd y brodyr Wright yr awyren gynta.	a.	11.2.1990
Syrthiodd Wal Berlin.	b.	17.12.1903
Cerddodd dyn ar y lleuad am y tro cyntaf.	c.	8.6.632
Saethwyd Mahatma Gandhi.	ch.	9.11.1989
Bu farw Muhammad.	d.	20.7.1969
Agorwyd y Senedd yng Nghaerdydd.	dd.	1.3.2007
Rhyddhawyd Nelson Mandela.	e.	30.1.1948

Uned 17 / Mae'r sioe ar yr unfed ar bymtheg

Dyma galendr o ddigwyddiadau Menter Iaith ardal Abercastell am y flwyddyn nesa.

Yn gynta, rhaid i chi lenwi'r bylchau ym mis Chwefror, mis Mai a mis Awst.

Wedyn, trafodwch efo'ch partner lle dach chi isio mynd ar bob dyddiad.

Oes 'na un digwyddiad dach chi'n bendant **ddim** yn (ei) hoffi?

Dewiswch un digwyddiad dach chi'n cytuno dach chi'n bendant isio mynd iddo fo.

25 Ionawr	Noson gynta'r ffilm ramantus *Ar adain breuddwydio*. Mi fydd Catrin Zara a Rhys ap Rhys yma ar y carped coch! Dewch i weld y ffilm Hollywood a ffilmiwyd yma y llynedd. Sinema Trecastell.	Disgo Santes Dwynwen. Dewch i ddawnsio – caneuon rhamantus yn unig! Efo'r band lleol 'Atgofion melys'. Bar siampên a choctels. Gwesty'r Castell, Bryncastell.
___ Chwefror	Dewch i weld gêm rygbi Cymru v _____ ar S4C. Clwb Rygbi Trecastell. Cymru am byth!	Cwis Tafarn. Thema: Rygbi'r chwe gwlad. Gwobr: 4 tocyn i gêm nesa Cymru yng Nghaerdydd.
1 Mawrth	Dathlu Dydd Gŵyl Dewi. Cinio yn y Plas, Bryncastell efo'r teithiwr enwog Hywel Wyn yn siarad am ei daith i Batagonia. Mi fydd Tegwen Teifi yn canu'r delyn yn ystod y bwyd.	Noson Lawen efo'r tenor enwog Dafydd Llwyd. Mi fydd côr plant ysgol Abercastell yn canu hefyd. Neuadd yr ysgol.
1 Ebrill	Noson gomedi Ffŵl Ebrill, efo 3 ffŵl doniol: Elis Jones, Eilir Owen a Tudur James. Clwb Comedi'r Castell, Gwesty'r Castell. Rhaid bod dros 18 oed!	Cystadleuaeth deud jôcs yng Nghlwb yr Urdd, Abercastell. Gwobr i'r plentyn a'r oedolyn sy'n deud y jôc orau.
1 Mai	Cyngerdd Calan Mai yn Neuadd yr Ysgol. Cyfle i'r plant sy'n mynd i Eisteddfod yr Urdd yn _____ ymarfer yr eitemau.	Dawns werin y Cadi Haf *. Efo dawnswyr Abercastell a'r canwr poblogaidd Ieuan ap Siôn. Dewch i ddathlu Calan Mai yn y ffordd draddodiadol.
21 Mehefin	Gŵyl Ganol Haf efo'r gantores enwog Catrin Elena a llawer mwy. Dewch â phicnic a'ch diodydd eich hunain. Gerddi Plas Bryncastell.	Disgo drwy'r nos – efo'r band lleol 'Seimon Swnllyd a'r Llanciau Gwyllt'. Bar ar gael. Clwb Cymdeithasol y Castell, Trecastell.

18 Gorffennaf	Taith Gerdded ar lan y môr. Cyfarfod ger prom Abercastell am 10 y bore. Mi fydd amseru'r picnic yn dibynnu ar y tywydd a'r amseroedd llanw a thrai.	Sêl cist car. Galwch heibio i brynu bargen! Yn y maes parcio mawr, Bryncastell. Pum punt y cerbyd. Dewch i gefnogi Cylch Chwarae'r Bryn. Barbeciw wedyn.
7 Awst	Bws i'r Eisteddfod Genedlaethol yn _____ . Bws yn gadael gorsaf fysiau Abercastell am 6.30 y bore. Adre erbyn 11 y nos. Dewch â brechdanau!	Gêm griced flynyddol rhwng tîm criced Abercastell ac ail dîm Morgannwg. Te prynhawn yn y Clwb Criced tan ddiwedd y gêm. Tocynnau: £10 yn cynnwys te ac un gwydraid o *cava*.
12 Medi	Clwb Clonc a Chlebran! Croeso'n ôl – blwyddyn newydd o wersi Cymraeg, cyfle newydd i sgwrsio. Croeso i bawb o'r cwrs Canolradd i fyny, a siaradwyr Cymraeg. Caffi'r Bont, Trecastell.	Noson agored y clwb celf a chrefft – canolfan gymdeithasol yr Aber. Amrywiaeth mawr o gyrsiau eleni – o wneud basgedi i deganau pren a llwyau caru.
31 Hydref	Disgo Calan Gaeaf i blant yr ardal. Gwisg ffansi a gemau hefyd. Neuadd y dre, Abercastell. Cychwyn am 5.30, gorffen am 8.	Noson Carioci gwisg ffansi – oedolion dros 21 yn unig! Clwb y Bryn, Bryncastell. Gwobr i'r wisg ffansi fwya dychrynllyd!
5 Tachwedd	Noson Tân Gwyllt! Parti Guto Ffowc. Dewch â model o Guto Ffowc – gwobr i'r un gorau. Parc Llanbryncastell. Diolch i'r gwasanaeth tân am drefnu!	Darlith hanesyddol – 'Pŵer a Rhyw yn yr Oesoedd Canol'. Hanes anhygoel teulu'r Montforts, Castell Bryncastell. Efo'r hanesydd enwog Dr. Rhodri Roberts. Neuadd y dref, Bryncastell. Croeso i bawb.
24 Rhagfyr, Noswyl Nadolig	Gwasanaeth carolau Cymraeg yn Eglwys y dre, Llanbryncastell. Dewch i ddathlu'r Nadolig efo carolau traddodiadol Cymru.	Cinio Nadolig i bobol ddigartref yr ardal. Mae angen twrci, cracyrs ac anrhegion i sach Santa. Cysylltwch ymlaen llaw i ddeud sut fedrwch chi helpu.

* Esboniad yn y Gwaith cartref

Ymarfer – Gwneud cais

1. Gwneud cais *(making a request)*

Dach chi isio rhywbeth:	Dach chi isio i rywun wneud rhywbeth i chi:
Ga' i ofyn cymwynas, os gwelwch chi'n dda? Fedrwn i ofyn cymwynas fach? Fasai ots gynnoch chi taswn i'n gofyn cymwynas?	Wnewch chi dŵad â'r llyfrau yn ôl? Allech chi dŵad â'r llyfrau yn ôl? Dach chi'n fodlon dŵad â'r llyfrau yn ôl?
Cytuno i gais:	**Gwrthod cais:**
Wrth gwrs. (Un munud.) Mi faswn i'n hapus i helpu. O bosib.	Mae'n ddrwg gen i ond dw i ddim yn medru. Mi hoffwn i ond mae'n amhosib ar hyn o bryd. Dim o gwbl.

Llenwch y bylchau:

1. _____ i fenthyg beiro os gwelwch chi'n dda?
2. Oes ots gynnoch chi _____ y ffenest? Mae hi'n gynnes yma.
3. _____ taswn i'n gadael yn gynnar?
4. _____ chi gloi'r drws pan dach chi'n gadael?
5. Dach chi'n _____ helpu efo'r gwaith cartre?
6. _____ chi'n medru troi'r cawl i mi?

Efo'ch partner, meddyliwch am ddau ymateb i bob cais – un yn derbyn ac un yn gwrthod.

1. Ga i gau'r ffenest, os gwelwch chi'n dda?
✓ _____
✗ _____

2. Fasai ots gynnoch chi taswn i'n gadael yn gynnar heddiw?
✓ _____
✗ _____

3. Wnewch chi gario fy mag i, os gwelwch chi'n dda?
√ _____
X _____

4. Dach chi'n fodlon rhoi lifft i fi?
√ _____
X _____

Yn olaf, ysgrifennwch yr isod yn fwy cwrtais:

1. Dw i isio help.
....

2. Pasiwch yr halen.
....

3. Dach chi'n medru talu'r bil?
....

4. Tyrd yma!
....

2. **Gwneud cais** *(making an application)*

A: Wyt ti wedi gwneud cais am y swydd?
B: Do, wrth gwrs. Dw i'n barod am newid. Wyt ti?
A: Naddo wir, mae gen i ddigon o waith yn y swydd yma.
B: Be amdanat ti?
C: A deud y gwir, dw i'n dechrau meddwl am ymddeol!
B: Wel, mae gen i gyfle da felly! Pryd mae'r dyddiad cau?
C: Mewn tri diwrnod, ar y pymthegfed o'r mis. Ac wyt ti wedi gweld pa mor hir ydy'r ffurflen gais?
A: Pob lwc i ti beth bynnag!

Gwrando – Gwneud cais am drwydded alcohol

Gwrandewch a llenwch y bylchau.

A: Bore da. Cyngor .... Ga i helpu?

B: Bore da. Dw i'n trefnu .... Fedrech chi drefnu trwydded alcohol i mi, os gwelwch chi'n dda? Mae'n gas gen i lenwi ffurflenni ar y we.

A: Pryd mae'r digwyddiad?

B: ....

A: Faint o docynnau dach chi'n gobeithio (eu) gwerthu?

B: Tua ...., gobeithio .

A: O, dim problem. Trwydded digwyddiad i .... felly.

B: Faint ydy'r drwydded os gwelwch chi'n dda?

A: ....

B: Rhesymol iawn, os ca i ddeud. Oes rhaid i mi anfon manylion fy nghyfrif banc?

A: Nac oes. Mi fedrwch chi anfon siec yn y post neu ddŵad i mewn i swyddfa'r cyngor a thalu efo cerdyn.

B: Mi alwa i yn y swyddfa, os ydy hynny'n iawn.

A: Mae hynny'n berffaith achos mi fydd rhaid i chi lenwi ffurflen hefyd.

B: Diolch o galon i chi am eich help.

A: Croeso.

Rŵan, efo'ch partner, llenwch y bylchau efo'ch syniadau chi.

A: Bore da. Cyngor .... Ga i helpu?

B: Bore da. Dw i'n trefnu .... Fedrech chi drefnu trwydded alcohol i mi, os gwelwch chi'n dda? Mae'n gas gen i lenwi ffurflenni ar y we.

A: Pryd mae'r digwyddiad?

B: ....

A: Faint o docynnau dach chi'n gobeithio (eu) gwerthu?

B: Tua ...., gobeithio .

A: O, dim problem. Trwydded digwyddiad i .... felly.

B: Faint ydy'r drwydded os gwelwch yn dda?

A: ....

B: Rhesymol iawn, os ca i ddeud. Oes rhaid i mi anfon manylion fy nghyfrif banc?

A: Nac oes. Mi fedrwch chi anfon siec yn y post neu ddŵad i mewn i swyddfa'r cyngor a thalu efo cerdyn.

B: Mi alwa i yn y swyddfa, os ydy hynny'n iawn.

A: Mae hynny'n berffaith achos mi fydd rhaid i chi lenwi ffurflen hefyd.

B: Diolch o galon i chi am eich help.

A: Croeso.

Gwrando

1. Pa gamgymeriad wnaeth Elen Mair ar ddechrau'r sgwrs â Jonathan?

2. Beth oedd y peth **gorau**, a'r peth **gwaetha** am y swydd, yn ôl Jonathan?

3. Pam roedd llai o blant yn dod i ysgol Llanoged yn y blynyddoedd diwetha?

4. Beth fydd yn anodd i blant bach ysgol Llanoged y tymor nesa?

****

5. Beth mae Jonathan yn ofni fydd yn digwydd ar ôl cau'r ysgol?

6. Beth mae'r llun yn (ei) ddweud am hanes yr ysgol?

7. Beth ddysgodd Wayne Chapman (ei) wneud yn yr ysgol, yn ôl Jonathan?

8. Pam mae Jonathan eisiau gweld ei deulu e yng Nghanada?

Robin Radio

a) Atebwch:

Pam mae Ceri'n codi pres? ....

Pryd fydd Ceri'n torri gwallt Robin? ....

Pam mae Robin yn hoffi gwallt hir? ....

b) Gwrandewch am:

Mae gynnon ni gynnig arbennig.	*We have a special offer.*
pymtheg y cant	*fifteen per cent*
Amdani!	*Go for it!*

c) Cyfieithwch:

That's the idea.

....

Your hair is quite long.

....

You can wear a hat.

....

Help llaw

Mae deud y dyddiad (1af i'r 10fed) yn codi yn Uned 24 yn y Cwrs Sylfaen.

1. Rhaid i chi wybod y ffordd draddodiadol o gyfrif i fedru deud y dyddiad.

2. Mae dwy ffordd o ddweud y dyddiad:

Ionawr y cynta	Y cynta o Ionawr
Chwefror yr unfed ar ddeg	Yr unfed ar ddeg o Chwefror
Mawrth yr ugeinfed	Yr ugeinfed o Fawrth
Ebrill y pumed ar hugain	Y pumed ar hugain o Ebrill

(Mi fyddwch chi hefyd yn clywed pobol yn deud pethau fel **Ebrill dau ddeg pump** neu **Dau ddeg pump Ebrill** felly peidiwch â phoeni gormod.)

3. Mae'r dyddiad yn wrywaidd bob tro, ond cofiwch ddefnyddio trefnolion benywaidd efo enwau benywaidd, e.e.

y tryd**ydd** bachgen	y **d**ryd**edd f**erch
y ped**werydd** bachgen	y **b**ed**waredd f**erch

taid a nain

tad-cu a mam-gu

Dates1   **Dates2**

Uned 18 – Mae hon yn well na honna.

Nod yr uned hon ydy...
- **Iaith**: Dysgu hwn, hwnna, hon, honna, y rhain, y rheina
- **Ymarfer:** Caniatâd

Geirfa

archeb(ion)	order(s)
croes(au)	cross(es)
llwyaid (llwyeidiau)	spoonful(s)
Prydeinwraig	gwraig o Brydain
ymdrech(ion)	effort(s)

bat(iau)	bat(s)
bom(iau)	bomb(s)
catalog(au)	catalogue(s)
ewyn	foam
gostyngiad(au)	reduction(s)
henaint	old age
nerth	strength
Prydeiniwr (-wyr)	pobol o Brydain
stordy (stordai)	storehouse(s)
tennyn	lead
top(iau)	top(s)

ffodus	fortunate
genedigol	native
prydlon	punctual, prompt

cynghori	to advise
ffrwydro	to explode
osgoi	to avoid
pwyntio	to point
rhostio	to roast
sbio	to look
syllu (ar)	to stare (at), to gaze (at)
tagu	to splutter; to choke
ymladd	to fight

botwm bol	belly button
codi pwysau	weightlifting
colli gafael (ar)	to lose hold (of)
chwant bwyd	food craving
dan ei sang	full to the rafters
llyfr gosod	set book
o dro i dro	from time to time
syllu'n syn	to gaze in amazement
ymhlith	amongst

Geiriau pwysig i mi...

Uned 18 / Mae hon yn well na honna   227

Siaradwch

Taflwch y dis bob yn ail. Rhaid i'r person sy'n taflu siarad am bwnc am **bum** munud. Rhaid i'r person sy ddim yn taflu ofyn cymaint â phosib o gwestiynau am y pwnc. Nid sgwrs, ond cyfweliad y tro yma! Peidiwch â siarad am yr un pwnc ddwywaith!

Mi ddylech chi gael **dau** dro yr un.

1.	eich ardal enedigol	2.	diddordebau
3.	dyddiau ysgol a phlentyndod	4.	y teulu/ffrindiau rŵan
5.	dysgu Cymraeg	6.	y dyfodol

Adolygu

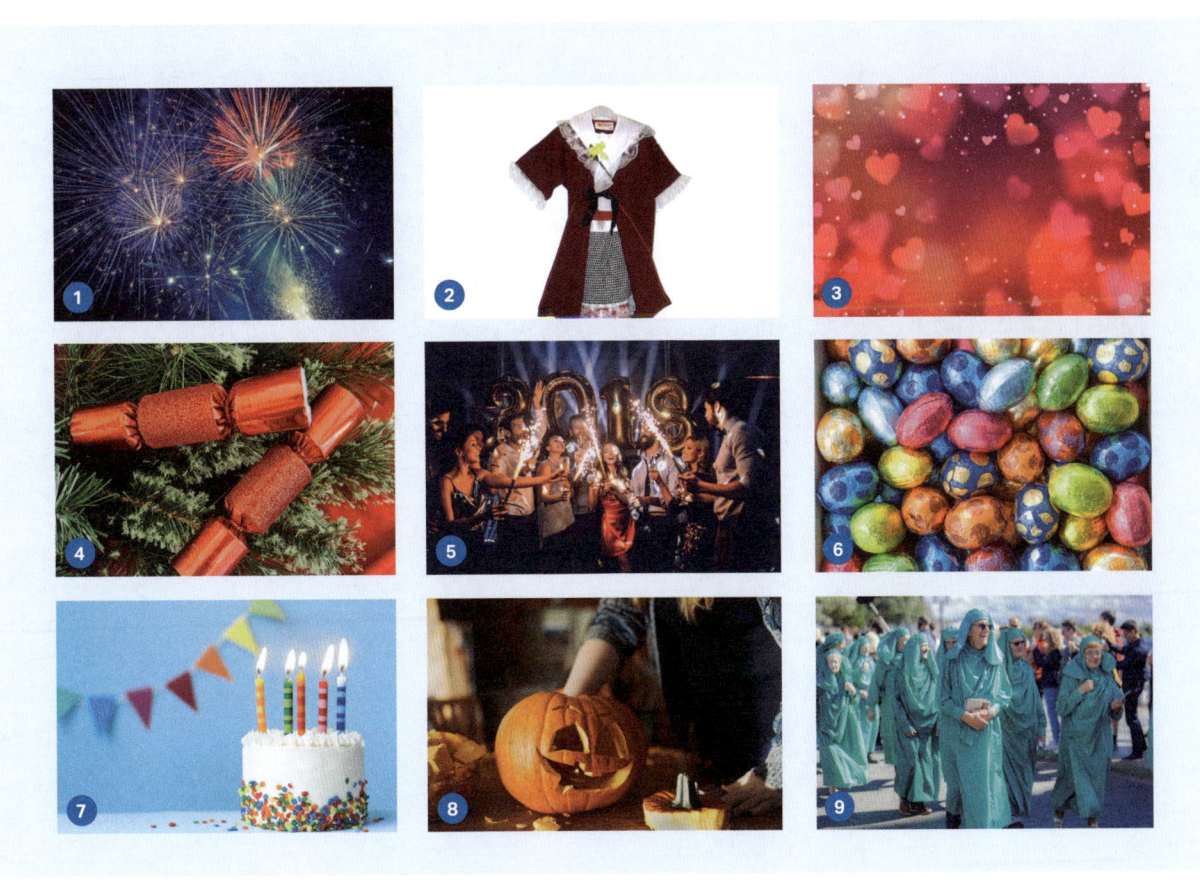

hwn/hon/y rhain

Mae hwn yn llyfr da.	*This is a good book.*
Mae hwn yn llyfr anodd.	*This is a difficult book.*
Mae hwn yn llyfr hir.	*This is a long book.*
Mae hwn yn llyfr cyffrous.	*This is an exciting book.*
Mae hon yn ffilm dda.	*This is a good film.*
Mae hon yn ffilm ramantus.	*This is a romantic film.*
Mae hon yn ffilm ddoniol.	*This is an amusing film.*
Mae hon yn ffilm drist.	*This is a sad film.*
Mae'r rhain yn ddillad drud.	*These are expensive clothes.*
Mae'r rhain yn ddillad rhad.	*These are cheap clothes.*
Mae'r rhain yn ddillad ffasiynol.	*These are fashionable clothes.*
Mae'r rhain yn ddillad hen ffasiwn.	*These are old-fashioned clothes.*
Mae hwn yn llyfr da ond mae hwnna'n well.	*This is a good book but that one is better.*
Mae hon yn ysgol dda ond mae honna'n well.	*This is a good school but that one is better.*
Mae'r rhain yn dai mawr ond mae'r rheina'n fwy.	*These are big houses but those are bigger.*

Ymarfer

Efo'ch partner, dewiswch ansoddair o'r blwch i ddisgrifio'r lluniau. Dilynwch y patrwm, e.e. Mae hwn yn adeilad agos, mae hwnna'n bell.

agos	hen (x2)	drud	anodd	tenau	hapus	newydd
rhad	hen	pell	ifanc	trist	tew	hawdd

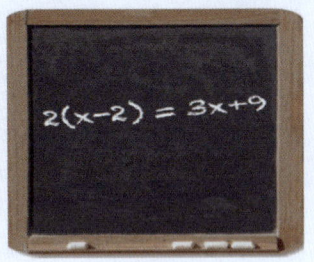

Disgrifio pobol

Mae hwn yn hen.	*This one is old.*
Mae hwn yn ifanc.	*This one is young.*
Mae hwn yn gryf.	*This one is strong.*
Mae hwn yn foel.	*This one is bald.*
Mae hon yn gwisgo sbectol.	*This one is wearing glasses.*
Mae hon yn gwisgo sgarff.	*This one is wearing a scarf.*
Mae hon yn gwisgo jîns.	*This one is wearing jeans.*
Mae hon yn gwisgo siaced binc.	*This one is wearing a pink jacket.*

Disgrifiwch y bobol yn y llun. Pwyntiwch atyn nhw wrth siarad. Cofiwch y patrwm:
Mae gan hwn wallt byr./Mae gan hon wallt hir.

Sgwrs

Yn y siop chwaraeon.

Chris: Helo, Jo,

Jo: Helo, Chris. Do'n i ddim yn disgwyl dy gyfarfod di mewn siop chwaraeon.

Chris: Wel, be wyt ti'n (ei) feddwl o'r top yma?

Jo: Hm...wyt ti'n gwybod bod hwnna'n dangos dy fotwm bol di?

Chris: Mae hwn i fod i ddangos fy motwm bol i!

Jo: Be wyt ti'n wneud i gadw'n heini, 'ta?

Chris: Dw i wedi dechrau dosbarth codi pwysau! (zwmba/pilates)

Jo: Codi pwysau (zwmba/pilates)? Yn y ganolfan hamdden (campfa/canolfan chwaraeon)? Mae'n gofyn am dipyn o nerth!

Chris: Ydy, ond dw i'n edrych ymlaen! Mae 'na gaffi bendigedig yn y ganolfan hamdden (campfa/canolfan chwaraeon) hefyd – efo coffi cappuccino a chacennau gwych.

Jo: Dw i wedi clywed bod hwnna'n lle da.

Chris: A be amdanat ti? Pam wyt ti yma?

Jo: Wel, dw i'n chwarae criced i dîm Bryncastell o dro i dro – a rhaid i mi brynu bat newydd. Mae hwn braidd yn drwm, ond mi wneith o'r tro.

Chris: Pob hwyl i ti efo'r criced!

Mae'n well gen i...

Dw i'n licio hwn ond mae'n well gen i hwnna.	*I like this one but I prefer that one.*
Dw i'n hoffi hon ond mae'n well gen i honna.	*I like this one but I prefer that one.*
Dw i ddim yn licio rhain – mae'n well gen i rheina.	*I don't like these - I prefer those.*

232 Uned 18 / Mae hon yn well na honna

Edrychwch ar y lluniau efo'ch partner a chymharwch ddwy sgert a siaced, dau drowsus, bag a chrys, a dau bâr o esgidiau. Defnyddiwch y patrwm **mae'n well gen i.**

A   B

A   B

Uned 18 / Mae hon yn well na honna

Fideo – Caffi'r Egin

1. Be maen nhw'n (ei) brynu? Pam?

....
....

2. Efo'ch partner, cyfieithwch:

What about this one? (gwrywaidd)

....

That one's cheaper. (gwrywaidd)

....

This one's good. (benywaidd)

....

That one looks better. (benywaidd)

....

Can we have a piece of that one? (benywaidd)

....

Those are cheaper.

....

We'll have those.

....

We'll have these.

....

Rŵan dach chi yn y caffi. Defnyddiwch y llun i benderfynu be dach chi (ei) isio. Trafodwch efo'ch partner pa gacen ydy'r orau.

Eich tro chi i brynu a gwerthu'r cacennau.

Person A: Gofynnwch (e.e): Faint ydy hon?
Faint ydy honna?
Ga i ddwy o'r rhain ac un o'r rheina?

Person B: Penderfynwch chi ar y prisiau!

Ymarfer – Rhoi a gwrthod caniatâd

Gwrando

Rhowch 😊 neu ☹ wrth ymyl pob rhif.

1.	2.	3.	4.	5.	6.	7.

Siaradwch

Mae ymarfer corff yn fwy pwysig na bwyta'n iach
Ysgrifennwch dair brawddeg o blaid ymarfer corff a thair brawddeg o blaid bwyta'n iach.

1. ....

2. ....

3. ....

1. ....

2. ....

3. ....

- Sut mae cael pobol i fwyta'n iach ac i wneud mwy o ymarfer corff?
- Ydy hi'n fwy anodd i bobol fwyta'n iach a chadw'n heini y dyddiau yma? Pam?
- Pryd oedd y tro diwetha i chi wneud ymarfer corff?
- Dach chi'n gwneud ymdrech i fwyta'n iach? Dach chi'n llwyddo fel arfer?
- Dach chi'n cytuno? Pam?
- Dach chi'n cytuno bod ymarfer corff yn fwy pwysig na bwyta'n iach? Pam?

Gwrando – Newyddion

1. Pam basai pethau'n waeth tasai'r tân wedi digwydd yn hwyrach?

2. Pam bydd hi'n bosib i'r rhan fwya o weithwyr Menig Menai aros yn yr ardal?

3. Beth ddylai'r Prydeinwyr sy'n byw yn Nigeria (ei) wneud?

4. Beth wnaeth Syr Melfyn Thomas i helpu'r iaith Gymraeg ym Mhorthcawl?

5. Faint roedd y wraig wedi (ei) ennill ar y loteri cyn neithiwr?

6. Pam na fydd Leigh Johnson yn cael chwarae rygbi dros y misoedd nesa?

7. Pam mae angen i bobl fod yn ofalus dros y penwythnos?

Darllen

Rŵan dach chi'n medru darllen *Gêm Beryglus* o gyfres Amdani. Dach chi'n medru prynu'r llyfr yn eich siop Gymraeg leol neu ar www.gwales.com.

Dyma'r clawr a'r paragraffau cynta.

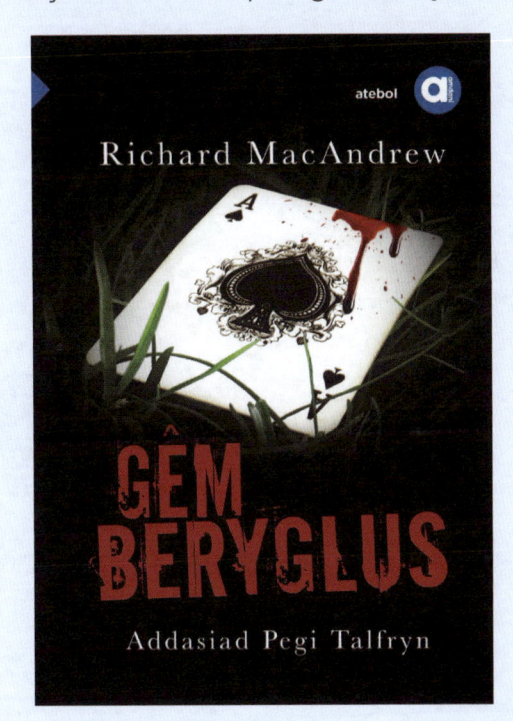

Corff ar y rhos

Aeth y lladd cynta yn dda. Yn berffaith, a dweud y gwir. Ro'n i'n gwybod y basai'n mynd yn iawn. Ro'n i wedi cynllunio'n dda. Ro'n i wedi trefnu a pharatoi – dyna'r pethau dw i'n eu gwneud yn dda. Nawr dw i'n gwybod 'mod i'n dda am ladd hefyd.

Am chwech o'r gloch y bore troais i'r car i'r chwith ar y ffordd tua Thalgarth. Mae tafarn ucha Bannau Brycheiniog yno. Tre farchnad fach sy'n boblogaidd gyda'r twristiaid yn yr haf ydy Talgarth. O gwmpas y dre mae'r wlad yn foel ac yn wyllt. Basai golygfeydd hardd o'r Mynydd Du yn nes ymlaen, wrth i'r haul godi, ond doedd dim diddordeb gyda fi yn hynny.

Robin Radio

a) Atebwch:

I ba dre mae Alejandro ac Anti Mair isio mynd?..

Pam mae Robin yn synnu? ....

Be sy'n digwydd mewn pythefnos?..

Uned 18 / Mae hon yn well na honna

b) Gwrandewch am:

Well i chi egluro!	*You had better explain!*
syllu'n syn	*to gaze in amazement*
colli gafael ar	*to lose hold of*

c) Cyfieithwch:

That's why I'm here. ....

It is a very romantic place. ....

Let me know. ....

Help llaw

1. Pan fyddwn ni'n defnyddio enw, mae'n llawer haws defnyddio **yma** ac **yna** ar gyfer *this* a *that*:

this class	=	y dosbarth yma
that class	=	y dosbarth yna
this lesson	=	y wers yma
that lesson	=	y wers yna

2. a) Wrth ddefnyddio *this* ar ei ben ei hun, mae'n rhaid cyfeirio at y peth dach chi'n siarad amdano.

   e.e.   *I don't like this (one).*
   >   Dw i ddim yn licio **hwn**.   (e.e. crys = gwrywaidd/*masculine*)
   >   Dw i ddim yn licio **hon**.   (e.e. sgert = benywaidd/*feminine*)

   b) I ddeud *that*, mae'n rhaid cyfeirio at y peth dach chi'n siarad amdano eto.

   e.e.   *I like that.*
   crys   Dw i'n hoffi **hwnna**.   (gwrywaidd)
   cot   Dw i'n hoffi **honna**.   (benywaidd)

c) Y gair am *these* ydy **y rhain**; *those* ydy **y rheina**.

    e.e.   *I don't like these.*   Dw i ddim yn licio**'r rhain**.
             I don't like those.   Dw i ddim yn licio**'r rheina**.

ch) Dach chi'n medru deud "Pwy ydy hwnna/honna/y rheina?" os dach chi ddim yn gwybod pwy ydy'r person neu'r bobol.

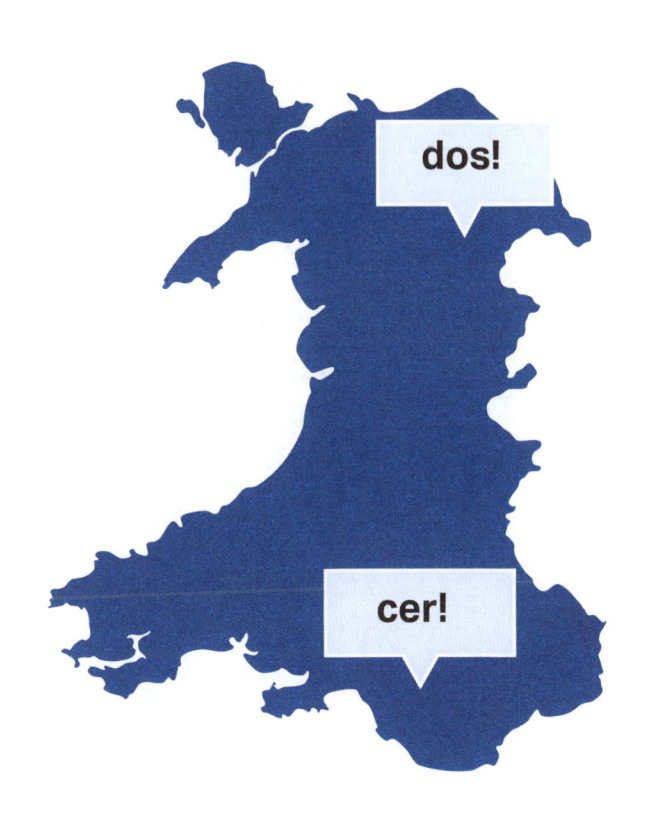

Uned 19 – Adolygu ac ymestyn

Nod yr uned hon ydy...
- **Iaith:** Adolygu'r cwrs ac ymarfer
- **Ymarfer:** Trafod y dyfodol

Geirfa

Gwyddeles	merch o Iwerddon

arwr (-wyr)	*hero(es)*
barnwr (-wyr)	*judge(s)*
colur	*make-up*
copi (copïau)	*copy (-ies)*
cyffro	*excitement*
Gwyddel(od)	*dyn (pobol) o Iwerddon*
murlun(iau)	*mural(s)*
rhos(ydd)	*heath(s), moor(s)*
Rhufeiniaid	*Romans*
rhwystr(au)	*obstacle(s)*
trysor(au)	*treasure(s)*
ysbryd(ion)	*ghost(s), spirit(s)*

curo	to beat
effeithio (ar)	to affect
staffio	to staff
uno (â/efo)	to unite (with)

efydd	*bronze*
ofnus	*fearful; frightened*
Prydeinig	*British*

ar hyd a lled	the length and breadth
ar osod	for rent
cael gwared ar	to get rid of
codi llaw (ar)	to wave (to)
dal ati	to keep at it, to persevere
yn ôl pob sôn	apparently

Geiriau pwysig i mi...

Uned 19 / Adolygu ac ymestyn

Adolygu – Gêm o Gardiau

	♠	♦	♣	♥
A	Fasech chi'n hoffi mynd i'r gofod?	Pa wlad sy yn y newyddion ar hyn o bryd?	Disgrifiwch eich ardal enedigol chi mewn dwy frawddeg.	Be ydy dyddiad dy ben-blwydd di?
2	Pa archfarchnad ydy'r orau yn yr ardal? Pam? (Defnyddiwch **mai**.)	Pryd aethoch chi ar fws ddiwetha? I le?	Lle fyddwch chi'n mynd nesa i siarad Cymraeg?	Sgynnoch chi hoff elusen? Pam?
3	Pam mae pobol yn defnyddio *Twitter*, *Facebook* ac ati?	Dach chi'n berson da am drefnu?	Disgrifiwch eich prif ddiddordeb mewn dwy frawddeg.	Ydy'r tywydd yn effeithio ar eich hwyliau chi? Sut?
4	Be ddylech chi fod wedi (ei) wneud dros y penwythnos?	Disgrifiwch yr ardal lle dach chi'n byw rŵan mewn dwy frawddeg.	Be oedd y rhaglen deledu orau pan oeddech chi'n blentyn/yn ifanc? (Defnyddiwch **mai**.)	Dach chi'n rhoi pethau i siopau elusen?
5	Sgynnoch chi hoff amgueddfa neu oriel? Pam?	I le fasech chi'n symud, tasai rhaid i chi symud ardal?	Dach chi'n hoffi defnyddio *Twitter*?	Be ddylech chi (ei) wneud i wella eich Cymraeg chi?
6	Lle mae'r lle hardda yn yr ardal?	Pa un ydy eich hoff ystafell chi yn y tŷ? Pam?	Dach chi wedi cael trafferth efo tywydd gwael erioed?	Dach chi'n defnyddio trafnidiaeth gyhoeddus?
7	Disgrifiwch eich gwyliau diwetha chi mewn dwy frawddeg.	Be fasech chi'n (ei) wneud tasech chi'n ennill y loteri?	Yn yr ardal yma, pa lefydd sy'n ddiddorol i dwristiaid? Pam?	Sgynnoch chi hoff anifail anwes? Pam?
8	Pryd oeddech chi ar draeth ddiwetha? Pa draeth oedd o?	Be ydy'r peth gorau am ddysgu Cymraeg?	Pa mor aml dach chi'n cerdded i'r dre/i'r gwaith/i'r dosbarth?	Disgrifiwch eich gwaith (diwethaf os dach chi wedi ymddeol) mewn dwy frawddeg.
9	Dach chi'n defnyddio *Facebook*?	Efo pwy fasech chi'n hoffi cael pryd o fwyd arbennig? Pam?	Disgrifiwch aelod o'r teulu sy/oedd yn bwysig i chi mewn dwy frawddeg.	Be fydd yn digwydd yn y dyfodol agos yn eich bywyd chi?
10	Dach chi'n meddwl bod cadw anifail anwes yn dda i bobol?	Disgrifiwch eich prif ddiddordeb chi pan oeddech chi'n blentyn mewn dwy frawddeg.	Be brynoch chi ddiwetha fel anrheg i rywun?	Dach chi'n ceisio ailgylchu gwastraff?
Jac	Dach chi wedi trefnu digwyddiad erioed?	Dach chi'n bwyta llai o gig nag oeddech chi ddeg mlynedd yn ôl?	Efo pwy fasech chi'n hoffi cael sgwrs yn Gymraeg? Pam?	Pam wnaethoch chi ddechrau dŵad i ddosbarth Cymraeg?
Brenhines	Lle aethoch chi ar eich gwyliau diwetha chi, a sut aethoch chi?	Tasech chi'n cael mynd am bryd o fwyd i unrhyw le, i le fasech chi'n mynd?	Fasech chi'n deud bod bod chi'n "berson gwyrdd"? Pam?/Pam ddim?	Disgrifiwch ffrind da mewn dwy frawddeg.
Brenin	Tasech chi'n cael treulio penwythnos yn rhywle, i le fasech chi'n hoffi mynd?	Pryd aethoch chi ar drên ddiwetha? I le?	Be oedd yr anrheg ddiwetha gaethoch chi?	Dach chi'n ceisio prynu bwyd lleol?

Uned 19 / Adolygu ac ymestyn

Gêm adolygu berfau

gorffennol cryno   **presennol**   **amherffaith**   **dyfodol**

colli fi →	**mynd** fo	**cael** hi	**bod** hi	**prynu** chi	**darllen** fi
dal ni	**cymryd** chi	**hoffi** nhw	**cofio** fi	**dal** chi	**cysgu** fo
rhoi fo	**ateb** chi	**talu** nhw	**bod** hi	**gorffen** chi	**hoffi** fi
anfon chi	**hoffi** fi	**cael** ni	**bod** nhw	**prynu** chi	**darllen** fi
yfed nhw	**dweud** fo	**ateb** ni	**dal** hi	**torri** chi	**gwneud** fi
gofyn fi	**cael** fo	**bwyta** ni	**bod** hi	**agor** chi	**cuddio** fi

Uned 19 / Adolygu ac ymestyn   243

amodol   **eich dewis chi!**

mynd ti	gwneud fo	rhedeg ni	bwyta nhw	gweithio fi	yfed ti
deall ti	dysgu fi	helpu fi	gadael hi	cyrraedd fi	dod ti
siarad ti	gwrando fi	gweld chi	dweud nhw	benthyg chi	cwyno fo
mynd ti	gwneud fo	gwisgo ni	bwyta fi	meddwl hi	talu hi
credu ti	clywed fo	cofio ni	nofio chi	edrych fi	siarad ti
deall ti	dysgu fo	derbyn ni	gweld fi	chwilio ni	anfon fi

Dyma Robin Radio!

Dach chi wedi bod yn gwrando ar ei lais o ers blynyddoedd – felly rŵan dyma gyfle i chi roi wyneb i'r llais. Dyma Gwyn Elfyn sy'n actio Robin ers dechrau'r cwrs Mynediad.

O le wyt ti'n dŵad yn wreiddiol?

Mi ges i fy ngeni ym Mangor ond mi symudes i i Drefach yng Nghwm Gwendraeth yn wyth oed a dw i'n dal i fyw yn y cwm. Mi es i i Ysgol Gynradd Drefach ac Ysgol Ramadeg y Gwendraeth, ac yna i'r brifysgol yn Aberystwyth.

Lle ddechreuodd dy ddiddordeb di mewn actio?

Yn yr ysgol – cymryd rhan mewn dramâu ac yn nramâu'r capel hefyd.

Be wyt ti'n feddwl o Robin Radio fel person?

Tipyn o gymeriad, sengl a hapus!

Dy hoff beth a dy gas beth?

Hoff beth – bod yng nghwmni teulu a ffrindiau.
Cas beth – Cymry sy'n gwneud drwg i'w gwlad nhw a'u hiaith nhw.

Beth wyt ti'n mwynhau (ei) wneud yn dy amser hamdden?

Gwylio rygbi a phêl-droed.

Be ydy'r peth mwya doniol sy wedi digwydd i ti?
Roedd criw pêl-droed Pobol y Cwm ar daith yn Waterford, Iwerddon ac wedi cael *vase* wydr ddrud o Waterford Crystal yn anrheg gan y Gwyddelod. Mi es i allan o'r ystafell i wneud galwad ffôn, a phan ddes i'n ôl, roedd y bechgyn yn taflu'r bocs oedd yn cynnwys yr anrheg o un i'r llall. Roedd rhaid i mi geisio eu stopio nhw!

Gollyngwyd y bocs wrth gwrs a chlywyd sŵn gwydr yn torri. Fi oedd y capten ac ro'n i'n teimlo'n gyfrifol am yr anrheg. Ond pan agores i'r bocs, roedd y bechgyn wedi newid y *vase* am ddwy botel fach o Lucozade!

Pa un ydy dy hoff gân di?
'Y Cwm' - Huw Chiswell.

Lle mae dy hoff le di yn y byd?
De Ffrainc.

Taset ti'n cael pryd o fwyd efo unrhyw un (byw neu farw), pwy fasai fo/hi a pham?
George Best, am ei fod o'n gymaint o arwr i mi wrth i mi dyfu i fyny.

Oes gen ti unrhyw neges i ddysgwyr y Gymraeg?
Daliwch ati!

Rŵan atebwch **chi'r** cwestiynau sy mewn print trwm.

Gwylio – Y Dyfodol

Gwrandewch ar y bobol yma'n trafod y dyfodol.

Mae saith person yn sôn am bedwar peth. Be ydy'r pedwar pwnc?

1. ....
2. ....
3. ....
4. ....

Rhowch y pynciau yn eu trefn o ran pwysigrwydd i **chi**.

Trafodwch efo'ch partner – be dach chi'n gobeithio fydd yn digwydd yn y dyfodol – yn yr ardal, yng Nghymru, yn y byd?

Geirfa

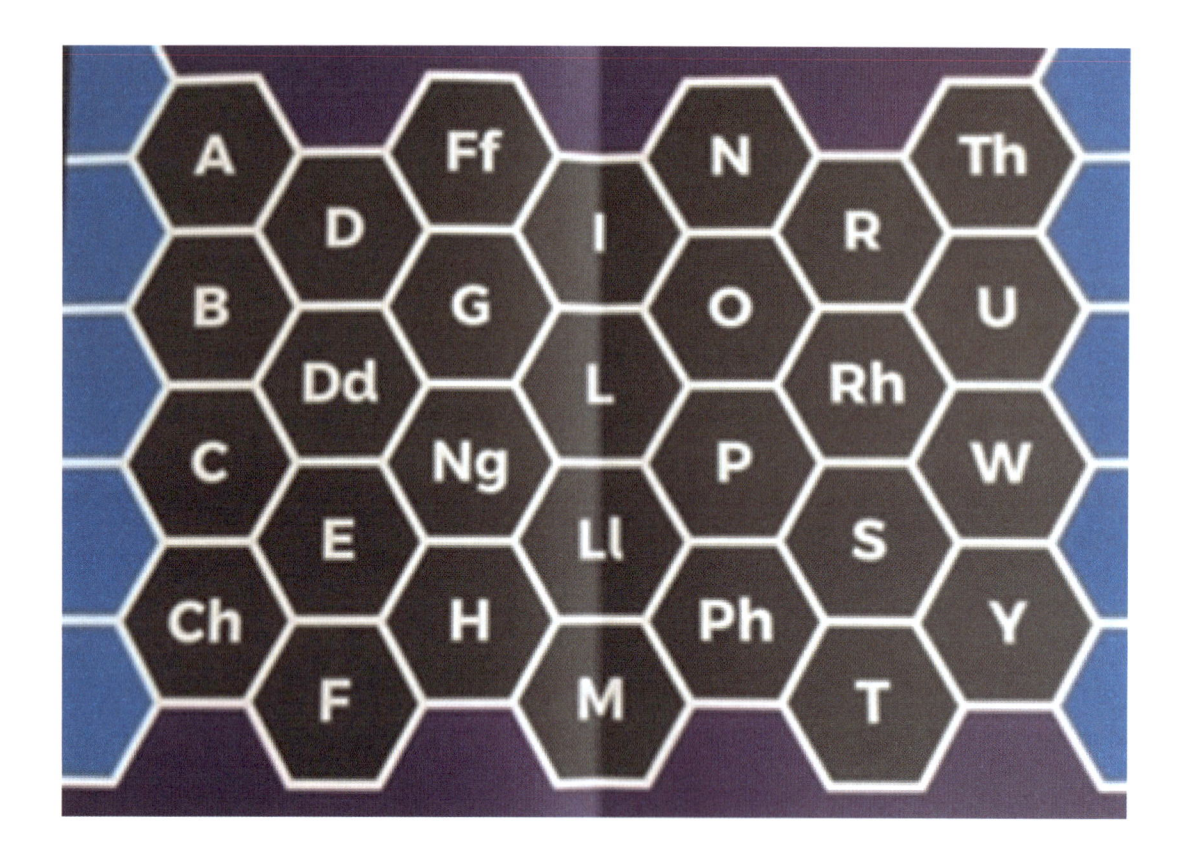

Darllen
Chwedl o Gymru - Mantell Aur yr Wyddgrug

Amser maith yn ôl, roedd 'na fryn ger yr Wyddgrug o'r enw Bryn yr Ellyllon (*ghouls*). Roedd llawer o bobol yn credu bod ysbrydion yn byw yn yr ardal ac yn osgoi cerdded heibio'r bryn.

Unwaith, yn ôl pob sôn, mi welodd merch o'r enw Nansi ddyn enfawr yn sefyll ar ben y bryn. Roedd o'n gwisgo mantell aur. Ond yn sydyn, diflannodd y cawr. Doedd neb yn credu Nansi, wrth gwrs.

Wedyn, yn 1830 roedd 'na hen wraig yn cerdded heibio Bryn yr Ellyllon, yn yr Wyddgrug, yn y nos. Roedd hi wedi clywed storïau ysbrydion am yr ardal ond doedd hi ddim yn teimlo'n ofnus achos roedd hi'n cerdded yma yn aml yn y dydd.

Yn sydyn, mi welodd hi berson ifanc yn croesi'r ffordd. Roedd y person ifanc yn gwisgo mantell aur. Mi gerddodd y person ifanc i mewn i'r bryn a diflannu!

Yn 1833, penderfynodd cyngor y dre farchnad brysur fod rhaid gwneud y ffordd i mewn i'r dref yn fwy. Roedd gweithwyr yn gweithio ger Bryn yr Ellyllon. Un diwrnod, mi ffeindion nhw fedd yn y bryn, ac yn y bedd roedd 'na sgerbwd a mantell aur hardd.

I ddechrau, roedd pobol yn meddwl bod y fantell yn dod o gyfnod y Rhufeiniaid ac felly roedden nhw'n credu bod y bedd yn perthyn i Benlli Gawr, brenin lleol o'r cyfnod. Mae 'na fynydd yn ardal yr Wyddgrug o'r enw Moel Fenlli wedi ei enwi ar ei ôl o.

Mae 'na hen blac o flaen y tŷ sy ar y safle yn deud y stori yma yn Saesneg.

Erbyn hyn, mae archaeolegwyr yn gwybod bod y fantell yn hen iawn – o'r Oes Efydd, tua 3,700 mlynedd yn ôl. Maen nhw'n credu mai merch oedd yn arfer gwisgo'r fantell achos ei bod hi'n rhy fach i ddyn. Mantell ar gyfer seremoni fasai hon, achos ei bod hi mor hardd.

Ym mis Ionawr 2017, roedd llun y fantell aur mewn cyfres o stampiau yn dangos prif drysorau hynafol Prydain.

Mae'r fantell yn arbennig iawn. Does 'na ddim un debyg yn Ewrop ac felly mae hi yn yr Amgueddfa Brydeinig yn Llundain nawr. Os dach chi'n sefyll tu ôl i'r fantell mae'n bosib edrych fel tasech chi'n ei gwisgo hi!

248 Uned 19 / Adolygu ac ymestyn

Mae 'na gopi yn llyfrgell yr Wyddgrug, ac yn y dre mae'n hawdd gweld mai dyma gartref y Fantell Aur – mae 'na arwydd ar y ffordd i mewn i'r dre, a murlun a thafarn yn y dre.

Ond mae llawer o bobol yn meddwl bod angen i'r fantell ddŵad adre i Gymru – i'r Amgueddfa Genedlaethol yng Nghaerdydd, ella. Dyma 'Elgin Marbles' Cymru – be dach chi'n ei feddwl?

1. Be ydy'r geiriau Saesneg yma yn Gymraeg?

cloak *huge* *disappear* *giant*

skeleton *archaeologists* *ancient*

2. Rhowch y lluniau yn eu trefn ar ôl darllen y stori.

Uned 19 / Adolygu ac ymestyn

1. Gosodwch y digwyddiadau yn y drefn gywir.

Mi wnaethon nhw feindio bedd.	
Mi gerddodd y person i mewn i'r mynydd.	
Roedd 'na sgerbwd a mantell aur yn y bedd.	
Roedd 'na hen wraig yn cerdded ar ffordd ger Bryn yr Ellyllon.	
Heddiw, mae'r fantell aur yn yr Amgueddfa Brydeinig.	
Roedd 'na weithwyr yn gweithio ger Bryn yr Ellyllon.	
Mi welodd Nansi rywun yn croesi'r ffordd.	

Gêm y bylchau

1	2	3	4	5	6
7	8	9	10	11	12
13	14	15	16	17	18
19	20	21	22	23	24

Gwrando

Atebwch y cwestiynau.

1. Pam dewisodd Anwen wneud y diploma yn Llundain?

....

2. Rhowch ddau reswm pam daeth Anwen yn ôl i Gymru.

....

3. Pam roedd y swydd gyda'r cwmni teledu'n gyfleus i Anwen?

....

4. Beth sy'n profi bod Anwen yn mwynhau bod yn athrawes?

....

****

5. Sut roedd aelodau'r côr yn nabod Anwen, cyn iddi hi ddod yn arweinydd?

....

6. Sut mae'r côr yn paratoi'n arbennig i ganu yn yr Eisteddfod?

....

7. Pwy sy'n perthyn i Anwen yn Awstralia?

....

8. Beth fydd ddim ar y rhaglen deledu am daith y côr?

....

9. Mae Anwen yn dweud ei bod hi'n arweinydd 'côr cymysg'. Sut mae dweud:

male voice choir ....
ladies' choir ....
children's choir ....

Gêm Amdani

Cofiwch eich bod chi'n medru prynu'r llyfrau yma o'ch siop Gymraeg leol neu ar www.gwales.com. Neu, be am alw yn eich llyfrgell leol?

Robin Radio

a) Atebwch:
Lle fydd Anti Mair dydd Nadolig nesa? ....
Lle fydd hi mis Awst nesa? ....
Lle fydd Anti Mair ac Alejandro yn byw? ....

b) Gwrandewch am:
ar osod   for rent
Wnei di fod yn was priodas?   Will you be best man?
codi llaw   to wave

c) Cyfieithwch:
coming and going ....
It's my son who farms there. ....
On with the show... ....

tyrd!

dere!

Arholiad Canolradd

Nod yr uned hon ydy...
Dallt be ydy Arholiad Canolradd

Geirfa

anfantais (anfanteision)	disadvantage(s)
esiampl(au)	example(s)
gymnasteg	gymnastics
mantais (manteision)	advantage(s)
proses(au)	process(es)
syrcas(au)	circus(es)
system(au)	system(s)

beiciwr (-wyr)	cyclist(s)
cadeirydd(ion)	chairperson(s)
cefndir(oedd)	background(s)
cwr (cyrion)	edge(s), fringe(s)
cyfwelydd (-wyr)	interviewer(s)
cyhuddiad(au)	charge(s), accusation(s)
gwall(au)	error(s)
gwraidd (gwreiddiau)	root(s)
gwrandäwr (gwrandawyr)	listener(s)
project(au)	project(s)
protestiwr (-wyr)	protestor(s)
sbardun(au)	spur(s)
syrpréis(ys)	surprise(s)
ysgrifennydd (ysgrifenyddion)	secretary (-ies)

arwain	to lead
cadarnhau	to confirm
cyffroi	to excite
gwasanaethu	to serve
penodi	to appoint
pwysleisio	to emphasise

a bod yn onest	to be honest
ar gyhuddiad o	accused of
ar gyrion	on the outskirts of
fesul un	one by one
pwyntiau bwled	bullet points

deniadol	attractive
economaidd	economic; economical
teg	fair

Geiriau pwysig i mi.

Dach chi wedi bod yn ymarfer gwaith arholiad ers i chi ddechrau'r lefel yma. Ond dyma gyfle i chi weld be fydd angen i chi ei wneud os dach chi'n penderfynu sefyll yr arholiad.

Tasg arbennig – Sgwrs 5 munud (15% o'r marciau)

Cyn diwedd mis Ebrill, mi fydd angen i chi gael sgwrs yn Gymraeg efo rhywun rhugl (nid eich tiwtor) am unrhyw beth. Rhaid i chi recordio'r sgwrs. Rhaid i chi sgwrsio am bum munud – ac mae'n bwysig iawn mai chi sy'n **arwain** y sgwrs ac yn siarad cymaint â'r person arall. Gwrandewch ar be mae'r person arall yn ei ddeud a gofynnwch gwestiynau sy'n gwneud synnwyr. Peidiwch â sgriptio na pharatoi gormod – mae isio sgwrs mor naturiol â phosib.

I ymarfer, ffeindiwch bartner. Penderfynwch pwy ydy A a phwy ydy B.
Person A: Gofynnwch i berson B am be fasai'n hoffi siarad, e.e. diddordeb arbennig / gwyliau arbennig / y gwaith / y teulu.

Rhaid i A holi B. Mi fydd y tiwtor yn canu cloch pan mae'r 5 munud wedi dod i ben.
Dechreuwch fel hyn:

"Helo, ... dw i. Dw i'n siarad efo .... Dw i'n nabod .... achos .... Heddiw, dan ni'n mynd i siarad am ...."

Pan mae'r tiwtor yn deud "Stopiwch!", gorffennwch y sgwrs drwy ddeud "Diolch yn fawr, ..., am y sgwrs".

Wedyn rhaid i B holi A.

Mi fydd popeth arall yn digwydd ar un diwrnod ym mis Mehefin.
Mi fyddwch chi'n dechrau yn y bore.

254 | Arholiad Canolradd

1. Darllen a deall, a Llenwi bylchau (15% o'r marciau)

Dach chi wedi bod yn ymarfer y tasgau yma ers dechrau'r cwrs. Ond dyma enghraifft o be fydd angen i chi ei wneud mewn un awr (60 munud):

Rhan 1 - Erthygl (5%)

Darllenwch y darn isod. Yna, atebwch y cwestiynau yn Gymraeg, yn eich geiriau eich hun lle bydd hynny'n bosibl.

Diwedd y siop leol

Yfory, bydd unig siop leol tref Aberwylan yn cau ei drysau am y tro ola. Mae Iestyn Huws – siopwr a pherchennog 'Siop y Gornel' Aberwylan – wedi penderfynu cau'r siop ar ôl dros 50 mlynedd o wasanaethu'r ardal. Yn ôl Iestyn, mae'n anodd iawn iddo gystadlu yn erbyn archfarchnad fawr Troffco a agorodd ar gyrion y dre ddwy flynedd yn ôl. Dim ond y dafarn sy ar ôl erbyn hyn.

'Pan agorais i Siop y Gornel,' meddai Iestyn, 'roedd pump neu chwech o siopau eraill yn y dre – cigydd, siop fara, siop gwerthu pysgod, ac yn y blaen. Ar ben hynny, roedd pob siop fel canolfan gymdeithasol fach. Roedd pob siopwr yn nabod y cwsmeriaid i gyd yn bersonol ac yn fodlon treulio amser yn siarad â nhw. Dych chi ddim yn gallu gwneud hynny yn yr archfarchnad.'

Roedd Iestyn yn cytuno bod costau parcio yng nghanol Aberwylan wedi bod yn broblem fawr yn ddiweddar ac roedd yn well gan lawer o bobl yrru i Troffco lle roedd digon o leoedd parcio am ddim.

'Maen nhw'n hoffi'r ffaith eu bod nhw'n gallu prynu popeth yn yr un lle – bwyd, dillad, petrol ac alcohol. Doeddwn i byth yn agor Siop y Gornel ar ddydd Sul ond mae Troffco ar agor drwy'r wythnos wrth gwrs.'

Yn ddiweddar, mae Troffco wedi dechrau gwasanaeth lle mae'r cwsmeriaid yn gallu siopa ar y we. Mae Troffco'n fodlon mynd â phopeth i gartrefi eu cwsmeriaid ar amser maen nhw'n ei ddewis.

'Roedd hen fan Mini gyda fi,' meddai Iestyn, 'ond dim ond ar brynhawn Sadwrn roeddwn i'n gallu mynd â bwyd i gartrefi pobl. Roedd llawer o hen bobl Aberwylan yn hoff iawn o'r gwasanaeth yma ac yn dibynnu arno. Y dyddiau yma, mae'n well gan bobl system 24 awr a doeddwn i ddim yn gallu cynnig hynny iddyn nhw.'

Felly, mae cyfnod wedi dod i ben yn Aberwylan, a bydd y stryd fawr yn llai diddorol a deniadol o achos hynny.
**

Nodwch sut mae pethau'n wahanol yn y ddwy siop, gan gyfeirio at yr isod. Cofiwch sôn am sut mae pethau yn Siop y Gornel, a sut mae pethau yn archfarchnad Troffco. Byddwch chi'n colli marciau am gynnwys ffeithiau amherthnasol (*irrelevant*).

e.e. **Lleoliad**
Mae Siop y Gornel yng nghanol Aberwylan, ond mae archfarchnad Troffco tu allan i'r dre.

1. Ers faint o amser maen nhw yn Aberwylan.
_____
_____

2. Nabod y cwsmeriaid.
_____
_____

3. Parcio.
_____
_____

4. Pa ddiwrnodau maen nhw ar agor.
_____
_____

5. Y gwasanaeth dosbarthu *(delivery)*.
_____
_____

Rhan 2 – Negeseuon Ebost [5%]

Oddi wrth: Llew Prys

At: Cwmni Syrcas Pen Mawr

Testun: Syrcas Aberheli 28 Mai

_____

Annwyl Gyfaill,
Des i a'r teulu i'ch syrcas yn Aberheli nos Wener 28 Mai. Roedd y plant wedi bod yn edrych ymlaen yn fawr ar ôl gweld eich posteri lliwgar ym mhob man ac roedd fy rhieni wedi'u cyffroi hefyd achos dyma'r tro cynta iddyn nhw fod mewn syrcas ers dros chwe deg mlynedd.

Rhaid i mi ddweud bod yr acrobats yn ardderchog a bod y clowns yn ddoniol iawn, ond ar y cyfan roedd hi'n noson siomedig am sawl rheswm. I ddechrau, roedd eich posteri chi yn Gymraeg, ond chlywon ni ddim gair o Gymraeg yn ystod y sioe. Hefyd, dydy fy nhad i ddim yn cerdded yn dda, ond roedd ein seddi ni'n uchel yng nghefn y babell. Doedd dim help ar gael o gwbl i bobl anabl. Ond y siom fwya oedd bod dim anifeiliaid yn y sioe o gwbl. Roedd pob math o anifeiliaid – mwncïod, eliffantod, teigrod ac ati – ar eich posteri: dyna'r prif reswm pam daethon ni i'r sioe.

Dw i ddim yn teimlo eich bod chi wedi hysbysebu'r noson yn deg, felly dw i'n meddwl dylen ni gael ein harian yn ôl.

Yn gywir,

Llew Prys

Oddi wrth: Cwmni Syrcas Pen Mawr

At: Llew Prys

Testun: Syrcas Aberheli 28 Mai

___

Annwyl Mr. Prys,

Diolch am eich neges. Ga' i ymateb i'ch pwyntiau chi fesul un:

a) Mae ein sioe ni'n ddwyieithog fel arfer, ond mae'r acrobat sy'n siarad Cymraeg wedi torri ei goes a'r clown sy'n siarad Cymraeg wedi torri ei drwyn mewn damwain anffodus. Fyddan nhw ddim yn medru perfformio eto am rai misoedd.

b) Tasech chi wedi dweud wrthon ni fod eich tad yn anabl pan wnaethoch chi brynu'r tocynnau, mi fasen ni wedi rhoi seddi i chi wrth y drws.

c) Mae anifeiliaid gynnon ni fel arfer, ond yn ddiweddar, mae rhai pobl wedi bod yn protestio am y ffordd mae anifeiliaid syrcas yn cael eu trin. Dw i'n gwybod bod anifeiliaid ein syrcas ni'n hapus wrth deithio o le i le ac wrth berfformio yn y babell. Tasai gynnon ni anifeiliaid efo ni yn Aberheli, roeddwn i'n poeni efallai basai protestwyr yn achosi problemau i ni. Beth tasen nhw'n tynnu'r babell i lawr yn y nos, neu'n gadael yr anifeiliaid allan? Doedden ni ddim eisiau cymryd y risg. Fe weloch chi acrobats ardderchog a chlowns doniol, felly dw i'n teimlo eich bod chi wedi cael gwerth eich arian.

Yn gywir,

Coco Goch

Syrcas Pen Mawr

Nodwch yr ateb mwya priodol (*appropriate*) o'r brawddegau isod drwy roi llythyren yn y blwch.

1. Pam roedd rhieni Llew'n edrych ymlaen at fynd i'r syrcas?

a. Roedden nhw eisiau mwynhau noson efo'r wyrion.

b. Roedden nhw'n arfer gweithio mewn syrcas.

c. Doedden nhw ddim wedi bod mewn syrcas ers blynyddoedd.

ch. Roedd yr acrobats mor gyffrous.

d. Doedden nhw ddim wedi bod mewn syrcas o'r blaen.

2. Ble roedd hi'n bosib gweld neu glywed y mwya o Gymraeg?

a. Gan y clowns.

b. Ar y posteri.

c. Gan y protestwyr.

ch. Yn y swyddfa docynnau.

d. Dydy'r syrcas byth yn defnyddio'r Gymraeg.

3. Pam mae Llew eisiau arian yn ôl?

a. Doedd y posteri ddim yn dweud y gwir.

b. Doedd dim lle i eistedd.

c. Roedd y tocynnau'n rhy ddrud.

ch. Wnaeth yr anifeiliaid ddim perfformio'n dda.

d. Roedd y babell yn beryglus.

4. Pam doedd tad Llew ddim yn eistedd wrth y drws?

a. Doedd o ddim eisiau eistedd ar ei ben ei hun.

b. Roedd hi'n rhy oer.

c. Roedd damwain wedi digwydd yno.

ch. Roedd y protestwyr yno.

d. Doedd pobl y syrcas ddim yn gwybod ei fod o'n anabl.

5. Mae Coco Goch yn dweud ei fod o'n hollol siŵr...

a. bod y clowns yn mynd i siarad Cymraeg yn y sioe nesa.

b. bod protestwyr yn mynd i achosi trafferth yn Aberheli.

c. bod ei anifeiliaid yn mwynhau bywyd y syrcas.

ch. bod y posteri'n dweud y gwir.

d. bod pawb arall yn hapus efo'r sioe yn Aberheli ar 28 Mai.

Rhan 3 – Llenwi bylchau [5%]

Llenwch y bylchau yn y darn yma gan ddefnyddio'r geiriau mewn cromfachau (*brackets*) lle bydd yn briodol (*appropriate*).

Papur Newyddion Ysgol Aberheli

Roedd hi'n braf gweld Miss Nia Price yn ôl yn y gwaith yng _____ (cegin) yr ysgol, ar ôl bod yn yr ysbyty am _____ (3) wythnos. Mae Nia eisiau diolch i bawb, ac yn diolch am y cerdyn gafodd hi oddi _____ y plant.

Bydd Mrs Mari Probert yn ein gadael ni ar ddiwedd y tymor, achos ei bod hi'n ymddeol ar ôl dau ddeg pum _____ (blwyddyn) o wasanaeth i'r ysgol. Pob hwyl _____ (i) hi ar ei hymddeoliad.

Mis Rhagfyr oedd un o fisoedd _____ prysur y flwyddyn i gôr yr ysgol. _____ (canu) y plant mewn pedwar cyngerdd Nadolig gwahanol! _____ (cael) nhw syrpréis yng Nghartref Henoed Hafod Deg, achos bod camerâu teledu o'r rhaglen *Heno* yno, i ffilmio Mrs Carol Jones. Roedd hi'n dathlu _____ phen-blwydd hi yn gant oed y diwrnod hwnnw. Doedd hi ddim yn gwybod _____ y criw ffilmio'n dod i'r cartref, felly roedd hi'n noson arbennig iawn.

Gwnaeth tri o blant Blwyddyn 5 yn dda iawn yn rownd gyntaf y gystadleuaeth 'Coginio i Ysgolion'. Byddan nhw'n mynd i'r _____ (2) rownd y mis nesa, ac yn cystadlu yn erbyn plant o bob rhan o _____ (Cymru). Bydd rhaid iddyn nhw goginio pryd o _____ i bedwar person a gwneud hynny mewn llai _____ dwy awr. Pob lwc.

Daeth y chwaraewr rygbi, Martyn Thomas, i'r ysgol i siarad _____ 'r plant am fwyta'n iach ac am _____ 'n heini. Roedd llawer o storïau gyda fe am ei amser yn chwarae i dîm Cymru hefyd, ac roedd y plant a'r _____ (athro) i gyd wedi mwynhau. Roedd Martyn yn arfer bod yn ddisgybl _____ Ysgol Aberheli.

Enillodd Gareth Tomos Blwyddyn 6 gystadleuaeth gymnasteg fawr yng Nghaerdydd. Gareth oedd y _____ (da) allan o 30 o fechgyn yn y gystadleuaeth. Mae Gareth a'i frawd Tomos yn gwneud yn dda iawn ym maes gymnasteg, a bydd y ddau _____ (o) nhw'n cystadlu dros Gymru yn yr haf.

2. Y papur Ysgrifennu (15% o'r marciau)

Yn yr arholiad mae angen ysgrifennu llythyr. Mi fydd 'na ddewis o bedwar pwnc.

Mae pob llythyr yn Gymraeg yn dechrau gyda'r gair **Annwyl**... ac yna mae'n dibynnu ar y pwnc. Yn aml mi fyddwch chi'n gweld **Annwyl gyfaill** ... sy'n fwy ffurfiol na'r cyfieithiad *Dear friend*... Mae hwn yn ddechrau addas i unrhyw lythyr at rywun pan dach chi ddim yn gwybod ei (h)enw. Y ffordd orau i orffen llythyr fel hwn ydy efo **Yn gywir** (*Yours sincerely*).
Os dach chi'n ysgrifennu at aelod o'r teulu, ffrind neu rywun dach chi'n ei nabod yn eitha da, rhowch yr enw wrth gwrs, e.e., **Annwyl Gareth**, a gorffennwch efo **Cofion gorau**.

Cofiwch bod chi'n ysgrifennu **at** berson bob amser, felly rhaid i chi gofio :

Diolch am ysgrifennu **ata i/aton ni**.

Dw i'n ysgrifennu **atat ti/atoch chi**.

Mi ysgrifennes i **ato fo/ati hi/atyn nhw**.

Mae awr a chwarter/75 munud i wneud 2 beth: ysgrifennu llythyr a llenwi ffurflen:

Os dach chi'n medru, triwch ysgrifennu'r ddwy dasg mewn tua 75 munud pan dach chi'n gwneud eich gwaith cartref.

1. Ysgrifennu llythyr (7%)
Ysgrifennwch un o'r llythyrau yma (tua 100 o eiriau).
Naill ai *(Either):*

1. Ysgrifennwch ateb i'r llythyr yma:
Swyddfa'r Cyngor Cymuned
Llanaber
Annwyl Bobl Llanaber,
Yng nghyfarfod diwetha'r Cyngor, clywon ni fod swm mawr o arian wedi cael ei adael i'r pentre gan rywun oedd yn arfer byw yn yr ardal. Rhaid i ni wario'r arian ar brojectau fydd yn cadw plant a phobl ifanc yr ardal yn hapus ac yn brysur. Wnewch chi ysgrifennu aton ni gyda'ch syniadau?
Diolch yn fawr,
Sioned Llwyd (Cadeirydd)

neu:

2. Mae rhywun o'ch teulu chi wedi cael gofal da yn yr ysbyty yn ddiweddar. Ysgrifennwch at y staff i ddiolch iddyn nhw.

neu:

3. Mae eich cwmni chi'n mynd i agor swyddfa newydd mewn gwlad arall. Ysgrifennwch at eich pennaeth yn gofyn am gael mynd yno am chwe mis.

neu:

4. Chi ydy ysgrifennydd y clwb pêl-droed lleol. Ysgrifennwch lythyr i drefnu gêm â chlwb mewn ardal arall, gan esbonio'r trefniadau.

2. Llenwi ffurflen (8%)

Mae rhaglen newydd ar S4C o'r enw *Help Llaw*. Yn y rhaglen, maen nhw'n siarad am bobl sy wedi helpu pobl eraill yn yr ardal. Dych chi'n nabod rhywun addas? Fasech chi'n barod i enwebu (*nominate*) y person yma?

i. Eich cyfeiriad ebost **chi:** _____

ii. Enw'r person y basech chi'n hoffi ei enwebu: _____

iii. Sut dych chi'n nabod y person yma? (tua 50 gair)
_____
_____
_____
_____
_____
_____
_____
_____

iv. Disgrifiwch y person yma, e.e. cefndir, teulu, gwaith, diddordebau. (tua 50 gair)
_____
_____
_____
_____
_____
_____
_____
_____

v. Disgrifiwch **ddau** beth y mae'r person wedi eu gwneud i helpu pobl eraill yn yr ardal. (tua 50 gair)

_____
_____
_____
_____
_____
_____
_____

3. Gwrando (15% o'r marciau)

Hyd y prawf ydy tua 40 munud.

Mae 'na ddwy ran i'r prawf:
Mae 'na ddwy dasg: Yn gyntaf, mae 'na eitem sgwrs o raglen radio. Dach chi wedi bod yn ymarfer y rhain yn y dosbarth.
Dyma be sy ar y papur:

1. Deialog (8%)
- Dach chi'n mynd i wrando ar ddeialog. Yn gyntaf, mi gewch chi 1 munud i edrych ar y cwestiynau.

- Yna, mi fyddwch chi'n clywed y ddeialog i gyd ac yn cael 2 funud i ysgrifennu.

- Yr ail dro, mi fyddwch chi'n cael toriad o 1 munud yn y canol ac 1 munud ar y diwedd.

- Y trydydd tro, mi fyddwch chi'n clywed y ddeialog i gyd eto ac yn cael 2 funud i ysgrifennu.

- Mi ddylech chi ateb y cwestiynau yn Gymraeg. Does dim rhaid ysgrifennu brawddegau llawn.

- Fyddwch chi ddim yn colli marciau am wallau iaith neu sillafu.

Arholiad Canolradd

1. Sut mae'r tywydd wedi bod yng Nghymru yn ddiweddar?

   ....

2. Beth oedd yn poeni Endaf a'i wraig am eu hen swyddi?

   ....

3. Beth ydy cysylltiad plant Endaf â Chaerdydd a Bangor?

   ....

4. Sut roedd ei wraig wedi defnyddio ei Sbaeneg, wrth brynu tŷ yn Sbaen?

   ....

   ****

5. Pam mae tai'n rhatach yn yr ardal lle mae Endaf yn byw?

   ....

6. Pam does dim angen car arnyn nhw erbyn hyn?

   ....

7. Pam mae hi'n anodd i Endaf gymysgu â'r bobl leol?

   ....

8. Pam bydd hi'n fwy anodd iddyn nhw yn Malaga o dymor yr hydref ymlaen?

   ....

Yna, mae 'na **fwletin Newyddion**. Dach chi wedi bod yn ymarfer y rhain yn y dosbarth hefyd. Gwrandewch ar y tiwtor yn deud y brawddegau a dudwch nhw yn uchel fel cyflwynydd rhaglen newyddion:

Mae newyddion yn dod i law am ddamwain ar yr M4.
Mae newyddion yn ein cyrraedd ni am ddamwain ar yr A55.
Credir bod storm ar y ffordd.
Mae'n debyg bod streic awyrennau yr wythnos nesaf.
Roedd damwain ddifrifol mewn ffatri yn Abertawe y bore 'ma.
Newyddion tramor nesa...
Mae llifogydd wedi achosi problemau yn ardal Pontypridd.
Daethpwyd o hyd i gar yn yr afon.
Digwyddodd y ddamwain yn gynnar y bore 'ma.
Does neb wedi cael ei ladd.
Anafwyd naw o bobl yn y ddamwain.
Aethpwyd â saith o blant i'r ysbyty.
Daw rhagor o newyddion yn ystod y dydd.
Dywedodd llefarydd ar ran y cwmni bydd y ffatri'n cau ar ddiwedd y flwyddyn.
Mae llawer o bobl yn dioddef o feirws.
Mae'r heddlu'n rhybuddio bod lladron yn yr ardal.
Mae'r ffatri'n cau achos y problemau economaidd yn y wlad.
Cafodd dau leidr eu harestio y tu allan i'r banc.
Cafwyd y lladron yn euog gan Lys y Goron.
Mae lefelau diweithdra'n codi ar draws Cymru.
Daeth y tîm achub o hyd i gwch.
Mae pawb yn fyw ac yn iach ar ôl y ddamwain ar y mynydd.
Doedd y cerddwyr ddim yn gwisgo esgidiau addas.
Penodwyd cadeirydd newydd am ddwy flynedd.
Bydd dau ddyn yn ymddangos o flaen y llys yn y bore.
Maen nhw yn y llys ar gyhuddiad o ddwyn pum mil o bunnau.
Bu farw'r actor John Jones yn ei gartref.
Mae hi'n gadael gŵr a dau o blant.
Gêm gyfartal oedd hi rhwng Caerdydd ac Abertawe neithiwr.
Enillodd Wrecsam o dair gôl i ddwy.
Enillodd Casnewydd o ddwy gôl i un.
Roedd hi'n ddi-sgôr ar yr egwyl.
A'r tywydd i gloi...
Mae rhybudd o storm dros nos.
Disgwylir tywydd gwlypach dros y penwythnos.
Bydd tywydd sefydlog dros y penwythnos.
Bydd hi'n braf ledled Cymru.

Geirfa

Dyma lawer o eiriau sy'n codi yn y newyddion i gyd mewn un lle i chi. Maen nhw i gyd yn y cwrs ond defnyddiwch y rhestr yma i'ch helpu chi i baratoi i wrando ar y Bwletin Newyddion.

Cyffredinol	General		
adroddiad	report	siom	disappointment
arolwg	survey	siomedig	disappointing
ar ran	on behalf of	swyddogion	officers
arweinydd	leader	taro	to hit
bu farw	died	teg	fair
bwriadu	to intend	trafnidiaeth	transport
canrif	century	trafferthion	difficulties
claf	a patient	tramor	abroad, foreign
cleifion	patients	ymchwil	research
cyfle	chance, opportunity	ymddiheuro	to apologise
cyfrifol	responsible	ymddiswyddo	to resign
cynghori	to advise	yn dilyn	following
cyhoeddi	to announce, to publish	yn ddiweddar	recently
		yn ôl...	according to...
cynllun	plan	yn ystod	during
cynnal	to hold (e.e. streic, protest)	y wasg	the press
cynnig	an offer	**Argyfyngau**	**Emergencies**
cysylltiad	connection	ar goll	lost
datblygu	to develop	achub	to save
degau	tens	aethpwyd â	was taken
dianc	to escape	ambiwlans awyr	air ambulance
diflannu	to disappear	anafiadau	injuries
digwyddiad	incident, event	anafu	to injure
dioddef	to suffer	bad achub	lifeboat
disgwyl	to expect	corff	body
dod i ben	to come to an end	damwain	accident
dod i law	coming in	difrifol	serious, grave
er gwaethaf	despite	dinistrio	to destroy
galw am	to call for	ffrwydro	to explode
i gloi	to finish	hofrennydd	helicopter
maes	field	hwylio	to sail
llefarydd	spokesperson	llifogydd	floods
llwyddiannus	successful	llosgi	to burn
o hyn ymlaen	from now on	marw	to die
oherwydd	because	suddo	to sink
para/parhau	to continue	tagfa	traffic jam
penawdau	headlines	tagfeydd	traffic jams
penderfyniad	decision	triniaeth	treatment
perygl	danger		
peryglus	dangerous		
profiad	experience		
rhybudd	warning		
rhybuddio	to warn		
safle	site		
sefydlu	to establish		

Trosedd / Crime

achos	case
apelio	to appeal
arolygydd	inspector
barnwr	judge
carchar	prison
carcharu	to imprison
cyfanswm	total
cyfraith	law
cyffuriau	drugs
cyhuddiad	accusation
daethpwyd o hyd i	was found
dieuog	not guilty
dwyn	to steal
euog	guilty
lladrad	a burglary
lladron	thieves
lladd	to kill
llanc	youth
lleidr	thief
llys y goron	crown court
llys ynadon	magistrates' court
oherwydd	because of
rhyddhau	to free
saethu	to shoot
trais	violence
tyst	witness
ymladd	to fight
ymddangos	to appear

Byd gwaith/Yr Economi

arbed	to save (arian, swyddi)
colled	loss
creu	to create
cwmni	company
cyflogi	to employ
diswyddo	to dismiss, to sack
diweithdra	unemployment
diwydiant	industry
ffigyrau	figures
gweithle	workplace
toriadau	cuts
undeb	union
y cant	per cent

Gwleidyddiaeth / Politics

Aelod o'r Senedd	Member of the Senedd
Aelod Seneddol	Member of Parliament
cyngor	council
cynghorydd	councillor
dyled	debt
etholiad	election
gweinidog	minister
gwleidydd	politician
llywodraeth	government
plaid	political party
pleidleisio	to vote
Prif Weinidog	Prime Minister
Senedd	Senate, Parliament
treth	tax

Chwaraeon

ar y blaen	in the lead
cais	a try (rygbi)
canlyniad	result
di-sgôr	scoreless
gêm gyfartal	drawn game
gôl (goliau)	goal(s)
pencampwriaeth	championship
rownd gyn-derfynol	semi-final
rownd derfynol	final
tyrfa/torf	crowd

Tywydd

cenllysg/cesair	hail
chwythu	to blow
eirlaw	sleet
ledled	throughout
lledu	to spread
mellt	lightning
mwyn	mild
taran	thunder
tymheredd	temperature

Dyma be sy ar y papur arholiad:

Bwletin Newyddion (7%)

- Dach chi'n mynd i wrando ar fwletin newyddion. Yn gyntaf, cewch chi 1 munud i edrych ar y cwestiynau.
- Yna, mi fyddwch chi'n clywed y bwletin i gyd ac yn cael 2 funud i ysgrifennu.
- Yr ail dro, mi fyddwch chi'n cael toriad o 1 munud rhwng pob eitem ac 1 munud ar y diwedd.
- Y trydydd tro, mi fyddwch chi'n clywed y bwletin i gyd ac yn cael 2 funud i ysgrifennu.
- Mi ddylech chi ateb y cwestiynau yn Gymraeg. Does dim rhaid ysgrifennu brawddegau llawn.
- Fyddwch chi ddim yn colli marciau am wallau iaith neu sillafu.

1. Pam roedd hi wedi cymryd amser hir i ddod o hyd i'r awyren?
   _____

2. Beth roedd rhaid i bobl Aberheli ei wneud cyn heddiw?
   _____

3. Faint o bobl gafodd eu lladd yn y ddamwain?
   _____

4. I bwy roedd Martha Evans yn ysgrifennu fel arfer?
   _____

5. Pam roedd Helen Thomas yn tyfu canabis?
   _____

6. Sawl gwaith roedd y gystadleuaeth i feicwyr wedi bod yng Nghymru cyn eleni?
   _____

7. Pam mae'n bosib bydd y gwynt yn beryglus i yrwyr ceir?
   _____

4. Cyfweliad (40% o'r marciau)

Yn y prynhawn, mi fyddwch chi'n cael apwyntiad efo'r cyfwelydd.
Dach chi wedi bod yn ymarfer hyn hefyd drwy'r cwrs.

Yn gyntaf, mi fyddwch chi'n trafod pwnc am tua phum munud.

Wedyn, mi fyddwch chi'n cael sgwrs gyffredinol – gwrandewch yn ofalus ar gwestiynau'r cyfwelydd. Mae'n bosib bydd un neu fwy o'r pynciau yma'n codi yn y sgwrs:

eich gwaith / teulu / diddordebau / cefndir / gwyliau / teulu / y dyfodol.

Ymarfer
Dewiswch un o'r pynciau yma.

Yn yr arholiad, mi fyddwch chi'n cael **20 munud** i baratoi. Heddiw dach chi'n cael 10 munud.
Mi gewch chi wneud pwyntiau bwled ar bapur ond **dim** sgript.

A: Trafod pwnc (10%)
Rhaid i chi ddewis **un** o'r pynciau trafod yma:

Pwnc 1:
Mae ffrindiau'n bwysig iawn.
Pwnc 2:
Dylai pawb ddysgu coginio yn yr ysgol.
Pwnc 3:
Mae gormod o chwaraeon ar y teledu.

B: **Sgwrs (30%)**
Person A: Chi sy'n cyfweld. Ceisiwch arwain sgwrs am tua 15 munud. Mi gewch chi drafod un neu fwy (neu bob un!) o'r pynciau yma:
eich gwaith / teulu / diddordebau / cefndir / gwyliau / teulu / y dyfodol.
Mae 'na gwestiynau i'ch helpu yma. Taflwch ddis i benderfynu efo pa gwestiwn dach chi'n dechrau! Yna, ewch ymlaen mewn trefn o'r rhif hwnnw. Cofiwch wrando ar yr atebion yn ofalus a gofyn cwestiynau sy'n dilyn.

1. Lle dach chi'n byw? Pa fath o ardal ydy hi? Pa fath o dŷ sgynnoch chi?
2. Sgynnoch chi deulu? Lle maen nhw'n byw? Lle mae eich gwreiddiau chi?
3. Dach chi'n gweithio? Be ydy/oedd y peth gorau am eich swydd? A'r gwaetha? Be oedd eich swydd gynta erioed?
4. Sut dach chi'n ymlacio? Be ydy'ch prif ddiddordebau chi? Ers pryd dach chi'n…? Be fyddwch chi'n wneud nesa efo…? Fasech chi'n hoffi gwneud rhywbeth arbennig efo…?
5. Aethoch chi ar wyliau y llynedd? Pam dewis y lle yna? Lle fasech chi'n hoffi mynd nesa?
6. Ers faint dach chi'n dysgu Cymraeg? Be dach chi'n ei gofio am ddechrau dysgu? Lle dach chi'n defnyddio'r Gymraeg ar hyn o bryd? Sut fyddwch chi'n datblygu eich Cymraeg ar ôl hyn?

Person B: Atebwch y cwestiynau a dudwch gymaint â phosib. Cofiwch wrando'n ofalus ar y cwestiynau.

Pan mae'r tiwtor yn deud "Newidiwch", rhaid i berson B ddechrau efo'r pwnc nesaf ar y rhestr a holi person A.

Pob hwyl!

Gwaith cartref – Uned 1

1. Ysgrifennwch gwestiwn gan ddefnyddio pob un o'r geiriau yma ac yna atebwch y cwestiwn:

	Cwestiwn	Ateb
enw		
byw		
dŵad		
dysgu Cymraeg		
gweithio		
bwyta		
yfed		
gwyliau		
siopa		

Gwaith cartref / Uned 1

2. Disgrifiwch berson enwog (rhwng 5 a 10 brawddeg) heb enwi'r person.
Mi fydd y dosbarth yn ceisio dyfalu pwy ydy/oedd y person yn y wers nesa.

3. Ysgrifennwch gyflwyniad ar gyfer pob sefyllfa.
Write an appropriate introduction for each situation.

i. mewn parti

....

ii. mewn cyfarfod

....

iii. yn y swyddfa

....

iv. mewn ysbyty

....

4. Darllenwch y darn ac atebwch y cwestiynau:

Helo Bryn,

Mi weles i eich hysbyseb ar y wefan 'Ffeindio cariad Cymraeg' a dw i'n meddwl baswn i'n hoffi'ch cyfarfod chi. Mae gynnon ni lawer o ddiddordebau tebyg – nofio, gwylio chwaraeon, darllen am bobl enwog yn y papurau newydd a mynd i'r theatr. Fel chi, mae gen i ddau o blant ond maen nhw wedi tyfu a dydyn nhw ddim yn byw adre erbyn hyn. Mae'n unig yn y tŷ weithiau a dw i'n chwilio am gwmni. Yn anffodus, dydy'r ci ddim yn medru siarad. Dw i'n bum troedfedd a thair modfedd, mae gen i lygaid glas, roedd fy ngwallt i'n ddu ac mae gen i fy nannedd fy hun. Dw i ddim yn gweithio ond ro'n i'n arfer gweithio fel nyrs mewn ysbyty. Ro'n i wrth fy modd efo'r cleifion ar y ward. Dach chi'n gweithio?

Os byddwn ni'n trefnu mynd allan, fasech chi'n medru dŵad i'r tŷ i roi lifft i mi? Dw i ddim yn gyrru ers i mi gael fy mhen-glin newydd i. Parciwch mor agos â phosibl at y tŷ achos dw i ddim yn symud mor dda ers cael fy mhen-blwydd i'n naw deg oed. Dw i'n edrych ymlaen at glywed oddi wrthoch chi.

Gwen

Ateb:

Annwyl Gwen,

Diolch yn fawr am eich neges, ond fydda i ddim yn medru'ch cyfarfod chi achos mi fydda i i'n hedfan i weithio yn Barcelona am y pythefnos nesaf. Dw i'n mynd i ddechrau ar fy ffilm newydd. Dw i'n hoffi nofio fel chi, ond yn y môr bydda i'n nofio – bob dydd os ydy hi'n bosibl. O ran y theatr, gweithio yn y theatr dw i, nid mynd i wylio dramâu. Dw i'n prynu papurau newydd i ddarllen amdana i fy hun, ddim am bobl eraill. Mae fy mhlant i'n bedair a chwech oed ac maen nhw'n byw efo fi, ond achos fy mod i'n teithio cymaint, mae Maria o Batagonia yn byw efo ni hefyd. Mae hi'n hapus achos ei bod hi'n medru ymarfer ei Chymraeg hi a dw i'n hapus achos ei bod hi'n gofalu am y plant ac yn fy helpu i efo fy Sbaeneg i. Dw i'n chwe throedfedd a chwe modfedd, mae gen i lygaid brown ac mae fy ngwallt i'n ddu.

Er eich bod chi'n swnio'n berson hyfryd, Gwen, dw i'n dri deg oed ac mae ein bywydau ni'n wahanol iawn. Pob dymuniad da.

Bryn

Atebwch y cwestiynau (dewiswch y llythyren):

1. Mae Gwen wedi darllen am Bryn…
a. yn y papur newydd.
b. ar y cyfrifiadur.
c. ar hysbysfwrdd mewn canolfan hamdden.
ch. mewn taflen.
d. yn y llyfrgell.

2. Mae Gwen yn byw efo…
a. ei phlant hi.
b. neb.
c. ei nyrs hi.
ch. ei chi hi.
d. ei phlant hi a'i chi hi.

3. Mae gan Gwen broblem…
a. efo'i dannedd.
b. yn ysgrifennu.
c. efo'i chi hi.
ch. yn parcio.
d. yn cerdded.

4. Mae Bryn yn gweithio fel…
a. nofiwr proffesiynol.
b. peilot.
c. actor.
ch. newyddiadurwr.
d. meddyg.

5. Mae Maria'n…
a. gofalu am y plant.
b. dysgu Cymraeg i'r plant.
c. coginio ac yn glanhau.
ch. dysgu Sbaeneg i'r plant.
d. teithio i Sbaen efo Bryn.

5. Dach chi isio trefnu parti pen-blwydd arbennig yn Nant Gwrtheyrn. Llenwch y ffurflen archebu arlein:

Enw: ....

Cyfeiriad: ....

....

Ebost: ....

Digwyddiad: ....

....

....

....

....

....

Pa fath o fwyd (e.e bwffe/poeth): ....

....

....

Bwyd i faint: ....

Faint o bobl fydd yn aros dros nos yn y Nant? ....

Anghenion eraill (disgo, grŵp, cacen ben-blwydd...):

....

....

....

Gair gan y tiwtor:

Gwaith cartref – Uned 2

1. Llenwch y bylchau efo **byth** neu **erioed**.

    i. Dw i .... yn smocio.

    ii. Dw i .... wedi smocio.

    iii. Dw i .... wedi bod mewn disgo.

    iv. Dw i .... yn dawnsio mewn disgo.

    v. Dw i .... wedi sgio.

    vi. Dan ni .... isio mynd ar wyliau sgio eto.

2. **Darllenwch y darn ac atebwch y cwestiynau.**

Be sy'n gwneud gwyliau da?
Mae Dafydd a Siân Roberts yn ŵr a gwraig, a'r ddau'n athrawon yn Ysgol Caereglwys. Mi fyddan nhw'n pacio bagiau, ac yn gadael y wlad ar ddiwrnod cyntaf gwyliau'r haf. Ond maen nhw'n wahanol i bobol eraill, achos dydyn nhw **byth** yn mynd ar wyliau efo'i gilydd. Mi fydd y ddau'n teithio yn y car i faes awyr Bryste, ond ar ôl gadael Siân yno i ddal awyren i Malta, mi fydd Dafydd yn ôl yn y car ac yn gyrru i Dover cyn croesi'r môr ar y fferi i Ffrainc. Dydy o **erioed** wedi bod ar awyren – mae gynno fo ofn hedfan. Ond i Siân, dyna'r unig ffordd o deithio i'r haul.

Ar ôl cyrraedd Malta, mi fydd Siân yn mynd yn syth i'w gwesty pum seren, ac yno bydd hi'n aros am y pythefnos nesa. Mi fydd hi'n dilyn yr un drefn bob dydd – ar ôl brecwast wedi ei goginio, mi fydd hi'n eistedd wrth bwll nofio'r gwesty trwy'r bore, yn mynd i'r traeth i orwedd yn yr haul yn y prynhawn ac yn cael ffrwyth neu rywbeth i de, ac ar ôl swper bydd hi'n mwynhau'r sioe yn y gwesty. Ar y llaw arall, mi fydd Dafydd yn mynd â'i babell i rywle gwahanol bob dydd wrth deithio o gwmpas de Ffrainc neu'r arfordir. Fydd o **byth** yn cael dim i frecwast, heblaw am baned o de, ond os bydd o'n lwcus, mi fydd o wedi dal pysgodyn i'w goginio ar y tân bach nwy i ginio... pan fydd o'n medru aros yn agos i draeth. Cyn iddi dywyllu, mae'n well gynno fo ddarllen llyfrau taith na dim byd arall; yn sicr, fasai fo **byth** yn mwynhau gwrando ar ganu mewn gwesty mawr.

Mae Dafydd a Siân yn briod ers ugain mlynedd ac yn hapus iawn efo'i gilydd. Dim ond unwaith aethon nhw ar wyliau efo'i gilydd, ac roedd y profiad mor ofnadwy, dydyn nhw **erioed** wedi bod wedyn. Cytunon nhw i drefnu gwyliau ar wahân bob blwyddyn ers hynny! 'Do'n i **byth** yn mwynhau aros mewn gwesty mawr drud,' meddai Dafydd, 'ond dyna mae Siân isio'i wneud: ymlacio a chael gwasanaeth da. Mae gweld byd natur a'r môr yn fwy pwysig i mi.'

Mae Dafydd yn hoff o ddysgu tipyn o'r iaith leol, ac yn mynnu siarad â phobol yn eu hiaith nhw, pan fydd o yn Ffrainc. Mae'n well gan ei wraig beidio â phoeni am bethau fel hynny, ac mae hi'n mynd i Malta achos dydy hi **byth** yn cael trafferth i ffeindio pobol sy'n medru siarad Saesneg â hi. Wedi dweud hynny, mae'r ddau'n falch o gael sgwrs ar y ffôn neu'r cyfrifiadur yn Gymraeg bron bob dydd, os bydd ffôn Dafydd yn gweithio, wrth gwrs!

Cwestiynau
Nodwch sut mae gwyliau Dafydd a Siân yn wahanol, gan gyfeirio (*refer*) at yr isod (*below*). Cofiwch sôn am wyliau'r **ddau** yn eich atebion.
e.e. Sut fyddan nhw'n teithio yno?
Mi fydd Siân yn hedfan, ond mi fydd Dafydd yn mynd yn y car ac ar y fferi.

i. Ym mha fath o le fyddan nhw'n aros?

....
....

ii. Be fyddan nhw'n (ei) wneud **gyda'r nos**?

....
....

iii. Be fyddan nhw'n (ei) wneud ar lan y môr?

....
....

iv. Pa fath o frecwast fyddan nhw'n (ei) gael fel arfer?

....
....

v. Pa ieithoedd fyddan nhw'n (eu) siarad yn ystod y gwyliau?

....
....
....

3. Llenwch y bylchau yn y llythyr cwyno yma.

.... Gynghorydd Jones

Rhaid i mi ysgrifennu .... chi i gwyno am y problemau parcio yn y dref – mae'n ofnadwy ac yn mynd o ddrwg i waeth. Does neb yn hapus i dalu £1.50 yr awr i barcio yn y .... parcio. Felly, mae pawb yn ceisio parcio yn y stryd, ar y llinellau .... dwbl hyd yn oed. Mae'n broblem yn ystod y .... a gyda'r nos pan fydd pawb yn dod i brynu sglodion, pitsas .... gyrri.

Felly, dw i'n cwyno achos dw i ddim yn .... parcio o flaen fy nhŷ i. Ond dw i hefyd yn poeni bydd damwain achos mae'n anodd croesi'r .... Os .... chi'n dda, ydy hi'n bosib meddwl eto am eich polisi chi o godi £1.50 yr awr i barcio? .... chi'n creu problemau mawr i'r dre. .... neb isio dod i siopa yma achos y problemau parcio.

Dw i'n dallt ei bod .... hi'n anodd i'r cyngor ar hyn o bryd a dw i ddim yn hoffi cwyno, ond os gwelwch chi'n dda, gwnewch rywbeth i'n helpu ni cyn bydd hi'n rhy hwyr.

Yn gywir
....

4. Mi gaethoch chi broblem yn ddiweddar ar eich gwyliau. Wnewch chi lenwi'r holiadur yma i'n helpu ni i wella ein gwasanaeth, os gwelwch chi'n dda? Diolch.

i. Enw llawn: ....
ii. Cyfeiriad ebost: ....
iii. Rhowch fanylion eich gwyliau (e.e. Lle, Pryd, Pa mor hir, ac ati). (tua 50 gair)
....
....
....
....

iv. Be oedd y problemau mwyaf am y gwyliau? (tua 50 gair)

....
....
....
....

v. Oedd unrhyw beth yn dda am y gwyliau? (tua 50 gair)

....
....
....
....

vi. Fasech chi'n fodlon i ni eich ffonio chi i drafod hyn? ....

Gair gan y tiwtor:

....
....
....
....
....
....
....
....
....
....
....
....
....
....

Gwaith cartref – Uned 3

1. **Llenwch y bylchau:**
    i. Ella .... y gath yn y goeden.
    ii. Mae hi'n gobeithio .... ni'n medru mynd ar wyliau flwyddyn nesa.
    iii. Dw i wedi clywed .... y capten wedi torri ei goes.
    iv. Roedd S4C yn dweud .... hi'n wyntog iawn ar gopa'r Wyddfa ar hyn o bryd.
    v. Wyt ti'n meddwl .... i wedi pasio'r prawf?
    vi. Dw i'n gwybod .... nain yn falch pan wyt ti'n ffonio.
    vii. Dw i'n meddwl .... i'n flinedig ar ôl rhedeg Marathon Caerdydd wythnos nesa.
    viii. Ro'n i'n meddwl .... y dosbarth yn ddiddorol heddiw.

2. **Atebwch efo "Yes" a brawddeg yn dechrau gyda "dw i'n meddwl/dw i'n siŵr".**

    e.e. Ydy Gwyn yn gweithio heno?   Ydy, dw i'n meddwl fod o.

    i. Oedd y pennaeth yn y parti? (hi) ....
    ii. Ydy'r plant yn y parc? ....
    iii. Fydd hi'n bwrw eira yfory? ....
    iv. Faset ti'n licio gwylio'r ffilm? ....
    v. Oedd hi'n brysur yn y bore coffi? ....
    vi. Wyt ti'n dallt popeth? ....

3. **Darllenwch y ddwy neges ebost ac atebwch y cwestiynau.**

Oddi wrth: Mrs Nia Rees
At: Mr Jones (Cynghorydd)
Pwnc: Casglu ysbwriel

Annwyl Mr Jones,
Rhaid i mi ysgrifennu atoch chi i gwyno am sefyllfa'r ysbwriel. Be yn y byd ydy'r polisi newydd yma o gasglu'r ysbwriel unwaith y mis? Os bydda i ar fy ngwyliau ar ail ddydd Mercher y mis, mi fydd rhaid i mi aros am ddau fis! Mae'r gŵr a fi'n ailgylchu popeth a dan ni wedi dysgu'r plant i ailgylchu hefyd, ond mae'r bin yn dal i lenwi'n eitha cyflym. Erbyn hyn, mae fy mam-yng-nghyfraith yn byw efo ni, felly mae 'na saith o bobol yn y tŷ. Dw i'n dallt bod rhaid i'r Cyngor arbed pres, a bod yn rhaid i bobol ddysgu ailgylchu mwy, ond dydy eich polisi newydd chi ddim yn deg i deuluoedd mawr. Mi fyddwch chi'n dweud wrth bobol am beidio â chael mwy o blant nesa!

Yn gywir,
Mrs Nia Rees

Oddi wrth: Mr Jones (Cynghorydd)
At: Mrs Nia Rees
Pwnc: Casglu ysbwriel

....

Annwyl Mrs Rees,

Diolch yn fawr i chi am eich neges chi. Oes wir, rhaid i'r Cyngor arbed pres. Dan ni ddim isio cau llyfrgelloedd a chanolfannau hamdden, felly dan ni'n edrych yn ofalus ar ein casgliadau ysbwriel a phopeth arall.

Lle gaethoch chi eich gwybodaeth am y system newydd? Dw i'n meddwl bod chi wedi darllen am y sefyllfa yn y papur lleol ond roedd yr erthygl yn y papur yr wythnos diwetha'n anghywir. Tasech chi wedi edrych ar wefan y cyngor, mi fasech chi'n gweld bod teuluoedd o dros bump yn medru gwneud cais i gael yr ysbwriel wedi'i gasglu bob pythefnos. I wneud hynny, llenwch y ffurflen gais fydd yn dŵad efo papur y Cyngor wythnos nesa. Os oes rhywbeth dach chi ddim yn ei ddallt, galwch yn eich llyfrgell leol chi ac mi fyddan nhw'n medru helpu.

Gobeithio bod y neges yn ateb eich cwestiynau chi ac os gwelwch chi'n dda, peidiwch â chredu popeth dach chi'n ei ddarllen yn y papur. Ffoniwch os oes gynnoch chi ragor o gwestiynau. Mae gen i chwech o blant felly dw i ddim yn medru dweud wrth neb am beidio â chael rhagor o blant!

Yn gywir,
Tom Jones (Cynghorydd Tref Aberheli)

Nodwch yr ateb mwya priodol (*appropriate*) o'r brawddegau isod drwy roi llythyren yn y blwch, e.e. ch.

1. Prif reswm Nia Rees dros ysgrifennu at Mr Jones y Cynghorydd ydy...
a. Mae ei bin ysbwriel yn llenwi'n eitha cyflym.
b. Mae ei phlant yn hoffi ailgylchu.
c. Dydy hi ddim yn hoffi ei mam-yng-nghyfraith.
ch. Dydy pobol ddim yn ailgylchu digon.
d. Mae'r cyngor yn mynd i gasglu ysbwriel unwaith y mis yn unig.

2. Yn byw yn nhŷ Mrs Rees mae...
a. Mr a Mrs Rees a phump o blant.
b. Mr a Mrs Rees, tri o blant a mam Mr Rees.
c. Mr a Mrs Rees, pedwar o blant a mam Mr Rees.
ch. Mr a Mrs Rees, tri o blant a rhieni Mrs Rees.
d. Mr a Mrs Rees, pedwar o blant a thad Mrs Rees.

3. Mae'r Cynghorydd Jones yn meddwl bod Nia Rees yn gwybod am y polisi newydd ar ôl...
a. gweld papur newydd lleol.
b. gweld gwefan y cyngor.
c. clywed hysbyseb radio.
ch. darllen taflen trwy'r drws.
d. gweld poster yn y ganolfan hamdden.

4. Mi fydd y cyngor yn hapus i gasglu ysbwriel Nia Rees bob yn ail wythnos achos...
a. Mae hi'n gofalu am hen berson.
b. Mae ei bin hi'n llenwi'n gyflym.
c. Maen nhw'n deulu mawr.
ch. Mae hi'n hapus i dalu.
d. Mae'r teulu'n ailgylchu popeth.

5. I drefnu casgliad ysbwriel bob pythefnos, rhaid i Nia Rees...
a. ffonio Mr Jones.
b. llenwi ffurflen.
c. ysgrifennu neges at Mr Jones.
ch. galw yn y llyfrgell.
d. ffonio swyddfa'r cyngor.

4. Llenwch y ffurflen hon:
Mae Cwmni Teledu'r Castell Coch yn chwilio am barau o ffrindiau / aelodau o'r teulu i gystadlu mewn cwis arbennig ar S4C lle dach chi'n medru ennill £10,000. Rhaid i chi lenwi'r ffurflen gais yma i fod ar y rhaglen.

i. Eich enw llawn chi: ....
ii. Cyfeiriad ebost: ....
iii. Pa fath o raglenni cwis dach chi'n (eu) hoffi ar y teledu? (tua 50 gair)

....
....
....
....

iv. Pwy fydd eich partner yn y cwis? Pam dach chi'n dewis y person yma?
(tua 50 gair)

....
....
....
....
....
....

v. Tasech chi'n ennill y £10,000, beth fasech chi'n (ei) wneud efo'r pres?
(tua 50 gair)

....
....
....
....
....
....

Pob lwc efo'r cais i fod ar y cwis!

Gair gan y tiwtor:

....
....
....
....
....
....
....
....

Gwaith cartref – Uned 4

1. **Atebwch mewn brawddegau llawn:**
i. Be weli di ar y teledu yr wythnos yma?

....

ii. Efo pwy siaradwch chi yn Gymraeg nesa?

....

iii. Pryd orffennith y cwrs yma?

....

iv. Be ddysgith y plant yn yr ysgol?

....

v. Pwy enillith y gêm rygbi nesa?

....

2. **Llenwch y bylchau:**
i. .... ni'r ffilm yn y sinema nos Sadwrn nesa.
ii. .... di siampên yn y briodas?
iii. .... ni bob gair o'r eirfa erbyn wythnos nesa.
iv. Mi ga i'r bil ond .... i ddim yn syth.
v. .... hi ddim ar y draffordd cyn pasio'r prawf.

3. **Ysgrifennwch ebost byr** yn gofyn i rywun eich helpu chi (cydweithiwr neu gymydog) ac atebwch yn derbyn neu'n gwrthod.

4. Llenwch y ffurflen hon:

Mae Cyngor Cymuned Abercastell yn chwilio am bobl i helpu efo'r henoed yn yr ardal. Dach chi'n medru llenwi'r ffurflen isod i ddeud sut dach chi'n medru helpu?

i. Eich enw llawn chi: ....

ii. Cyfeiriad ebost: ....

iii. Disgrifiwch y person hynaf yn eich teulu chi. Sut dach chi wedi ei helpu o/hi? (tua 50 gair)

....
....
....
....

iv. Be fedrwch chi (ei) gynnig i helpu efo'r prosiect? (tua 50 gair)

....
....
....

v. Mae 'na bres ar gael i fynd ar un wibdaith diwrnod ar fws. Lle yn yr ardal ddylen ni fynd â'r henoed, yn eich barn chi, a pham? (tua 50 gair)

....
....
....

Diolch i chi am eich help!

Gair gan y tiwtor:

....
....
....
....
....
....

Gwaith cartref – Uned 5

1. **Atebwch:**
i. O le mae eich teulu chi'n dwâd?

....

ii. Be fasech chi'n hoffi (ei) wneud dydd Sul?

....

iii. Be dach chi'n (ei) feddwl o eira?

....

iv. Be oeddech chi'n (ei) feddwl o'r newyddion yr wythnos yma?

....

v. Be fasech chi byth yn (ei) fwyta?

....

vi. Lle dach chi erioed wedi bod yng Nghymru?

....

vii. Pryd chwaraeith tîm rygbi Cymru nesa?

....

2. Llenwch y bylchau:

a	Rhaid i ni .... plastig a phapur i warchod y byd.
b	Mi ges i ddiwrnod .... yn y gwaith heddiw – cyfarfod anodd iawn!
c	Mae'r .... yn yr ysbyty i gyd yn aros i weld y meddyg.
ch	Ych a fi! Mae'r coffi yma'n .... iawn.
d	Peidiwch â ...., blant! Rhaid i chi fod yn ffrindiau!
dd	Mae'r glaw yn gwneud i mi deimlo'n ...., lle mae'r haul?
e	Ydy hi'n bwrw eira? Ydy hi'n bwrw glaw? Nac ydy, mae hi'n bwrw ....
f	Mae hi'n byw dwy .... o'r dosbarth.
ff	Dw i ddim yn medru ....'r car newydd 'na.
g	Dach chi'n medru .... am y gath pan fydda i ar wyliau?
ng	Mae fy .... i'n lân, mi olches i o y bore 'ma.
h	Lle dach chi'n gweithio ar .... o bryd?
i	Roedd yr .... dân yn swnllyd iawn!
l	Pan aethon ni i Ffrainc ar wyliau, roedd rhaid i ni .... car.
ll	Mae'r ffordd yn .... iawn ar ôl yr eira.
m	Dw i wrth fy .... yn darllen y llyfr yma.
n	Y gair Cymraeg am afon fach ydy ....
o	Yn yr .... mân, yng nghanol y nos, mae hi'n dywyll iawn.
p	Peth .... ydy dringo'r Wyddfa mewn fflip-fflops.
ph	Mi geith yr actores Oscar am ei .... gwych.
r	Noson .... iawn eto – dan ni'n cael mis Ionawr oer!
rh	Be ydy'r .... am y sŵn mawr?
s	Dw i'n .... bod y plant yn cysgu'n barod! Dim ond wyth o'r gloch ydy hi!
t	Dach chi'n talu eich .... bob mis neu bob blwyddyn?
th	Mae ffordd hir a .... yn mynd drwy'r goedwig.
u	Mae Hollywood yn yr .... Daleithiau.
w	Mae'r .... i gyd yn llawn, does 'na ddim un gwely ar gael.
y	Ar ddechrau'r flwyddyn mi .... pedwar person newydd â'r dosbarth.

3. Darllenwch y darn ac atebwch y cwestiynau.

Daeth cystadleuaeth 'Gwesty Gorau Cymru' i ben ddoe, mewn seremoni fawr yn Aberystwyth. Roedd dau westy wedi cyrraedd y rownd olaf, sef Gwesty'r Bryn yn Llandudno a Gwesty'r Wylan ger Porthcawl. Roedd y panel beirniaid yn edrych ar sawl peth: yr ystafelloedd, y bwyd, y cyfleusterau, y gost ac yn fwy na dim, pa fath o groeso oedd i'w gael yno. Cystadleuaeth rhwng gogledd a de felly! Roedd y ddau yn y categori 'gwesty bach', efo dim ond deuddeg ystafell yng Ngwesty'r Bryn, a dwy yn llai yng Ngwesty'r Wylan. Aeth y beirniaid i aros yn y ddau le yn ystod y flwyddyn, ond heb ddweud wrth neb eu bod nhw yno i roi marciau i'r gwesty, wrth gwrs.

Aethon nhw i Westy'r Bryn yn gyntaf, ac roedden nhw'n dweud bod y safon yn uchel iawn. Pâr ifanc, Jac a Mair Evans, sy'n rhedeg y lle nawr, a choginio ydy diddordeb mwya Jac. Mae'r fwydlen yn llawn bwyd o Gymru. Gall y bobol sy'n aros yn y gwesty ddefnyddio'r cwrs golff am ddim, ac mae'r plant yn hoff iawn o'r llwybr sy'n mynd o'r gwesty i'r traeth. Cafodd y gwesty ei godi ddeg mlynedd yn ôl, felly mae popeth fel newydd o hyd yng Ngwesty'r Bryn, a'r croeso'n gynnes bob amser gan y perchnogion.

Giovanni a Maria Parizzi sy'n rhedeg Gwesty'r Wylan ger Porthcawl. Er gwaetha'r enwau Eidalaidd, nid bwyd Eidalaidd sy gynnyn nhw yn eu tŷ bwyta hyfryd, ond bwyd môr. Does dim pwll nofio gynnyn nhw (does dim pwll gan Westy'r Bryn 'chwaith), ond mae cwrt tennis drws nesa i Westy'r Wylan, at ddefnydd y cwsmeriaid. Os ydy chwarae tennis yn ormod o waith caled, mae'r ffair enwog yn ddigon agos ac yn siŵr o gadw'r ymwelwyr ifancaf yn hapus. Mae Gwesty'r Wylan yn ffermdy o Oes Fictoria, sy'n gant a hanner oed o leiaf, ac mae Giovanni a'i wraig yn barod i siarad am hanes y lle. Maen nhw hefyd yn barod iawn eu croeso. Er hynny, dim ond chwe deg punt y noson am ystafell ydy'r gost yng Ngwesty'r Wylan, sy ugain punt yn rhatach na Gwesty'r Bryn.

Felly, pa westy aeth â'r wobr gynta? Wel, Gwesty'r Wylan aeth â'r wobr o fil o bunnoedd neithiwr, mewn cystadleuaeth agos iawn. Llongyfarchiadau iddyn nhw.

Nodwch sut mae pethau'n wahanol yn y ddau westy gan gyfeirio at yr isod:
Cofiwch sôn am sut mae pethau yng Ngwesty'r Bryn a sut mae pethau yng Ngwesty'r Wylan.

e.e. **Nifer yr ystafelloedd**
Mae deuddeg ystafell yng Ngwesty'r Bryn a deg ystafell yng Ngwesty'r Wylan.

i. Bwyd

....

....

ii. Cyfleusterau (*facilities*) chwaraeon

....

....

iii. Pethau sy'n apelio at blant

....

....

iv. Oed yr adeilad

....

....

v. Y pris

....

....

4. Llenwch y ffurflen:

Mae Croeso Cymru isio perswadio mwy o bobl o Gymru i fynd ar eu gwyliau mewn rhannau eraill o Gymru, yn lle mynd dros y môr. Wnewch chi lenwi'r holiadur yma i'n helpu ni, os gwelwch chi'n dda?

i. Enw llawn:

....

ii. Cyfeiriad ebost:

....

iii. Rhowch fanylion eich gwyliau diwetha, (e.e. Lle, Pryd, Pa mor hir, ac ati). (tua 50 gair)

....

....

....

....

....

iv. Be oedd y pethau gorau a'r pethau gwaetha am y gwyliau hynny? (tua 50 gair)

....

....

....

....

....

v. Pa mor dda dach chi'n nabod rhannau eraill o Gymru? (tua 50 gair)

....

....

....

....

....

vi. Fasech chi'n hoffi derbyn gwybodaeth am dwristiaeth yng Nghymru drwy ebost?

....

....

Gair gan y tiwtor:

Gwaith cartref – Uned 6

1. **Atebwch y cwestiynau:**

i. Efo pwy dach chi'n byw?

....

ii. Ar be wnaethoch chi edrych ar y teledu dros y penwythnos?

....

iii. At bwy anfonoch chi ebost neu neges ddiwetha?

....

iv. Am faint o'r gloch godoch chi y bore 'ma?

....

v. Ym mha fis gaethoch chi eich geni?

....

2. **Llenwch y bylchau:**

i. Gofynnwch .... hi helpu yn y ffair.

ii. Mi edryches i .... nhw'n chwarae pêl-droed dydd Sadwrn.

iii. Anfonwch ebost .... i pan dach chi'n gwybod pryd mae'r Sadwrn Siarad nesa.

iv. Mi wenodd y babi .... ni am y tro cynta heddiw.

v. Mi ddangoses i .... fo sut i wneud y gwaith.

vi. Mi ddarllenes i ....ti'n ennill y gystadleuaeth yn y papur bro!

vii. Dw i'n deud .... chi, mae hyn yn bwysig!

viii. Dw i ddim yn ymddiried .... nhw.

ix. Dw i wedi edrych dros y gwaith yn barod, ond wnei di edrych .... fo?

x. Sori, ond sgen i ddim diddordeb .... ti!

3. **Darllenwch y ddau ebost yma ac atebwch y cwestiynau:**

Oddi wrth: Alwen Lewis
At: Cyfeillion Theatr y Bont
Pwnc: Ailagor y Theatr

....

Annwyl Gyfeillion,

Dw i'n ysgrifennu atoch chi efo'r newyddion da bod Theatr y Bont yn mynd i ailagor ym mis Gorffennaf. Erbyn hyn, mae'r fynedfa a'r caffi newydd yn barod. Un peth fydd ddim wedi newid ydy'r croeso cynnes byddwch chi'n ei gael gan y staff i gyd wrth i chi ddod i'r Theatr. Mi fydd rhaglen arbennig iawn dros y mis cyntaf ar ôl i ni ailagor, gan gynnwys cyngerdd arbennig efo'r canwr enwog Emyr Teifi. Mi fedrwch chi weld manylion y rhaglen ar ein gwefan www.theatrybont.com yn barod.

Dan ni isio diolch i chi am eich cefnogaeth ac am helpu i godi pres i wella'r adeilad. Felly trwy fis Gorffennaf, mi fydd hi'n bosib i aelodau Cyfeillion Theatr y Bont brynu tocynnau am hanner pris. Archebwch drwy ebost neu ffoniwch y Theatr ar 02103 342342. Dw i'n edrych ymlaen at eich gweld chi yn y Theatr unwaith eto cyn bo hir.

Pob hwyl,
Alwen

Oddi wrth: Huw Morys
At: Alwen Lewis
Pwnc: Ailagor y Theatr (eto)

Annwyl Alwen,

Diolch yn fawr am y neges. Dw i'n edrych ymlaen at fwynhau perffformiadau yn Theatr y Bont unwaith eto a gweld sut mae'r adeilad wedi gwella. Hoffwn i brynu wyth tocyn i gyngerdd Emyr Teifi. Dw i wrth fy modd bod Emyr yn dod adre i ganu yn yr ardal yma a dw i isio dod â fy nheulu i gyd i'r cyngerdd. Roedd Emyr yn yr un dosbarth â mi, a dw i ddim wedi ei weld yn canu ers iddo ennill cystadleuaeth yn eisteddfod yr ysgol.

Wnewch chi anfon manylion cost y tocynnau ata i os gwelwch chi'n dda? Fydda i'n cael wyth am bris pedwar?

Diolch yn fawr,
Huw Morys

Nodwch yr ateb mwya priodol (*appropriate*) o'r brawddegau isod drwy roi llythyren yn y blwch.

1. **Prif neges Alwen Lewis ydy...**

    a. bod y theatr yn mynd i gau.
    b. bod gwefan newydd gan y theatr.
    c. bod y theatr yn mynd i agor eto.
    ch. bod dim byd wedi newid yn y theatr.
    d. bod angen staff ar y theatr.

2. **I gael gwybodaeth am berfformiadau yn Theatr y Bont...**

    a. dylech chi edrych yn y papur lleol.
    b. dylech chi anfon amlen â stamp arni.
    c. rhaid i chi aros tan fis Gorffennaf.
    ch. dylech chi edrych ar wefan y theatr.
    d. dylech chi ddod i'r caffi.

3. Bydd 'Cyfeillion y Theatr' yn cael...

   a. coffi am ddim.
   b. tocynnau rhatach.
   c. perfformio yn y theatr.
   ch. tocynnau am ddim.
   d. seddi gwell.

4. Prif neges Huw Morys i Alwen ydy...

   a. fod o isio tocynnau i gyngerdd Emyr Teifi.
   b. fod o wedi gweld Emyr Teifi yn y theatr.
   c. fod o wedi prynu pedwar tocyn i'r cyngerdd.
   ch. fod o ddim isio dod i'r theatr eto.
   d. bod y theatr wedi gwella llawer.

5. Roedd Huw Morys ac Emyr Teifi...

   a. yn arfer canu efo'i gilydd.
   b. yn ddau frawd.
   c. yn yr ysgol efo'i gilydd.
   ch. yn gweithio yn y theatr.
   d. wedi ennill cystadleuaeth yn yr eisteddfod.

4. Ysgrifennwch ebost at Alwen Lewis yn cynnig helpu yn y cyngerdd (tua 100 gair).

Gair gan y tiwtor:

....
....
....
....
....
....
....
....

Gwaith cartref – Uned 7

1. **Atebwch y cwestiynau. Dilynwch y patrwm.**
   Defnyddiwch: **rhai/y rhan fwyaf/pob un/neb/llawer**

   Faint o Aelodau o Senedd Cymru sy'n siarad Cymraeg?   Rhai ohonyn nhw.

   i. Faint o bobol yn eich teulu chi sy'n siarad Cymraeg?

   ....

   ii. Faint o dîm rygbi Cymru sy'n siarad Cymraeg?

   ....

   iii. Faint o bobol yn y dosbarth sy'n gyrru car?

   ....

   iv. Faint o bobol yn y dosbarth sy'n gweithio amser llawn?

   ....

2. **Atebwch yn y negyddol, efo brawddegau llawn:**
   e.e. Welsoch chi'r ffilm?   Weles i moni hi

   i. Gaeth o'r parsel? .... (fo)
   ii. Glywest ti'r rhaglen radio? .... (hi)
   iii. Ddealloch chi'r ddrama? .... (hi)
   iv. Glywest ti fi'n siarad Cymraeg ar y ffôn? .... (ti)
   v. Welodd o chi? .... (ni)
   vi. Bryni di'r Porsche? .... (fo)
   vii. Atebith hi gwestiynau'r plismon? .... (nhw)
   viii. Dalest ti'r bil treth? .... (fo)

3. Atebwch y cwestiynau ar ôl darllen y ddau ebost:

Oddi wrth: Gwyn James
At: Tracy Williams
Testun: Codi pres

Annwyl Tracy Williams,

Diolch yn fawr i chi am gymryd rhan yn ein cyngerdd codi pres neithiwr. Mi wnaethon ni tua phum cant o bunnoedd ar y drws, felly dan ni hanner ffordd at gyrraedd ein targed. Mae'n anodd i bentre bach godi cymaint o bres! Nid dyna'r rheswm dros gysylltu efo chi mewn gwirionedd. Y digwyddiad nesa yn ein calendr ni ydy ocsiwn fawr, lle byddwn ni'n gwerthu llawer o bethau. Oes rhywbeth y basech chi'n fodlon ei gyfrannu? Mi fasai llun ohonoch chi'n canu'n wych. Dw i'n gwybod bod blynyddoedd wedi mynd heibio ers i chi adael y pentre, ac mai Llundain ydy'ch cartre chi erbyn hyn. Ond mae pobol y pentre a gorllewin Cymru i gyd yn meddwl amdanoch chi fel merch o Gwm Du. Mae'r artist lleol Meirion Tomos wedi rhoi llun, a'r chwaraewr pêl-droed Malcolm Edwards wedi anfon crys. Mi fasai llun o'r gantores enwog Tracy Williams yn help mawr.

Ymddiheuriadau am eich poeni unwaith eto.
Gwyn James

Oddi wrth: Tracy Williams
At: Gwyn James
Testun: Codi pres

Annwyl Gwyn,

Diolch yn fawr am eich neges. Mi wnes i fwynhau'r cyngerdd neithiwr, yn enwedig cyfarfod hen ffrindiau. Oni bai am yr eira, dw i'n siŵr y basai mwy wedi dod; does dim byd y medrech chi fod wedi'i wneud am hynny. Dw i ddim yn meddwl bod £10 y tocyn yn ormod i'w ofyn. Wrth gwrs y baswn i'n hapus i gyfrannu at yr ocsiwn, yn enwedig gan fod Malcolm wedi anfon rhywbeth. Dw i'n ei gofio fo o'r ysgol er ei fod o'n ifancach na mi. Mi fydda i'n anfon neges ar Facebook ato fo rŵan.
Gobeithio byddwch chi'n codi llawer o bres.

Cariad mawr,
Tracy

Nodwch yr ateb mwya priodol (*appropriate*) o'r brawddegau isod drwy roi llythyren yn y blwch, e.e. ch.

1. Mae pwyllgor Cwm Du isio codi...

a. £100

b. £500

c. £1,000

ch. £1,500

d. £10,000

2. Prif reswm Gwyn James dros ysgrifennu at Tracy ydy...

a. gofyn am rywbeth i'r ocsiwn.

b. ymddiheuro.

c. gofyn iddi gymryd rhan mewn cyngerdd.

ch. diolch iddi.

d. gosod targed.

3. Mae Tracy'n byw...

a. yng ngorllewin Cymru.

b. yng Nghaerdydd.

c. yng Nghwm-du.

ch. yn Llandinam.

d. yn Llundain.

4. Doedd y neuadd ddim yn llawn neithiwr achos...

a. yr eira.

b. bod Tracy'n canu.

c. bod y tocynnau'n ddrud.

ch. bod pobol ddim yn hoffi Tracy.

d. bod hi'n rhy boeth.

5. Roedd Tracy'n nabod Malcolm achos...

a. fod o'n enwog.

b. fod o ar Facebook.

c. bod nhw yn yr ysgol efo'i gilydd.

ch. bod nhw'n gariadon yn yr ysgol.

d. bod nhw'n perthyn.

4. Edrychwch eto ar y llun o'r bar gwin. Ysgrifennwch ddeialog rhwng dau o'r bobl sy yn y llun.

Gair gan y tiwtor:

....
....
....
....
....
....
....
....
....
....
....

Gwaith cartref – Uned 8

1. **Llenwch y bylchau:**
   i. Mi dafles i'r bêl ac mi redodd y ci ar ei .... hi.
   ii. Wyt ti'n mynd i gyrraedd y dosbarth ar fy .... i?
   iii. Ydy Twm yn byw wrth eu .... nhw?
   iv. Tyrd i sefyll wrth fy .... i.
   v. Dos di – mi ddo i ar dy .... di.

2. **Cyfieithwch:**
   i. *I went after them.*

   ii. *You started learning after us.*

   iii. *I used to sit beside him at work.*

   iv. *I used to live close to them.*

3. **Ysgrifennwch baragraff:** Wrth ymyl fy nhŷ i...

4. **Darllen a deall:** Darllenwch y darn ac atebwch y cwestiynau.
   Does unman yn debyg i gartref

Chwe mis yn ôl, mi wnaeth Ceri Llwyd ymddeol o'i swydd mewn banc yng nghanol Llundain a symud i hen fwthyn ym mhentref bach Morfa yng Ngogledd Cymru. Mae'n siŵr bod hyn yn sioc fawr iawn i'r system, ond mae hi wedi setlo yn ei chartref newydd yn gyflym iawn. Mae 'na reswm da iawn am hynny...

"Teimlad od iawn oedd cerdded i mewn i'r tŷ am y tro cynta," meddai Ceri. "Dyma lle roedd fy nain yn byw, a dw i'n cofio dod yma'n aml pan oeddwn i'n blentyn bach. Mae'r tŷ'n edrych yn wahanol iawn o'r tu allan, yn enwedig achos y ffenestri dwbl mawr lle roedd y ffenestri bach efo fframiau pren. Ond pan gerddes i i mewn i'r ystafell fyw, roedd hi fel mynd yn ôl chwe deg mlynedd. Heblaw am y ffaith ein bod ni wedi rhoi'r teledu lle roedd y cloc mawr yn arfer bod, mi fasai'r ystafell yn union fel dw i'n ei chofio."

Mae Ceri'n byw yn y bwthyn efo'i phartner Eryl, sy newydd ymddeol o'i waith fel athro yn Llundain hefyd. "Achos bod y ddau ohonon ni adre rŵan, mae'r tŷ'n teimlo'n fach iawn. Dydyn ni ddim wedi arfer bod efo'n gilydd drwy'r dydd bob dydd. Mae'n anodd meddwl sut roedd Nain yn byw yma pan oedd hi'n blentyn. Roedd gan ei rhieni hi – fy hen nain a fy hen daid – wyth o blant, a dim ond dwy ystafell wely sy yn y tŷ! Lle oedd pawb yn cysgu? Be oedd pawb yn ei wneud gyda'r nos? Dw i wir ddim yn gwybod."

Mae Ceri ac Eryl wrth eu bodd yn garddio ac maen nhw'n edrych ymlaen at ddechrau clirio'r ardd yn fuan. "Pan oedd Nain yn byw yma, roedd yr ardd bob amser yn llawn llysiau. Doedd dim byd gwell na thatws newydd yn syth o'r ardd. Ond does neb wedi cymryd diddordeb yn yr ardd ers blynyddoedd rŵan. Roedd y bobol oedd yn byw yma cyn i ni symud i mewn yn cadw hen geir a beiciau modur. Roedden nhw'n defnyddio'r ardd fel maes parcio!"

Er bod llawer o waith i'w wneud, mae Ceri ac Eryl wrth eu bodd yn eistedd yn yr ardd (neu'r maes parcio!) ar noson braf o haf yn edrych allan dros y môr. "Dan ni'n gweld traeth mawr hyfryd y pentref yn glir o'r tŷ. Mi dreulies i i oriau yn chwarae ar y traeth yma pan oeddwn i'n blentyn. Yn anffodus, dan ni'n medru gweld rhan o'r ffordd newydd sy'n rhedeg ar hyd ochr y traeth. Ond pan fydd y traffig yn tawelu gyda'r nos, does dim byd gwell nag eistedd yma efo gwydraid o win yn gwylio'r haul yn mynd i lawr dros y môr. Nefoedd ar y ddaear."

Nodwch sut mae pethau'n wahanol i Ceri.
Cofiwch sôn am sut **roedd** pethau a sut **mae** pethau erbyn hyn.
e.e. Lle mae hi'n byw: Roedd Ceri Llwyd yn byw yn Llundain, ond rŵan mae hi'n byw yng Ngogledd Cymru.

i. Sut mae'r tŷ'n edrych o'r tu allan

....

....

ii. Yr ystafell fyw

....

....

iii. Faint o bobol sy'n byw yn y tŷ

....

....

iv. Yr ardd

....

....

v. Yr olygfa

....

....

Gair gan y tiwtor:

Gwaith cartref – Uned 9

1. Atebwch:

i. Be ddylech chi (ei) wneud heddiw?

....

ii. Be ddylech chi fod wedi (ei) wneud ddoe?

....

iii. Be hoffech chi (ei) wneud yfory?

....

iv. Be hoffech chi fod wedi (ei) wneud dros y penwythnos tasai gynnoch chi ddigon o bres?

....

v. Be fedrech chi fod wedi (ei) wneud dros y penwythnos tasai gynnoch chi ddigon o amser?

....

2. Cyfieithwch:

i. *We should recycle more.*

....

ii. *I would like to have contributed.*

....

iii. *He shouldn't have laughed at the tutor.*

....

iv. *I could have looked over the work.*

....

v. *They should have apologised.*

....

vi. *You wouldn't have liked to be there.*

....

3. Darllen

Darllenwch y negeseuon ebost ac atebwch y cwestiynau.

Oddi wrth: Nerys Williams

At: Dafydd Roberts

Testun: Gwyliau Cyfnewid Tai Cymru/*House Exchange Wales*

....

Annwyl Mr Roberts,

Dw i'n chwilio am wyliau i fy nheulu i. Ar ôl gwastraffu oriau ar y we, galw yn y siop deithio a mynd drwy'r papurau, daeth taflen am ddim drwy'r drws heddiw gan Gwyliau Cyfnewid Tai Cymru. Dan ni isio gwyliau mewn dinas brysur. Dw i wedi trio chwilio am fwthyn neu fflat, ond mae pob un yng nghefn gwlad neu ar lan y môr. Achos ein bod ni'n byw yng nghanol y wlad ac yn mynd i'r traeth bob penwythnos, does neb o'r teulu isio gwyliau fel yna! Mae pawb isio mynd i siopa, mynd i weld ffilmiau a bwyta allan. Dan ni'n grŵp mawr: fi a'r gŵr, saith o blant a dau gi, felly basai aros mewn gwesty'n rhy ddrud. Mae eich tŷ chi'n swnio'n berffaith. Dw i'n gweld bod y tŷ'n agos i ganol dinas Caerdydd, ond efo gardd fawr yn y cefn lle mae'r plant yn medru chwarae. Dw i'n deall bod gynnoch chi deulu mawr hefyd... saith o blant rhwng pedair a deuddeg oed, ia? Os oes gynnoch chi ddiddordeb mewn cyfnewid tai am wythnos yn yr haf, basai unrhyw bryd rhwng canol mis Gorffennaf a diwedd mis Awst yn bosib i ni.

Pob hwyl,
Nerys Williams

Oddi wrth: Dafydd Roberts

At: Nerys Williams

Testun: Gwyliau Cyfnewid Tai Cymru/*House Exchange Wales*

....

Annwyl Mrs Williams,

Diolch yn fawr am eich ebost. Mae eich tŷ chi'n swnio'n braf iawn. Basai'r teulu wrth eu bodd yn cael gwyliau mor agos i'r traeth. Yr unig amser mae fy mhartner a mi'n gallu cymryd gwyliau ar yr un pryd ydy wythnos ola mis Gorffennaf. Dyna'r amser druta yn y flwyddyn i logi bwthyn ar lan y môr, felly dyna pam dan ni wedi cysylltu â chwmni Gwyliau Cyfnewid Tai Cymru. Roedd popeth yn swnio'n berffaith nes i chi sôn am eich cŵn chi. Mae gan fy merch fenga alergedd i gŵn, felly yn sicr dan ni ddim yn medru cael eich cŵn chi yn ein tŷ ni. Dw i'n poeni hefyd y basai hi'n mynd yn sâl yn eich cartref chi. Bechod am hyn, dw i'n siomedig iawn. Diolch am gysylltu, a mwynhewch eich gwyliau.

Dafydd Roberts

Nodwch yr ateb mwya priodol (*appropriate*) o'r brawddegau isod drwy roi llythyren yn y blwch.

1. Clywodd Nerys Williams am gwmni Gwyliau Cyfnewid Tai Cymru gynta...

a. drwy'r cyfrifiadur.
b. mewn siop deithio.
c. pan ddaeth y manylion drwy'r drws.
ch. mewn papur dydd Sul.
d. mewn siop bapurau.

2. Dydy teulu Nerys Williams ddim isio gwyliau ar lan y môr achos...

a. aethon nhw ar wyliau ar lan y môr llynedd.
b. maen nhw'n mynd i'r traeth yn aml.
c. mae'r traethau'n rhy brysur yn yr haf.
ch. dydy'r tywydd ddim yn ddigon braf.
d. mae pob gwesty'n llawn.

3. Mae teuluoedd Nerys a Dafydd yn debyg o ran...

a. eu diddordebau nhw.
b. eu gwaith nhw.
c. lle mae eu tŷ nhw.
ch. faint o blant sy yn y teulu.
d. be maen nhw'n ei fwyta.

4. Mae teulu Dafydd yn gallu cymryd gwyliau...

a. ar ddiwedd mis Gorffennaf.
b. yn ystod wythnos ola'r tymor ysgol.
c. pan mae hi'n dawel yn y gwaith.
ch. pan mae'r prisiau'n rhesymol.
d. unrhyw bryd.

5. Ydy Nerys a Dafydd yn cytuno i gyfnewid tai?

a. Ydyn, os bydd eu partneriaid nhw'n hapus.
b. Ydyn, os bydd hi'n bosib trefnu bod y cŵn yn mynd i rywle arall.
c. Nac ydyn, achos bod 'na ddim amser sy'n gyfleus i'r ddau deulu.
ch. Nac ydyn, achos bod y cŵn ddim yn mynd i fod yn hapus mewn dinas.
d. Nac ydyn, achos bod gan un o'r plant broblem.

4. Llenwi ffurflen

Dyma wefan Gwyliau Cyfnewid Tai Cymru. Llenwch y ffurflen i wneud cais i fod ar y system.

Enw llawn: ....

Cyfeiriad: ....

Sut glywoch chi am y wefan? ....
....

Ysgrifennwch ddisgrifiad byr o'r tŷ dach chi isio ei gyfnewid. (tua 50 gair)
....
....
....
....

Be sy'n arbennig am yr ardal lle mae eich tŷ chi i ymwelwyr? (tua 50 gair)
....
....
....
....

Lle fasech chi'n hoffi mynd i aros yng Nghymru, a pham? (tua 50 gair)
....
....
....
....

Faint o bobol fydd yn aros yn y tŷ cyfnewid? ....

Oes amser pan fyddwch chi ddim yn medru cyfnewid eich tŷ chi yn y deuddeg mis nesa?
....

Pob hwyl efo ffeindio partner 'Tŷ Cyfnewid'! Byddwn ni'n cysylltu'n ôl mor fuan â phosib.

Gair gan y tiwtor:
....
....
....

Gwaith cartref – Uned 10

1. **Ysgrifennwch 10 brawddeg am eich diddordebau** – pan oeddech chi'n blentyn, yn eich arddegau, yn eich ugeiniau a rŵan (os dach chi'n hynach na 30!):

   ....
   ....
   ....
   ....
   ....
   ....
   ....
   ....
   ....
   ....

2. **Llenwch y bylchau:**

a	Pan dach chi'n colli dosbarth dach chi'n cael eich marcio'n ....
b	.... fy merch ydy gyrru trên o Gaergybi i Gaerdydd.
c	.... ydy prifddinas yr Alban.
ch	Mae .... mawr ym Mlaenau Ffestiniog ac ym Methesda.
d	Dw i'n .... o gur pen ar ôl bod yn y cyngerdd roc trwm neithiwr.
dd	Mae pawb yn y dosbarth yma'n ...., yn medru siarad Cymraeg a Saesneg.
e	Dach chi wedi bod yn .... gadeiriol Llandaf yng Nghaerdydd?
f	Dewch yma ar ....! Mae'r cacennau bron â mynd!

ff	Mae'r .... yn gweithio bob dydd Sadwrn, rhag ofn bod pobol yn sâl.
g	Rhaid i mi gael .... dros y penwythnos, dw i wedi blino'n lân!
ng	O na! Mae fy .... wedi torri, ac mae 'na lawer o waith pwysig arno fo!
h	.... yn hyn, mae popeth yn mynd yn dda yn y cyfarfod.
i	Ro'n i'n mwynhau mynd i'r clwb .... pan o'n i'n ifanc!
l	Mi ges i .... ar fy nhroed i yn yr ysbyty wythnos diwetha.
ll	Mae'r côr wedi .... i gyrraedd llwyfan yr Eisteddfod!
m	.... o amgylch y byd fasai'r gwyliau perffaith i mi.
n	Rhaid i mi ysgrifennu .... at athro fy mhlant i – yn Gymraeg!
o	Mae lluniau bendigedig yn .... yr Amgueddfa Genedlaethol yng Nghaerdydd.
p	Mae'n syniad da .... pawb yn y dosbarth i fynd i weld y ddrama.
ph	Mae fy nain yn hoff iawn o arddio - ei .... mwya hi ydy tyfu llysiau.
r	Mi ges i .... gan ffrind fod camera cyflymder newydd ar y ffordd ger y swyddfa.
rh	Dw i ddim yn berson .... iawn, dw i byth yn prynu blodau i fy mhartner i!
s	Mae'r gwasanaeth o .... uchel yn y gwesty yma, ond mae o'n ddrud!
t	Person .... iawn sy wedi ennill y gystadleuaeth.
th	Mi fydd y gwasanaeth bws yn ddefnyddiol i bobol leol a .... dros yr haf.
u	Lle mae fy sbectol? Yn .... lle gadawest ti hi!
w	Gwisgodd Ceri siwmper .... i fynd allan i wneud dyn eira efo'r plant.
y	Peidiwch ag ...., dw i'n hoffi clywed roc trwm am saith o'r gloch y bore!

3. **Atebwch y cwestiynau ar ôl darllen y darn:**
   Dau frawd a dau efell

Mae Daniel a John yn ddau frawd ac yn efeilliaid. Daniel ydy'r hyna, ond dim ond deg munud sy rhwng y ddau. Maen nhw'n edrych yn union yr un peth, ac mae eu rhieni nhw, sy'n rhedeg fferm ger Aberystwyth, yn cael trafferth gwybod pwy ydy pwy weithiau. Mae Daniel yn defnyddio'i law chwith i wneud popeth, a John yn defnyddio'i law dde. Dyna oedd yr unig ffordd o ddweud y gwahaniaeth, pan oedden nhw'n fach.

Ond, wrth iddyn nhw gyrraedd un deg saith oed, mae'r gwahaniaethau rhwng y ddau yn dod yn fwy clir. Mae Daniel yn gapten ar dîm rygbi'r ysgol ac wrth ei fodd yn yr awyr iach yn cerdded neu'n dringo. Ei freuddwyd o ydy dilyn ei dad i'r busnes. Fydd o byth yn mynd i goleg, a dydy o ddim yn mwynhau gwaith ysgol o gwbl.

Ar y llaw arall, dim ond cyfrifiaduron sy'n mynd ag amser John, ddydd a nos. Bob awr ginio, pan fydd ei frawd o ar y cae chwarae, mae trwyn John yn ei gyfrifiadur o. Mae o'n medru chwarae rygbi'n dda, ond mae o'n casáu bod allan yn y tywydd gwlyb. Fasai fo byth yn medru bod yn ffermwr. Ond er bod y ddau frawd yn wahanol, maen nhw'n ffrindiau mawr.

Eleni, mi fyddan nhw'n cymryd rhan mewn project ar efeilliaid, sy'n cael ei gynnal gan brifysgol yn America. Mi fydd John yn mynd i America am fis, a Daniel yn aros adre. 'Mae'n broject cyffrous,' meddai John, sy isio mynd i'r coleg i astudio i fod yn feddyg y flwyddyn nesa. 'Mae'r project yn mynd i astudio beth sy'n digwydd pan fyddwn ni ar wahân. Mi fydd rhaid i ni gadw dyddiadur manwl o beth dan ni'n wneud bob dydd,' meddai.

Ond be ydy pwrpas y project? 'Mae'n swnio fel gwastraff amser i mi,' meddai Daniel, 'ond o leia bydd fy mrawd i'n cael taith i America ym mis Gorffennaf.' Mae John yn edrych ymlaen. 'Yn aml iawn, dw i'n gwybod beth sy'n mynd drwy feddwl Daniel a beth mae o'n ei wneud, ond sut fydd hynny'n newid pan fyddwn ni mor bell oddi wrth ein gilydd?'

Cymharwch Daniel a John o safbwynt y cwestiynau yma.
Cofiwch sôn am y **ddau** frawd wrth ateb pob cwestiwn:
e.e. **Sut maen nhw'n ysgrifennu**
Mae **Daniel** yn defnyddio'i law chwith, a **John** yn defnyddio'i law dde.

i. Eu diddordebau nhw yn yr ysgol.

....

....

ii. Eu cas bethau nhw.

....

....

iii. Be maen nhw isio (ei) wneud ar ôl gadael yr ysgol.

....

....

iv. Eu barn nhw am y project.

....

....

v. Lle fyddan nhw dros yr haf.

....

....

4.   Canolfannau Hamdden Cymru

Mae **Canolfannau Hamdden Cymru** isio gwybod be ydy barn pobl am eu canolfan hamdden leol. Wnewch chi lenwi'r ffurflen hon os gwelwch chi'n dda?

i. Enw llawn: ....

ii. Cyfeiriad: ....

iii. Pa mor bell dach chi'n byw o'r ganolfan hamdden agosa?

....

iv. Pam mae'r ganolfan hamdden yn bwysig i'r ardal? (tua 50 gair)

....
....
....
....

v. Faint o ddefnydd dach chi wedi (ei) wneud o'ch canolfan hamdden leol yn y gorffennol? (tua 50 gair)

....
....
....

vi. Sut fasech chi'n cael mwy o bobl i ddefnyddio eich canolfan hamdden leol? (tua 40 gair)

....
....
....
....

vii. Fasech chi'n fodlon i ni anfon gwybodaeth drwy'r post atoch chi am ganolfannau hamdden Cymru?

....
....

Gair gan y tiwtor:

Gwaith cartref – Uned 11

1. Cyfieithwch:

i. *The car was driven out of the car park.*

....

ii. *I was taught by Siwan Jones.*

....

iii. *They were made in Wales.*

....

iv. *The play was written by Shakespeare.*

....

v. *The workers were paid last week.*

....

2. Atebwch:

i. Lle gaethoch chi eich geni? ....
ii. Lle gaeth eich tad ei fagu? ....
iii. Lle gaeth eich mam ei magu? ....
iv. Gan bwy gaeth y lleidr ei arestio? ....
v. Gan bwy gaeth y llyfr ei ysgrifennu? ....
vi. Gan bwy gaeth y gân ei chanu? ....

3. Ffordd dda iawn i ymarfer Cymraeg ydy edrych ar wefannau *BBC Cymru Fyw* a *Golwg 360*. Mae botwm **Vocab** sy'n ddefnyddiol iawn os dach chi ddim yn gwybod/cofio gair — cliciwch ar y gair i weld y cyfieithiad.

Edrychwch ar yr erthygl o wefan *Cymru Fyw* am y Ffoaduriaid yn dysgu Cymraeg a **llenwch y bylchau**: https://www.bbc.co.uk/cymrufyw/48193017

i. .... y dosbarth ei .... yng ....
ii. ....y dosbarth ei .... am .... ym mis ....
iii. .... plant y menywod .... gwarchod mewn ....

4. Disgrifiwch eich lolfa chi yn fanwl. Lle brynoch chi eich dodrefn?
- Be ydy eich hoff beth yn yr ystafell?
- Sgynnoch chi bethau ail-law yn y lolfa?
- Be fasech chi'n hoffi (ei) newid?

Mi fyddwch chi'n disgrifio'r lolfa i rywun wythnos nesa.

....
....
....
....
....
....
....
....
....
....

5. Llenwch y ffurflen:

Mae cwmni 'Sut mae Byw?' yn gwneud holiadur am sut mae bywyd plant wedi newid dros y blynyddoedd, a beth yw barn pobl am hynny. Does dim ots os nad oes plant gyda chi – mae eich barn chi'n bwysig i ni.

i. Enw llawn: ....

ii. Cyfeiriad ebost: ....

iii. Ble cawsoch chi eich magu? ....

iv. Sut mae bywyd plant heddiw wedi newid o'r amser pan o'ch chi'n blentyn? (tua 50 gair)

....
....
....
....
....

v. Ydy plant heddiw yn cael gormod o ryddid (*freedom*)? (tua 50 gair)

....
....
....
....
....

vi. Sut basech chi'n newid pethau, tasech chi'n cael cyfle? (tua 50 gair)

....
....
....
....
....

6. Darllenwch y darn ac atebwch y cwestiynau.
Hanes yr Ysgol

Tua blwyddyn yn ôl, roedd Gareth Rees yn gweithio fel adeiladwr yn Ysgol Cwm Ifan. Wrth iddo fe weithio ar do'r ysgol, edrychodd e drwy dwll a gweld rhyw hen focs mewn cornel dywyll yn yr atig. Ar unwaith roedd Gareth yn gwybod ei fod e wedi dod o hyd i rywbeth hen iawn.

'Cafodd Ysgol Cwm Ifan ei hadeiladu dros gan mlynedd yn ôl i roi addysg i blant ffermwyr lleol,' meddai Gareth. 'Ond mae'r ffermydd wedi diflannu erbyn hyn ac mae'r rhieni'n gweithio yn y ffatrïoedd newydd yn Llanaber. Mae'r ysgol yn dal i fod yn rhan bwysig o'r pentre. Does dim llawer wedi newid y tu mewn i'r ysgol ers iddi hi gael ei chodi, heblaw am yr estyniad newydd yn y cefn. Yno mae pawb yn bwyta y dyddiau hyn, yn lle'r hen neuadd. Ond, ro'n i'n synnu bod neb wedi bod yn yr atig ers blynyddoedd... os o gwbl.'

Yn y bocs, daeth Gareth o hyd i nifer o eitemau diddorol iawn. 'Gwelais i lawer o bapurau oedd wedi troi'n felyn; roedden nhw'n edrych fel hen lyfrau ysgrifennu plant. Hefyd roedd nifer o hen luniau o'r ysgol.' Gan fod Gareth a'i deulu wedi byw yn yr ardal ers blynyddoedd, roedd e eisiau gwybod mwy am sut roedd yr ysgol amser maith yn ôl. 'Ces i sioc wrth weld yr hen luniau,' meddai. 'Roedd blaen yr adeilad yn debyg, er bod y ffenestri modern yn edrych yn wahanol i'r hen rai pren. Rhywbeth diddorol arall oedd gwisg y plant: pob un ohonyn nhw'n gwisgo dillad du, a'r bechgyn yn gwisgo capiau. Fasai'r plant heddiw ddim yn hapus o gwbl – maen nhw'n cwyno bod y crysau-T coch sy ganddyn nhw'n rhy hen ffasiwn, a fasai'r bechgyn byth yn gwisgo cap ysgol! Un peth ro'n i wedi anghofio amdano oedd sut roedd yr ardal o gwmpas yr ysgol wedi newid. Yr adeg honno, dim ond caeau oedd yno, yn wahanol iawn i heddiw. Mae llawer o dai newydd yno erbyn hyn.'

Yn ogystal â'r lluniau, roedd llyfrau ysgrifennu plant yr ysgol yn y bocs hefyd. Un peth a synnodd Gareth oedd bod y rhain i gyd yn Saesneg, er bod rhan fwya o bobl yr ardal yn siarad Cymraeg ar y pryd. Y dyddiau hyn, mae'n bosib bod wyrion neu wyresau ganddyn nhw yn yr un ysgol, ond mae plant heddiw yn ysgrifennu yn Gymraeg. Mae Gareth yn gobeithio bydd y lluniau a'r llyfrau'n cael eu dangos yn yr ysgol y tymor nesa. Bydd diddordeb mawr gan bobl yr ardal, mae'n siŵr.

Nodwch sut mae pethau wedi newid gan gyfeirio at yr isod:
Cofiwch sôn am sut **roedd** pethau a sut **mae** pethau erbyn hyn.
e.e. **Beth dych chi'n gallu'i weld o gwmpas yr adeilad.**
Dim ond caeau oedd yn arfer bod yno, ond erbyn hyn dych chi'n gweld llawer o dai newydd o gwmpas yr ysgol.

i. Gwaith y bobl leol

....
....

ii. Lle mae'r plant yn bwyta cinio

....
....

iii. Sut mae blaen yr ysgol yn edrych

....
....

iv. Gwisg y plant

....
....

v. Gwaith y plant

....
....

Gair gan y tiwtor:

....
....
....
....
....

Gwaith cartref – Uned 12

1. Trowch y brawddegau yma i'r amhersonol:
e.e. Cafodd y gân ei chanu gan Twm Terfel. > Canwyd y gân gan Twm Terfel.

i. Cafodd y ddrama ei pherfformio gan Gwmni'r Bont.

ii. Cafodd y llanc ei arestio neithiwr yn y dref.

iii. Cafodd y dyn ei weld yn dringo i mewn i'r siop.

iv. Cafodd protest ei chynnal yng nghanol y ddinas.

v. Cafodd John Jones ei anafu yn ystod hanner cyntaf y gêm.

2. Trowch y brawddegau yma o'r amhersonol i iaith anffurfiol:
e.e. Arestiwyd y bachgen. > Mi gaeth/Cafodd y bachgen ei arestio.

i. Ysgrifennwyd y llyfr gan Daniel Owen.

ii. Gwelwyd y ffilm gan filoedd o bobl.

iii. Dysgwyd Anthony Sheen yn yr ysgol gan Mrs Roberts, Port Talbot.

iv. Ganwyd cant o fabanod yn yr ysbyty eleni.

v. Cynhaliwyd cyfarfod pwysig yn y Senedd heddiw.

3. Ysgrifennwch ateb i'r llythyr yma: (tua 100 o eiriau)

Gwesty'r Ddraig
Llanaber

Annwyl Mr a Mrs Smith,

Mae'n ddrwg gen i fy mod i ddim yn y gwesty y penwythnos diwetha pan oeddech chi'n aros yma. Dw i'n deall oddi wrth staff y ddesg nad oeddech chi'n rhy hapus am nifer o bethau. Dw i'n ymddiheuro am hyn.
Mae'n bwysig i ni fod pob cwsmer yn mwynhau aros yn y gwesty ac yn cael gwasanaeth da. Baswn i'n hoffi gwybod pa broblemau gawsoch chi yn ystod y penwythnos: wnewch chi roi'r manylion ar bapur i mi os gwelwch chi'n dda? Byddwn ni'n gwneud ein gorau i wneud yn siŵr y bydd popeth yn iawn y tro nesa y byddwch chi'n dod i aros yn y gwesty.

Yn gywir,
Mrs Mona Jones, rheolwraig Gwesty'r Ddraig.

neu:

Annwyl Gyfaill,

Dw i'n ysgrifennu atoch chi i ddweud y bydd rhaid i ni newid oriau agor y feddygfa yng Nghwm Glas y mis nesa. Yn y gorffennol, mae'r feddygfa wedi bod ar agor o ddydd Llun tan ddydd Gwener (o 8.00 tan 8.00) ac ar fore Sadwrn. Yn anffodus, dim ond o 9 tan 5 yn ystod yr wythnos byddwn ni ar agor o hyn ymlaen, a fyddwn ni ddim ar agor ar fore Sadwrn o gwbl.
Rydyn ni'n ymddiheuro am hyn, ond mae un meddyg wedi ymddeol, a fyddwn ni ddim yn gallu cael neb yn ei le, yn anffodus.

Yn gywir,
Glyn Parri (Rheolwr y Feddygfa)

Gair gan y tiwtor:

Gwaith cartref – Uned 13

1. Atebwch (dilynwch y patrwm):
Beth sy ar S4C heno?   *Pobol y Cwm* sy ar S4C heno.

i. Pwy sy'n byw yn eich tŷ chi?

....

ii. Pwy oedd eich tiwtor Cymraeg cyntaf chi?

....

iii. Pwy sy'n dysgu'r dosbarth Cymraeg?

....

iv. Pwy fydd ar flaen y papur newydd yfory?

....

v. Pa ffilm sy yn y sinema ar hyn o bryd?

....

2. Darllenwch y ddwy neges ebost ac atebwch y cwestiynau.

Oddi wrth: Gwyn Morgan
At: Elinor Tomos

Testun: Pêl-droed
Annwyl Gyfaill,
Dw i'n ysgrifennu ar ran clwb pêl-droed Llanaber. Mae'r clwb yn gwneud yn dda ar hyn o bryd, ond yn gobeithio tyfu ymhellach. Mae gynnon ni dîm dan ddeuddeg, tîm dan un deg chwech, a dau dîm o oedolion. Fi sy'n gyfrifol am hyfforddi'r tîm dan ddeuddeg, a dyna pam dw i'n ysgrifennu atoch chi. Dw i'n gwybod bod eich merch Gwenno ym mlwyddyn 5: fasai hi eisiau chwarae? Mae digon o fechgyn yn y tîm yn barod. Basai rhaid ymarfer bob nos Fercher efo fi a chwarae gêm bob bore Sadwrn. Fasai dim angen i chi roi pres, bod ar y pwyllgor na dim, (er, mi fasai'n braf tasai mwy'n dod i gefnogi'r tîm efo fi ar ddydd Sadwrn!) Wnewch chi a Gwenno feddwl am y peth? Mae timau Llanaber i gyd yn gwneud yn dda ar hyn o bryd, ac enillodd y tîm dan un deg chwech gwpan y sir eleni. Mae'n gyfle i'r plant redeg ac ymarfer, a dyna'r peth mwya pwysig. Maen nhw'n cael mwynhad wrth gymdeithasu ar yr un pryd, wrth gwrs.

Dw i'n edrych ymlaen at glywed oddi wrthoch chi.
Gwyn Morgan

Oddi wrth: Elinor Tomos
Testun: Pêl-droed

Annwyl Gwyn,

Diolch am eich neges. Oes, mae diddordeb gen i. Dw i wedi trïo cael Gwenno i wneud pethau yn y ganolfan hamdden fel nofio neu chwarae badminton, ond dydy hi ddim eisiau gwneud pethau felly. Dw i'n poeni ei bod hi'n treulio cymaint o amser o flaen sgrin... problem i rieni dros y byd, dw i'n siŵr! Mi faswn i'n hapus i ddod nos Fercher yma i'r hyfforddi, ond mae'r car yn y garej. Dw i ddim yn nabod neb fasai'n gallu dod â hi yn fy lle i. Bydda i'n trafod efo Gwenno, ond fydd dim dewis ganddi... o leia bydd hi'n gyfle iddi siopa am sgidie pêl-droed! Gobeithio eich gweld chi cyn bo hir.

Pob hwyl,
Elinor

Nodwch yr ateb mwya priodol (*appropriate*) o'r brawddegau isod drwy roi llythyren yn y blwch.

1. Mae Gwyn Morgan yn chwilio...
a. am bobl i fod ar bwyllgor y clwb.
b. am arian.
c. am rywun i fod yn reff.
ch. am fechgyn i chwarae yn y tîm.
d. am ferched i chwarae yn y tîm.

2. Fel arfer, mae Gwyn Morgan yn gweld y tîm...
a. bob nos.
b. unwaith yr wythnos.
c. ddwywaith yr wythnos.
ch. dair gwaith yr wythnos.
d. unwaith y mis.

3. Yn ôl Gwyn Morgan, y prif reswm dros chwarae ydy...
a. mae'n gyfle i wneud ffrindiau.
b. mae'n gyfle i gadw'n heini.
c. bod y tîm yn gwneud yn dda.
ch. bod llawer o ferched yn y tîm.
d. bod tîm y plant wedi ennill y cwpan.

4. Diddordeb mwya Gwenno ar hyn o bryd ydy...
a. chwarae gemau cyfrifiadur.
b. nofio.
c. chwarae badminton.
ch. chwarae pêl-droed.
d. gwylio'r teledu.

5. Fydd Gwenno ddim yn yr ymarfer achos...
a. does dim lifft gyda hi.
b. dydy hi ddim yn hoffi pêl-droed.
c. dydy ei mam hi ddim eisiau.
ch. does dim dewis gyda hi.
d. does dim esgidiau addas gyda hi.

3. Llenwch y ffurflen yma:

Cynllun i ddysgwyr

Mae teuluoedd Cymraeg ledled Cymru yn barod i groesawu dysgwyr i aros yn eu cartrefi am wythnos er mwyn ymarfer eu Cymraeg. Os oes diddordeb gyda chi, llenwch y ffurflen.

i. Enw llawn: ....
ii. Cyfeiriad neu ebost: ....
iii. Lleoliad eich dosbarth Cymraeg: ....
iv. Lefel eich dosbarth: ....
v. Sut dych chi wedi dysgu Cymraeg? (tua 40 o eiriau)

....
....
....

vi. Pam basech chi'n hoffi treulio wythnos gyda theulu Cymraeg? (tua 40 gair)

....
....
....
....

vii. Ble dych chi'n defnyddio'ch Cymraeg tu allan i'r dosbarth? Disgrifiwch beth wnaethoch chi yn y mis diwetha. (tua 40 gair)

....

....

....

....

viii. Pryd fasai hi **ddim** yn bosib i chi fynd i aros gyda theulu?

....

....

4. Ysgrifennwch lythyr (tua 100 gair)
Cwmni Teledu Bleddyn
Llanaber

Annwyl gyfaill,
Mae Cwmni Teledu Bleddyn yn gwneud rhaglen am bobl ddiddorol sy'n byw mewn gwahanol ardaloedd yng Nghymru. Oes rhywun arbennig o ddiddorol yn eich ardal chi? Pam mae'r person yma'n ddiddorol? Sut dych chi'n nabod y person yma?
Anfonwch eich syniadau ata i'r cyfeiriad uchod, os gwelwch chi'n dda. Dw i'n edrych ymlaen at glywed oddi wrthoch chi.
Yn gywir,
Robert Owen

neu:
Mae ffrind i'r teulu wedi anfon £1,000 atoch chi ar eich pen-blwydd chi. Ysgrifennwch lythyr yn diolch iddo/iddi gan ddweud sut byddwch chi'n gwario'r arian.

neu:
Does dim lle i barcio yn y dre. Ysgrifennwch lythyr i'r cyngor i gwyno am hyn.

neu:
Chi sy'n trefnu trip y dosbarth eleni. Ysgrifennwch at bawb yn dweud beth ydy'r trefniadau.

Gair gan y tiwtor:

....

....

....

Gwaith cartref – Uned 14

1. Cyfieithwch:

i. *I know that you are the boss.*

ii. *I think that red is the colour of the car.*

iii. *I'm sure that Wales is the best team!*

iv. *I know that he is the driver.*

2. Atebwch (gan ddefnyddio **mai**)

i. Pwy ydy'r canwr gorau?

ii. Be ydy mynydd ucha Cymru?

iii. Pwy ydy eich Aelod Seneddol chi?

iv. Pa un ydy'r orsaf drên agosa i'r dosbarth?

3. Ysgrifennwch lythyr (tua100 gair)

i. Atebwch y llythyr yma:
Theatr y Bont
Llanaber

Annwyl Gyfaill,

Fel dych chi'n gwybod, mae Theatr y Bont wedi agor yn y dre o'r diwedd. Mae'r theatr yn ysgrifennu at bobl yr ardal yn gofyn am eu barn. Pa fath o bethau hoffech chi eu gweld yn digwydd yn y theatr? Fasech chi'n barod i gymryd rhan neu helpu?

Diolch am eich cefnogaeth.
Ifor Evans (Rheolwr y Theatr)

neu:

ii. Dych chi'n trefnu trip i'ch ffrindiau er mwyn mynd o gwmpas yr ardal lle gaethoch chi eich geni. Ysgrifennwch at eich ffrindiau'n dweud beth ydy'r trefniadau.

neu:

iii. Dych chi wedi cael swydd newydd. Ysgrifennwch at eich pennaeth presennol yn esbonio pam dych chi'n gadael.

neu:

iv. Fyddwch chi ddim yn cael parcio yn ymyl eich coleg lleol o'r flwyddyn nesa ymlaen. Ysgrifennwch at bennaeth y coleg i gwyno am hyn.

4.
Dach chi wedi clywed am y rhaglen deledu boblogaidd *Dr Who*? Mae gan Doctor Who Tardis – hen flwch glas sy'n medru mynd â fo a'i ffrindiau yn ôl neu ymlaen mewn amser. Meddyliwch lle fasech chi'n hoffi mynd yn ôl (neu ymlaen), yna ysgrifennwch baragraff o stori gan ddechrau:
"Amser maith yn ôl…" neu "Ymhell yn y dyfodol…."
a gorffen "…A dyna ddiwedd y stori".

5. Darllenwch y ddwy neges ebost:

Oddi wrth: Delyth Mair
At: Mr Evans
Testun: Cwrs Sbaeneg

Annwyl Mr Evans,
Roedd rhaid i fi ysgrifennu atoch chi am y cwrs Sbaeneg sy newydd orffen yn eich coleg chi. Dyma'r trydydd cwrs i mi ei ddilyn yn eich coleg chi a dyma'r gwaetha, o ddigon. Mi es i ar y cwrs achos bod fy merch i'n meddwl mynd i fyw yn Madrid, a phan welais i'r hysbyseb ar y wal yn y coleg, ro'n i wrth fy modd. Fel arfer, dw i'n mynd i'r bingo ar nos Iau, ond penderfynais i fod rhaid dysgu Sbaeneg eleni. Fodd bynnag, do'n i ddim mor hapus gyda'r tiwtor, Pedro Gonzalez. Roedd y bobl eraill yn y dosbarth yn hyfryd, ond roedd Pedro'n ofnadwy. Roedd o'n hwyr i bob gwers, doedd o byth yn marcio'r gwaith cartre ac roedd o'n siarad Sbaeneg drwy'r amser heb esbonio dim. Erbyn diwedd y tymor, dim ond tri ohonon ni oedd ar ôl allan o ddosbarth o bymtheg.

Dw i'n gwybod eich bod chi'n dibynnu ar staff rhan-amser i ddysgu, ond dw i ddim yn credu bod Señor Gonzalez yn addas i ddysgu dosbarthiadau oedolion. Dw i'n edrych ymlaen at glywed sut byddwch chi'n delio â'r mater, neu bydda i'n mynd yn ôl i'r bingo bob nos Iau.

Diolch yn fawr,
Delyth Mair

Oddi wrth: Mr Evans
At: Delyth Mair
Testun: Cwrs Sbaeneg

Annwyl Delyth Mair,
Diolch yn fawr am eich neges. Mae'n ddrwg gen i glywed eich bod chi ddim wedi mwynhau'r cwrs Sbaeneg. Roedd y coleg wedi cael cwynion am Mr Gonzalez o'r blaen, ac wedi trefnu bod staff profiadol yn mynd i'w weld yn dysgu, felly mae'n ddrwg gen i glywed bod y broblem wedi para. Mae'n dda gen i ddweud bod Mr Gonzalez wedi mynd yn ôl i fyw yn Sbaen, erbyn hyn. Yn anffodus, fedrwn ni ddim cynnig eich ffi yn ôl i chi, ond mae'n bosib i chi fynd ar gwrs arall yn y coleg y flwyddyn nesa, a dim ond hanner can punt fydd y gost (yn lle'r can punt arferol). Dw i'n edrych ymlaen at eich gweld mewn dosbarth arall ym mis Medi.

Yn gywir,
Mr Evans

Gwaith cartref / Uned 14

Nodwch yr ateb mwya priodol (*appropriate*) o'r brawddegau isod drwy roi llythyren yn y blwch, e.e. ch. Mae 4 marc am bob cwestiwn.

1. Prif reswm Delyth Mair dros anfon y neges ydy...
a. diolch.
b. cwyno.
c. siarad am ei theulu.
ch. siarad am ei gwaith.
d. gofyn am help.

2. Roedd Delyth Mair yn gwybod am y cwrs ar ôl...
a. gweld poster yn y coleg.
b. siarad â ffrind yn y bingo.
c. cael neges ebost.
ch. mynd ar wefan y coleg.
d. siarad â'i merch.

3. Y brif broblem oedd...
a. y noson.
b. gwaith cartre anodd.
c. y dysgwyr eraill yn y dosbarth.
ch. siarad yr iaith.
d. y tiwtor.

4. Fydd hyn ddim yn broblem eto, achos...
a. mae staff eraill yn mynd i wylio'r dosbarth.
b. mae llai o bobl yn y dosbarth.
c. mae llai o waith cartre.
ch. mae'r tiwtor wedi gadael.
d. mae'r coleg yn cymryd cwynion o ddifri.

5. Bydd y coleg yn...
a. talu ffi'r cwrs yn ôl i Delyth Mair.
b. rhoi cwrs arall iddi am hanner pris.
c. rhoi £25 iddi.
ch. stopio cynnig cyrsiau Sbaeneg o hyn ymlaen.
d. diswyddo'r tiwtor.

Gair gan y tiwtor:

....

....

....

Gwaith cartref – Uned 15

1. Llenwch y bylchau

A	Os bydd 'na dân, chwiliwch am yr .... dân ar unwaith!	
B	Mae rhai'n dweud mai .... y ddraig goch ydy'r orau yn y byd!	
C	Mae .... yn y bil! Dydy o ddim yn chwe deg punt!	
Ch	Mae'r adran cynnal a .... yn fwy prysur yn y gaea ac ar ôl stormydd.	
D	Mae'r swyddog iechyd a .... yn bwysig ar noson Tân Gwyllt!	
Dd	Ro'n i mewn tipyn o .... efo'r cerdyn credyd ar ôl y Nadolig.	
E	"Bore da, ga i .... 273 os gwelwch chi'n dda?"	
F	Dydy Huw ddim yn hoffi rhannu ei .... personol efo neb.	
Ff	Roedd hi'n anodd .... â'r ferch pan aeth hi i ffwrdd i'r coleg.	
G	Gêm .... oedd hi rhwng Caerdydd ac Abertawe – un gôl yr un.	
Ng	Mae Myrddin ap Dafydd yn gweithio yng .... Carreg Gwalch.	
H	Doedd gen i ddim car pan o'n i'n byw yn Llundain. Felly, dw i wedi colli .... a ddim isio gyrru.	
I	Mae'n well gen i fwyd .... na rwtsh fel creision a siocled.	
L	Mae ....'r parseli adeg y Nadolig yn cymryd mwy o amser na'r agor!	
Ll	Mae'r .... yn ofnadwy yn y swyddfa yma, does 'na neb byth yn glanhau.	
M	Yr Urdd ydy'r .... ieuenctid i blant a phobol ifanc sy'n siarad Cymraeg.	
N	Mae .... o bobol wedi ymuno efo'r dosbarth ers iddo fo ddechrau.	
O	Gair arall am "achos..." ydy "................".	
P	Roedd y ....Weinidog ar newyddion S4C o'r Senedd neithiwr.	
Ph	Roedd 'na lawer o weiddi a .... y tu allan i'r Senedd!	
R	Cafodd y rhaglen ei .... yn yr Eisteddfod Genedlaethol.	
Rh	Clymwch y .... yn iawn neu mi fydd y cwch yn mynd efo'r tonnau.	
S	Mae'n braf cael tywydd.................... os dach chi'n mynd i wersylla!	
T	Be ydy'r .... ar gyfer y cyfarfod?	
Th	Roedd 'na lawer o fellt a .... neithiwr yn ystod y storm.	
U	Mae pob .... yn y dosbarth yn bwysig.	
W	Mae 'na lawer o .... diddorol iawn yn y gwersyll gwyliau.	
Y	.... y lleidr o flaen y llys.	

2. Mae cwmni 'Cymru ar Waith' wedi anfon holiadur am swyddi pobl. Llenwch y ffurflen yma os gwelwch yn dda:

i.   Enw llawn: _____

ii.   Cyfeiriad ebost: _____

iii.   Disgrifiwch eich swydd gynta erioed (tua 50 gair)

_____
_____
_____
_____
_____

iv. Beth ydy teitl eich swydd bresennol chi/Beth oedd teitl eich swydd ddiwetha chi?

_____
_____
_____
_____
_____

v. Beth yw/oedd y peth gorau a'r peth gwaethaf am y swydd (tua 50 gair)?

_____
_____
_____
_____

vi. Beth fasech chi'n hoffi/wedi hoffi (ei) newid am y swydd? (tua 50 gair)

_____
_____
_____
_____
_____

vii. Fasech chi'n hoffi crynodeb *(summary)* o ganlyniadau'r holiadur?_____

Diolch am eich help.

3. Darllenwch yr ebyst ac atebwch y cwestiynau.

Oddi wrth: Aled ap Hywel

At: Staff y Coleg

Testun: Clwb y Staff

_____

Annwyl gyfeillion,

Diolch i bawb sy wedi bod yn cefnogi clwb y staff dros y flwyddyn ddiwethaf. Fel mae pawb yn gwybod yn barod, mae Rheinallt Morgan, rheolwr amser llawn y clwb, wedi ymddeol yn gynnar. Roedd hi'n braf cael cyfle i ddiolch iddo mewn noson arbennig yn y clwb y mis diwetha. Byddwn ni'n hysbysebu yn y papur newydd i gael rhywun arall i reoli'r clwb yr wythnos yma.

Ond hoffwn ofyn heddiw a oes gan un ohonoch chi ddiddordeb mewn gwaith gyda'r nos ac ambell benwythnos – mae angen rhywun i helpu tu ôl i'r bar ac i helpu'r rheolwr. Os oes, cysylltwch efo fi. Cofiwch fod y wybodaeth ddiweddara' am bopeth sy ymlaen yma ar wefan y clwb; mae'n debyg fod camgymeriad yn y wybodaeth ym mhapur y coleg a'r posteri yn y bwyty.

Diolch,

Aled

Oddi wrth: Ifan Tomos
At: Aled ap Hywel
Testun: Clwb y Staff

Annwyl Aled,

Diolch am y neges a'r wybodaeth. Mae gen i ddiddordeb yn swydd y rheolwr, nid yn y gwaith arall. Dw i'n gwybod bydd hysbyseb yn y papur cyn hir, ond ro'n i'n meddwl y basech chi'n medru helpu. Ar hyn o bryd, dw i'n gweithio yn llyfrgell y coleg, ond mae'r pennaeth yno'n gwneud bywyd yn anodd i'w staff i gyd. Basai unrhyw swydd arall yn well! Dw i ddim yn poeni cymaint am faint o dâl sydd na pha fath o waith ydy o. Dw i'n drefnus iawn, yn gyrru, ac wedi arfer rheoli pobl ac arian. Faswn i ddim yn medru gweithio gyda'r nos, gan fod gen i deulu ifanc... ydy'r swydd yn gofyn am hynny? Do'n i ddim eisiau gwastraffu amser yn gwneud cais heb wneud hynny'n glir.

Baswn i'n ddiolchgar tasech chi ddim yn dweud wrth awdurdodau'r coleg na'r llyfrgell mod i wedi dangos diddordeb... am y tro beth bynnag. Wnewch chi fy ffonio ar 07937 118909 am sgwrs os gwelwch chi'n dda, neu adael neges?

Cofion gorau,

Ifan Tomos

Nodwch yr ateb mwya priodol *(appropriate)* o'r brawddegau isod drwy roi llythyren yn y blwch.

1. Prif reswm Aled ap Hywel dros anfon neges yw/ydy...

a. diolch i Rheinallt Morgan.

b. hysbysebu am reolwr newydd.

c. chwilio am bobl i weithio'n rhan-amser.

ch. dweud beth sy ymlaen yn y clwb.

d. gofyn am ebost.

2. I gael gwybodaeth gywir am ddigwyddiadau'r clwb, dylai pobl...

a. edrych ar y we.

b. ddarllen papur y coleg.

c. edrych ar y posteri.

ch. alw heibio.

d. gysylltu ag Aled.

3. Mae Ifan yn chwilio am swydd newydd achos...

a. mae e eisiau gweithio yn y clwb.

b. dydy e ddim eisiau gweithio yn y llyfrgell.

c. mae e'n ddi-waith.

ch. mae teulu ifanc gyda fe.

d. dydy e ddim eisiau gyrru'n bell.

4. Mae Ifan eisiau gwybod...

a. pa fath o waith ydy hwn.

b. oes rhaid rheoli pobl ac arian.

c. pryd bydd yr hysbyseb yn y papur.

ch. beth yw'r cyflog.

d. beth yw'r oriau gwaith.

5. Mae Ifan eisiau gwneud yn siŵr fod ei bennaeth...

a. yn ffonio 07937 118909.

b. ddim yn derbyn cais.

c. ddim yn clywed ei fod eisiau gadael.

ch. yn cael y neges.

d. ddim yn trin ei staff yn ddrwg.

4. Ysgrifennwch lythyr (tua 100 gair)

i.

Tŷ Bwyta Halen a Phupur
Aberheli

Annwyl gyfaill,

Diolch am ddod i gael swper yn ein tŷ bwyta ni nos Sadwrn diwetha. Dw i wedi darllen beth ysgrifennoch chi ar y we, ac mae'n ddrwg gen i ddeall eich bod chi ddim wedi mwynhau. Wnewch chi anfon llythyr yn esbonio pam gwnaethoch chi roi sgôr o 1 allan o 5 i ni? Oedd problem gyda'r bwyd neu'r gwasanaeth?

Dw i'n edrych ymlaen at glywed oddi wrthoch chi.

Yn gywir,
Lois Dafydd (Rheolwr)

neu:

ii. Mae ffrindiau o dramor yn dod i aros gyda chi am wythnos ym mis Awst. Ysgrifennwch atyn nhw'n sôn am ddau le y byddwch chi'n ymweld â nhw yn ystod yr wythnos.

neu:

iii. Dych chi'n trefnu taith gerdded i godi arian. Ysgrifennwch lythyr yn gofyn i bobl gymryd rhan, ac yn dweud beth yw'r trefniadau.

neu:

iv. Mae rhywun wedi cysylltu â chi'n gofyn am eich barn am gydweithiwr *(colleague)*, sy wedi ceisio am swydd arall. Ysgrifennwch lythyr yn dweud pam basai eich cydweithiwr chi'n addas i wneud y swydd.

5. Chwilair

Ceisiwch ffeindio'r geiriau yn y grid ac yna ysgrifennwch 5 pennawd newyddion yn defnyddio rhai o'r geiriau.

Gwaith cartref / Uned 15

L	O	F	I	R	F	I	D	I	W	E	I	TH	D	R	A	N
A	B	L	O	F	I	R	F	Y	C	C	T	C	A	CH	CH	E
D	M	Y	LL	A	D	R	A	D	D	Â	E	R	N	D	O	W
C	A	S	Y	LL	A	D	R	O	N	DD	E	N	E	A	S	Y
I	Y	M	E	LL	T	A	E	N	F	S	N	L	E	FF	LL	DD
L	R	H	W	G	N	P	H	O	T	F	D	S	U	DD	O	I
A	E	T	O	A	P	E	L	I	O	E	W	D	S	Y	S	O
T	I	F	A	E	I	L	O	T	LL	Y	O	G	R	G	N
R	M	F	Y	NG	DD	N	N	S	O	Ô	N	R	Ô	A	I	U
A	U	P	PH	RH	FF	I	N	Y	M	Ê	G	F	R	F	R	N
F	C	A	R	CH	A	R	U	T	R	I	N	I	A	E	TH	O
Y	A	TH	E	A	R	D	O	W	Y	LL	LL	D	RH	LL	S	D
C	U	DD	E	R	E	H	M	Y	T	A	R	A	N	A	U	A
T	R	A	M	O	R	T	TH	U	DD	Y	W	E	N	D	A	N
E	U	O	G	U	S	I	A	C	Y	N	U	LL	I	A	D	Y
Y	M	DD	I	H	E	U	R	O	D	A	I	L	O	TH	E	W

achos   adnewyddu   anafu   apelio   arestio
cais   carcharu   cas   cyfartal   cyfrifol
cyhoeddi   cynulliad   damwain   difrifol   difrod
diweithdra dwyn   etholiad   euog   ffin
gêm   ledled   lladrad   lladron   lladd
llanc   llefarydd   llosgi   llym   llys
llywodraeth mellt   newyddion   ofn   rhyfel
sgôr   suddo   tân   taranau   tramor
triniaeth   tymheredd   tystion   ymddiheuro   ynadon

1. ....
2. ....
3. ....
4. ....
5. ....

Gair gan y tiwtor:

....

....

Gwaith cartref – Uned 16

1. Atebwch

i. Lle fyddwch chi'n mynd efo'ch ffrind gorau nesa? (Defnyddiwch **gilydd** yn yr ateb.)

....

ii. Lle aethoch chi efo'ch ffrind gorau ddiwetha? (Defnyddiwch **gilydd** yn yr ateb.)

....

2. Cyfieithwch

i. *I went to his house.*

ii. *We came to see them.*

iii. *I'm going to her party tonight.*

iv. *I bought his house and his car.*

v. *They left together.*

vi. *Lots of your answers are good.*

3. Wythnos nesa, mi fyddwch chi'n egluro i'ch partner (yn fras) sut i goginio'ch hoff bryd bwyd. Ysgrifennwch nodiadau yma:

....

....

....

4. Darllenwch yr erthygl yma ac atebwch y cwestiynau am Fiona a Francesca. Dwy Ddysgwraig y Flwyddyn 2019 (addaswyd o parllel.cymru)

Dyma gyfweliadau â dwy ddynes enillodd wobrau yn 2019 — Fiona Collins a Francesca Sciarrillo.

Fiona Collins – Dysgwr y Flwyddyn, Eisteddfod Genedlaethol 2019 Sir Conwy

Wyt ti'n medru egluro pum peth amdanat ti mewn pum brawddeg?
Mi ges i fy ngeni a fy magu yn Hampshire, De Lloegr. Roedd mam yn Gymraes ddi-Gymraeg a dad yn Sais. Dw i'n byw yng Ngharrog, Sir Ddinbych ers 2003, efo fy nghymar, Ed. Mae'r tŷ yn nyffryn Dyfrdwy ac mae'n braf medru clywed sŵn y nant ym mhob man yn y tŷ. Deud chwedlau ydy fy ngwaith i, dw i'n adrodd straeon traddodiadol i oedolion neu blant.

Pam wyt ti wedi dysgu Cymraeg yn rhugl?
Mi wnes i ddysgu er mwyn gallu adrodd chwedlau o Gymru, fel straeon y Mabinogi, yn iaith y wlad.

Sut wyt ti wedi dysgu Cymraeg yn rhugl?
Efo llawer o gymorth gan y Cymry Cymraeg, fy nghyd-ddysgwyr a fy nhiwtoriaid. Diolch iddyn nhw i gyd.

Be ydy dy gyngor di i unrhyw un sy isio dysgu Cymraeg yn rhugl?
Siaradwch a gwrandewch ar yr iaith, a mwynhewch!
Cymerwch bob cyfle i siarad Cymraeg.
Dechreuwch bob sgwrs yn Gymraeg.
Peidiwch â bod ofn gwneud camgymeriadau. Dyma sut dan ni'n dysgu.

Be ydy'r peth gorau am siarad Cymraeg?
Medru cymdeithasu efo pobol gan ddefnyddio eu hiaith naturiol.

Be oedd ennill y teitl 'Dysgwr y Flwyddyn 2019' yn ei olygu i ti?
Popeth!

Be nesa i ti efo'r Gymraeg?
Darllen mwy yn Gymraeg, ac ella ceisio ysgrifennu llyfr yn Gymraeg fy hun.

Unrhyw beth arall wyt ti isio ei ddeud?
Diolch o galon i fy ffrindiau di-ri sydd wedi fy nghefnogi a fy helpu i ddysgu iaith y nefoedd.

Francesca Sciarrillo – Enillydd Medal y Dysgwyr, Eisteddfod yr Urdd 2019 Caerdydd a'r Fro

Wyt ti'n medru egluro pum peth amdanat ti mewn pum brawddeg?
Helo! Francesca ydw i; dw i'n 23 oed. Ym mis Hydref, mi symudes i yn ôl i'r Wyddgrug – y dref lle ges i fy magu – ar ôl astudio gradd a gradd meistr mewn Llenyddiaeth Saesneg ym Mhrifysgol Bangor. Ar hyn o bryd, dw i'n gweithio efo Marchnata a Chysylltiadau Cyhoeddus i 'Aura Llyfrgelloedd a Hamdden'. Mi ges i fy ngeni yn Wrecsam; ond dw i'n dŵad o deulu Eidaleg. Symudodd fy neinau a theidiau i Gymru yn y chwedegau i greu bywydau gwell i fy rhieni, ac wedyn, wrth gwrs, i fi.

Pam wyt ti wedi dysgu Cymraeg yn rhugl?
Achos dw i'n byw yng Nghymru: mae'n syml iawn i fi.

Sut wyt ti wedi dysgu Cymraeg yn rhugl?

Mi ddechreues i ddysgu Cymraeg trwy'r ysgol ond go iawn pan ddechreues i lefel A yn y Gymraeg (ail iaith). Wedyn, mi ddefnyddies i'r Gymraeg pan o'n i'n byw ym Mangor yn y brifysgol – dim ond trwy siarad â phobl leol a myfyrwyr eraill. I fi, y ffordd orau i ddysgu unrhyw iaith ydy siarad – siarad efo dysgwyr a siaradwyr eraill. Yn ystod fy mlwyddyn olaf, mi wnes i gyfarfod fy nghariad, Harri, sy'n siarad Cymraeg. Mae Harri a'i deulu yn fy helpu i.

Be ydy'r peth gorau am siarad Cymraeg?
Mae'n anodd dewis dim ond un peth! Dw i wrth fy modd efo llenyddiaeth Gymraeg a cherddoriaeth Gymraeg felly mi faswn i'n hoffi deud rhywbeth fel darganfod diwylliant Cymraeg. Ond a bod yn onest, y peth gorau am siarad Cymraeg i fi ydy'r bobl dach chi'n eu cyfarfod ar y ffordd.

Be oedd ennill ennill Medal y Dysgwyr 2019 yn ei olygu i ti?
Cymryd rhan yn Eisteddfod yr Urdd 2019 ydy profiad gorau fy mywyd i.

Be nesa i ti efo'r Gymraeg?
Fy ngobaith i ydy parhau, byth stopio! Dw i isio parhau efo fy nosbarth Cymraeg bob wythnos a gobeithio cymryd rhan mewn llawer o ddigwyddiadau Cymraeg. Mi hoffwn i ddyfodol lle dw i'n defnyddio'r Gymraeg bob dydd a gobeithio, un diwrnod, pasio'r iaith ymlaen.

Unrhyw beth arall wyt ti isio ei ddeud?
Dw i'n teimlo'n lwcus iawn am y profiadau dw i wedi eu cael erbyn hyn efo'r Gymraeg. Hoffwn i annog eraill achos dw i isio gweld pobol eraill yn cael yr un cyfleoedd. Dw i isio dangos i bobl sut mae dysgu Cymraeg yn newid eich bywyd mewn sawl ffordd! Hoffwn i ddweud diolch i gylchgrawn *Parallel.cymru* am greu cyfleoedd i ddysgwyr ddod at ei gilydd a rhannu syniadau.

Mae Parallel.cymru yn gylchgrawn dwyieithog am ddim sy ar y we.

Atebwch y cwestiynau:

i. Lle gaethon nhw eu magu?
   Fiona _____
   Francesca _____

ii. Be ydy eu gwaith nhw?
   Fiona _____
   Francesca _____

iii. Sut fyddan nhw'n defnyddio'r Gymraeg yn y dyfodol?
   Fiona _____
   Francesca _____

5. Llenwch y bylchau yn y darn yma gan ddefnyddio'r geiriau mewn cromfachau (*brackets*) fel sbardun lle bydd yn briodol.

Byw mewn Goleudy

Mae Robert Thomas yn byw ar ynys Lochwen, ers naw _____ (blwyddyn). Edrych ar ôl y goleudy ar yr ynys ydy ei waith. Mae e'n byw yn y goleudy a rhaid _____ fe wneud yn siŵr fod popeth yn gweithio. Mae e'n gallu bod yn waith unig iawn, ac ar un adeg roedd Robert wedi cael llond _____, ac yn barod i ddod yn ôl i fyw ar y tir mawr. Ond yna, _____ (cael) e gyfrifiadur, a newidiodd ei fywyd. Roedd e'n gallu defnyddio'r cyfrifiadur i siarad _____ 'r byd mawr tu allan.

'Ar y dechrau, _____ i ddim yn deall y peth o gwbl', meddai Robert. 'Ond roedd digon o amser sbâr gyda fi, ac ar ôl llawer o _____ ar y ffôn, ro'n i'n gallu mynd ar y we. Newidiodd hyn fy _____ i. Ar ôl ymuno â *FfrindiauYsgol.com*, _____ (gweld) i fod hen ffrind ysgol wedi cofrestru hefyd. Roedd hi'n sioc fawr pan ddaeth neges yn ôl am y tro _____ (1)! Dw i'n meddwl _____ y peth yn ardderchog!' meddai fe.

Erbyn hyn, mae Robert _____ ei fodd yn cysylltu â llawer o ffrindiau ysgol, a hefyd pobl eraill _____ 'n gweithio mewn goleudai dros y byd.

Er ei fod e'n byw ar ei ben ei _____, dyw e byth yn unig. 'Mae'r cyfrifiadur yn well _____ gwylio'r teledu', meddai. 'Y cyfrifiadur yw'r peth _____ pwysig yn y byd i fi.'

Ond ydy'r diddordeb yn troi'n obsesiwn? _____ (✓), yn bendant. Mae'r obsesiwn yn gallu bod yn _____ (peryglus) hefyd. Un noson, doedd Robert ddim wedi sylwi bod bylb yn y goleudy wedi torri, achos ei fod e'n edrych _____ y cyfrifiadur!

Heddiw, tasai Robert yn cael cynnig swydd arall ar y tir mawr, _____ fe ddim yn ei chymryd hi o gwbl.

6. Darllenwch ac atebwch:
Siop Lyfrau *Llygad y Ddraig*

Ers i Anwen Morris agor siop lyfrau *Llygad y Ddraig* yn Abermelin ddeng mlynedd yn ôl, mae'r busnes wedi datblygu a thyfu ac mae'n un o siopau mwyaf adnabyddus y dre erbyn heddiw.

Mae Anwen yn falch iawn o'i siop brysur heddiw, ond mae'n dweud mai'r gwaith caled yn nyddiau cynnar y busnes – pan oedd e ar un llawr yn unig – oedd yr allwedd i'w llwyddiant. 'Ro'n i'n diodde o flinder mawr ar y dechre. Roedd rhaid i fi weithio oriau hir iawn,' meddai Anwen. 'Ro'n i'n gorfod gwneud popeth fy hun – addurno'r siop, gosod y stoc allan, gweithio trwy'r dydd bob dydd, a gwneud y gwaith papur i gyd wedyn gyda'r nos.'

Ond daeth mwy a mwy o bobl i wybod am y gwasanaeth da roedd Anwen yn ei gynnig i'w chwsmeriaid ac fe dyfodd y busnes dros amser. Ar ôl pum mlynedd, penderfynodd Anwen fentro eto. Agorodd gaffi ar y llawr uwchben, a dechreuodd werthu lluniau cyfoes gan artistiaid lleol yn y caffi, nid dim ond llyfrau a chardiau lawr llawr. Mae'r fenter hon wedi llwyddo, ac erbyn hyn, mae Anwen yn cyflogi wyth o bobl i weithio yn y siop.

'Gofalu am ein cwsmeriaid yw'r peth pwysica i ni o hyd,' meddai Anwen, 'ac mae pob math o bobl yn siopa yn *Llygad y Ddraig* erbyn hyn. Dim ond athrawon a myfyrwyr oedd yn dod yma ar y dechrau,' meddai, 'ond mae llawer o rieni yn dod â'u plant i'r siop nawr. Ers i ni ddechrau agor tan saith o'r gloch y nos, yn lle cau am bump, mae llawer o weithwyr o swyddfeydd a siopau eraill y dre'n dod yma cyn mynd adre.'

Mae bywyd Anwen wedi newid hefyd wrth i *Llygad y Ddraig* lwyddo. Dim ond ar ddau ddiwrnod yr wythnos mae hi ei hun yn gweithio yn y siop y dyddiau hyn ac wrth iddi yrru i ffwrdd yn ei char Mercedes crand, dych chi'n gallu gweld yn glir bod y busnes yn gwneud arian da!

Nodwch sut mae siop *Llygad y Ddraig* wedi newid ers y blynyddoedd cyntaf, gan gyfeirio at yr isod. Cofiwch sôn am sut **roedd** pethau a sut **mae** pethau erbyn hyn.

e.e. **Oriau agor:**
Ar y dechrau, roedd y siop yn cau am bump o'r gloch, ond mae hi ar agor tan saith nawr.

i. Maint y siop ....

....

ii. Beth sy'n cael ei werthu yno ....

....

iii. Pwy ydy'r cwsmeriaid ....

....

iv. Staff ....

....

v. Oriau gwaith Anwen yn y siop ....

....

7. Llenwch y ffurflen yma:

CLWB CERDDED CYMRU

Mae Clwb Cerdded Cymru yn cynnal arolwg o arferion cerdded pobl. Llenwch y ffurflen hon i roi gwybodaeth a syniadau i helpu'r Clwb.

i. Enw llawn: ....
ii. Cyfeiriad: ....

iii. Gwybodaeth amdanoch chi
Disgrifiwch pa mor aml dach chi'n cerdded, pa mor heini dach chi, pam dach chi'n cerdded, ac yn y blaen. (tua 50 gair)

iv. Disgrifiwch y daith gerdded orau wnaethoch chi erioed. (tua 50 gair)

v. Mae Clwb Cerdded Cymru yn ceisio cael mwy o bobl i fwynhau cerdded. Dach chi'n medru rhoi syniadau am sut i berswadio pobl i fynd am dro? (tua 50 gair)

Diolch am eich help!

Gair gan y tiwtor:

Gwaith cartref – Uned 17

1. Atebwch (mewn brawddeg):

i. Pryd mae eich pen-blwydd chi?

ii. Pryd mae pen-blwydd eich ffrind gorau chi?

iii. Pryd mae pen-blwydd (rhywun o'r teulu)?

iv. Nodwch un dyddiad pwysig yn eich teulu.

v. Pam mae'n bwysig?

2. Cyfieithwch:

i.	*The eleventh*	
ii.	*The twelfth*	
iii.	*The fifteenth*	
iv.	*The sixteenth*	
v.	*The seventeenth*	
vi.	*The eighteenth*	
vii.	*The nineteenth*	
viii.	*The twenty first*	
ix.	*The thirty first*	

3. **Gwyliwch y fideo o'r gân werin draddodiadol 'Y Cadi Ha' ar y Safle a darllenwch amdani:**

Mae cân y Cadi Ha yn draddodiadol i ardal Sir y Flint yng ngogledd–ddwyrain Cymru. Mae llawer o weiddi, curo dwylo, neidio a chanu'n uchel yn rhan o'r dathlu. Mae'r sŵn, canu "Hwp!" a'r neidio i fod i ddeffro'r ddaear ar ôl i natur fod yn cysgu drwy'r gaeaf. Symbol yr haf oedd y Gangen Fai – cangen o goeden y ddraenen ddu yn ei blodau. Roedd Bili, y ffŵl, yn dawnsio hefyd ac weithiau roedd rhywun oedd yn gwisgo fel anifail yn dawnsio efo fo. Roedd o leia un cerddor, efo ffidil neu gonsertina, a grŵp o wyth o ddynion yn dawnsio'r ddawns fel arfer. Ond roedd mwy o bobl na hynny yn ymuno yn yr hwyl ac yn cadw sŵn.

Mae cofnod o'r gân yn cael ei chanu mor bell yn ôl ag 1815. Ar Galan Mai roedd criw mawr o bobl yn ei chanu ac yn dawnsio'r ddawns yng nghanol pentrefi a threfi'r ardal. Roedd y Cadi (dyn mawr yn gwisgo fel dynes) yn casglu pres mewn ladal (*ladle*). Ar ddechrau'r Rhyfel Byd Cyntaf, daeth yr arfer i ben, ond yn saithdegau'r ganrif ddiwethaf, penderfynodd y canwr Ieuan ap Siôn ailgychwyn yr arfer, ar ôl gwrando'n ofalus ar atgofion ei daid. Casglodd grŵp o ffrindiau at ei gilydd a dechrau crwydro o gwmpas yr ardal bob Calan Mai yn canu'r gân ac yn dawnsio. Hyd heddiw, mae Gŵyl y Cadi Ha yn cael ei chynnal bob blwyddyn yn Nhreffynnon, efo plant yr ardal yn dawnsio a cherddoriaeth werin ar y strydoedd drwy'r bore. Wedyn, mae'r criw fel arfer yn mynd ymlaen i Gaerwys a'r Wyddgrug i ddathlu.

Cafodd y fideo o Ieuan ap Sion yn canu cân y Cadi Ha ei ffilmio ym Maesglas ger Treffynnon. Yn y pennill ola, mae'r gân yn sôn am neidio dros y "gafna" – gair Sir y Fflint am gamfa (*stile*). Mae acen Sir y Fflint yn arbennig iawn.

Atebwch y cwestiynau.

i. O ba ardal mae cân y Cadi Ha yn dŵad ?

ii. Pam mae sŵn yn bwysig i'r gân?

iii. Be ydy'r Gangen Fai?

iv. Pa fath o gerddoriaeth oedd efo'r ddawns?

v. Pam mae 1815 yn bwysig i'r hanes?

vi. Sut oedd/mae Cadi'n gwisgo?

vii. Pam mae'r ladal yn ddefnyddiol?

viii. Pam mae'r darn yn sôn am y Rhyfel Byd Cyntaf?

ix. Pam mae taid Ieuan ap Sion yn bwysig i'r hanes?

x. Be sy'n digwydd yn Sir y Fflint bob mis Mai?

4. Bylchau

Llenwch y bylchau yn y darn yma gan ddefnyddio'r geiriau mewn cromfachau (*brackets*) fel sbardun lle bydd yn briodol.

Dw i'n hoff iawn o fy _____ (bwyd) i. Dw i'n mwynhau popeth, o ginio dydd Sul traddodiadol i fwyd egsotig y Dwyrain Pell. Yr unig beth dw i ddim yn ei fwyta ydy jeli.

Pan oeddwn i'n _____ (plant), roeddwn i'n hoff iawn o jeli, ond _____ i ddim yn bwyta llysiau gwyrdd o gwbl. Roedd Mam yn poeni _____ hyn, ac yn gwneud pob math o _____ (peth) i drio fy mherswadio i fwyta pys, sbrowts ac ati. Unwaith, _____ (gwneud) hi jeli gwyrdd i mi a rhoi tipyn o frocoli ynddo! Fwytais i ddim brocoli ar ôl _____ hi wneud hynny, a stopiais i fwyta jeli hefyd!

Erbyn hyn, dw i'n hoff iawn o lysiau gwyrdd o bob math a dw i'n meddwl fy mod i'n bwyta'n iach ar y cyfan. Dim ond _____ (x 1) y mis dw i'n cael sglodion. Roeddwn i'n arfer bwyta gormod o siocled, ond dw i'n bwyta llawer llai _____ roeddwn i. Dw i'n bwyta bara brown yn lle bara gwyn. Yr unig broblem fawr ydy cacennau. Mae siop gacennau hyfryd drws nesa i'r swyddfa a dw i'n prynu cacen bob dydd. Taswn i'n stopio bwyta cacennau, _____ 'r siop yn cau. Rhaid _____ ni gefnogi busnesau bach lleol!

Dw i'n meddwl _____ caws ydy fy hoff fwyd i. Mae caws yn ddrwg i chi, meddai'r doctoriaid, ond does dim ots beth mae'r doctoriaid yn ei ddweud; dw i ddim yn mynd i stopio bwyta caws. Mae'r doctoriaid yn newid _____ meddwl bob munud beth bynnag. Roedden nhw'n arfer dweud _____ gwin coch yn ddrwg i chi, ond erbyn hyn, mae gwin coch yn dda i'r galon, medden nhw. Caf fi frechdan gaws a diod o win coch _____ swper heno felly!

Dw i'n edrych ymlaen _____ fy ngwyliau bob blwyddyn, achos dw i'n mwynhau'r cyfle i flasu bwydydd gwahanol. Pan _____ (mynd) i i Awstralia wyth _____ (blwyddyn) yn ôl, y peth _____ diddorol wnes i yno oedd bwyta cawl cynffon cangarŵ. A phan _____ (mynd) i i Beriw y flwyddyn nesa, y peth cynta bydd rhaid i mi wneud fydd ffeindio tŷ bwyta lle bydda i'n gallu trio mochyn cwta!

5. Darllenwch y darn ac atebwch y cwestiynau.

Gefeillio Cymru – Ffrainc

Mae tref Aberwylan yng Ngogledd Cymru wedi'i gefeillio â thref Villegrand yn Ffrainc ers pum deg mlynedd. I ddathlu, mae gwahanol grwpiau wedi bod yn teithio yn ôl ac ymlaen eleni gan fwynhau'r cyfle i wneud ffrindiau yn Ffrainc ac yng Nghymru. Mae pobl Aberwylan yn rhoi croeso i grŵp o blant ac athrawon o ysgol uwchradd Villegrand ar hyn o bryd, ac yn cynnal parti croeso mawr yn neuadd y dre nos Sadwrn. Mae'r cysylltiad wedi para'n gryf, er bod y ddwy dref yn wahanol iawn i'w gilydd.

Mae Aberwylan yn dre hanesyddol a rhai adeiladau'n mynd yn ôl i'r bymthegfed ganrif, ond cafodd Villegrand ei chodi yn chwedegau'r ganrif ddiwetha. Roedd angen codi tref newydd i roi cartrefi i'r gweithwyr yn y ffatrioedd ceir newydd yn Ffrainc, ac mae'r rhan fwyaf o rieni'r plant yn dal i weithio yn y diwydiant ceir yno. Mae hi'n dre eitha mawr yng nghanolbarth Ffrainc, gydag un ysgol uwchradd fawr, ac mae traddodiad cryf o chwarae rygbi yn yr ysgol a'r dre ei hun. Mae timau rygbi wedi bod yn dod draw bob yn ail flwyddyn ers blynyddoedd. Maen nhw'n dod ym mis Ionawr fel arfer, gan ei bod hi'n rhy oer a rhewllyd i chwarae yn Villegrand, ac mae'n well ganddyn nhw ddod i chwarae yng Nghymru bryd hynny, yn y glaw fel arfer. Mae Villegrand hefyd yn enwog am ei gŵyl roc a gynhelir* yno bob blwyddyn, ac mae nifer o grwpiau roc enwog yn dod o'r ardal, sy hefyd wedi ymweld ag Aberwylan. Daeth y grŵp 'Les Champignons' draw ddwy flynedd yn ôl a chael croeso mawr.

Does dim sîn roc yn Aberwylan, er bod y traddodiad canu gwerin yn gryf yno, a grwpiau gwerin wedi bod draw yn Villegrand yn y gorffennol. Yn wahanol i'r dre yn Ffrainc, pêl-droed yw prif ddiddordeb hamdden y Cymry lleol; ond er gwaetha'r gwahaniaethau, mae'r cysylltiad wedi para pum deg mlynedd. Y llynedd, penderfynodd cynghorau'r ddwy dre fod angen gwneud rhywbeth i ddathlu'r cysylltiad hwn. Yn Villegrand, cyhoeddwyd llyfr yn cynnwys lluniau o'r ddau le dros y blynyddoedd. Penderfynodd cyngor Aberwylan enwi'r bont sy'n mynd dros afon Wylan yn 'Pont Villegrand'. Dwedodd Catrin Wynn, Maer Aberwylan, y basai hyn yn symbol addas iawn. 'Mae hi'n anodd credu bod y cysylltiad wedi para pum deg mlynedd,' meddai hi, 'gan fod y ddwy dre mor wahanol i'w gilydd. Tre lan môr ydyn ni, sy'n dibynnu ar dwristiaeth erbyn hyn i gadw pobl mewn gwaith – mor wahanol i beth welwch chi yn Villegrand. Eto i gyd, mae'r croeso a'r bobl yn debyg iawn yn y ddau le.' Bydd noson fawr nos Sadwrn yn neuadd y dre wrth i bobl bwysig y ddwy dre ddod at ei gilydd, ac mae'n siŵr y bydd llawer o win yn cael ei yfed. Bydd yn gyfle hefyd i Faer Aberwylan ymarfer ei Ffrangeg!

* cynhelir – *is held*

Nodwch sut mae Aberwylan a Villegrand yn wahanol gan gyfeirio at yr isod. Cofiwch sôn am y **ddau** le yn eich atebion.
e.e. **Oed y ddwy dre**.
Cafodd rhai adeiladau yn Aberwylan eu codi yn y bymthegfed ganrif, ond cafodd tref Villegrand ei chodi yn chwedegau'r ganrif ddiwetha.

i. Gwaith y bobl.

....

ii. Y chwaraeon mwya poblogaidd.

....

iii. Y tywydd yn ystod y gaeaf.

....

iv. Y gerddoriaeth fwya poblogaidd.

....

v. Sut gwnaethon nhw ddathlu'r cysylltiad, yr haf diwetha.

....

6.   Ysgrifennwch lythyr (tua 100 gair):
Radio Llanaber
30 Mai

Annwyl Gyfaill,
Mae Radio Llanaber yn gwneud cyfres newydd o'r enw 'Chwarae Teg'. Dych chi wedi cael problem gyda gweithwyr yn y tŷ? Dych chi wedi prynu rhywbeth o siop neu ar y we a'r peth hwnnw wedi torri? Hoffen ni glywed oddi wrthoch chi! Ysgrifennwch i esbonio'r problemau a gawsoch chi, a bydd tîm 'Chwarae Teg' yn ceisio eich helpu.
Yn gywir,
Myfanwy Jones

neu:
2. Dych chi eisiau amser i ffwrdd o'r gwaith i fynd ar gwrs. Ysgrifennwch lythyr at eich pennaeth yn esbonio sut bydd y cwrs yn eich helpu yn y gwaith.

neu:
3. Dych chi newydd gael gwyliau bendigedig. Ysgrifennwch lythyr at reolwr y gwesty i ddiolch.

Gair gan y tiwtor:

Gwaith cartref – Uned 18

1. Dilynwch y patrwm:

Mae hon yn ddrud, ond mae honna'n ddrutach.

i. hwn (tal) ....
ii. y rhain (rhad) ....
iii. hon (uchel) ....
iv. hwn (da) ....
v. y rhain (drud) ....
vi. hon (diddorol) ....

2. Llenwch y grid:

	this/these	*that/those*
y gath	Mae hon yn gath ddu.	
y llysiau		Mae'r rheina'n llysiau ffres.
y car		
y dillad		
y blodyn		

3. Cyfieithwch:

i. *This is great!* (bwyd) ....
ii. *Who is that?* (dyn) ....
iii. *This one is expensive.* (côt) ....
iv. *I like these!* ....
v. *But those are cheaper.* ....

4. Darllenwch y ddwy neges ebost ac atebwch y cwestiynau:

Oddi wrth: Cwmni Llyfrau Celt
At: Eirian Llywelyn
Pwnc: Parsel llyfrau

....

Annwyl Eirian Llywelyn,
Diolch i chi am brynu llyfrau oddi wrthon ni yn ddiweddar. Fel dych chi'n gwybod, 'dyn ni'n gwmni newydd a 'dyn ni'n falch o groesawu cwsmer newydd fel chi. Y newyddion da yw bod y llyfrau ar eu ffordd atoch chi. Dylai'r parsel gyrraedd cyn y penwythnos. Mae'n bwysig bod rhywun yn y tŷ i'w dderbyn neu bydd rhaid mynd â fe yn ôl i'r stordy. Os dych chi eisiau gwybod mwy am daith y parsel a phryd yn union bydd e'n cyrraedd, edrychwch ar wefan www.parseli.com. Rhif eich parsel ydy Celt753.

I wneud yn siŵr y byddwch chi'n siopa gyda ni eto, mae cynnig arbennig i gwsmeriaid newydd fel chi. Bydd gostyngiad o 15% y tro nesa byddwch chi'n prynu, felly byddwch chi'n talu llai. Rhaid i chi anfon eich archeb erbyn 31 Gorffennaf. Os bydd problem gyda'r parsel, cysylltwch â ni drwy ebost neu ffoniwch 01113 671176 yn ystod oriau swyddfa.

Yn gywir,
Rhys Tomos (Cwmni Llyfrau Celt)

Oddi wrth: Eirian Llywelyn
At: Rhys Tomos, Cwmni Llyfrau Celt
Pwnc: Parsel llyfrau
....

Annwyl Rhys Tomos,
Diolch yn fawr i chi am eich neges. Dw i'n edrych ymlaen yn fawr at dderbyn y parsel llyfrau. Yn anffodus, mae problem. Fydda i ddim gartre ddydd Iau na dydd Gwener felly os bydd y parsel yn cyrraedd, fydd neb yn y tŷ i'w dderbyn e.

Ydy hi'n bosib i chi adael y parsel gyda'r bobl drws nesa? Bryn Teg yw enw eu tŷ nhw. Maen nhw'n rhedeg busnes o'r tŷ, felly dylen nhw fod gartre ar y dyddiau yna. Dw i ddim yn siŵr a ydw i eisiau prynu rhywbeth arall. Wnewch chi anfon catalog ata i, os gwelwch chi'n dda?

Pob hwyl,
Eirian Llywelyn

Nodwch yr ateb mwya priodol *(appropriate)* o'r brawddegau isod drwy roi llythyren yn y blwch.

1. Prif neges Cwmni Llyfrau Celt ydy...
a. bod y llyfrau'n mynd i gyrraedd heddiw.
b. bod y llyfrau'n mynd i gyrraedd cyn dydd Sadwrn.
c. bod rhaid i Rhys fynd i nôl y llyfrau o'r stordy.
ch. bod y llyfrau ddim ar gael.

2. I gael gwybod ble mae'r parsel llyfrau, dylai Eirian...
a. ffonio'r cwmni.
b. ffonio Swyddfa'r Post.
c. fynd ar y we.
ch. beidio â gwneud dim byd.
d. anfon ebost i Gwmni Llyfrau Celt.

3. Bydd gostyngiad o 15%...
a. y tro cynta bydd rhywun yn siopa gyda'r cwmni.
b. tan ddiwedd Mehefin.
c. os bydd rhywun yn prynu ar ôl 31 Gorffennaf.
ch. os bydd rhywun wedi siopa gyda'r cwmni unwaith yn barod.
d. os bydd rhywun yn prynu ar y we.

4. Prif neges Eirian Llywelyn ydy...
a. ei bod hi ddim eisiau'r parsel.
b. bod y parsel wedi cyrraedd.
c. ei bod hi'n diolch i gwmni Celt.
ch. bod angen rhoi'r parsel i'r cymdogion.
d. ei bod hi'n byw yn Bryn Teg.

5. Mae'r bobl drws nesa...
a. wedi ymddeol.
b. yn gweithio gartre.
c. ar wyliau.
ch. eisiau catalog.
d. yn symud i ffwrdd.

5. Mae Llyfrgelloedd Cymru eisiau gwybod beth ydy barn pobl am eu llyfrgell leol. Wnewch chi lenwi'r ffurflen hon, os gwelwch chi'n dda?

i.   Enw llawn: ....
ii. Cyfeiriad ebost: ....
iii. Pa mor bell dych chi'n byw o'r llyfrgell agosa? ....
iv. Pam mae'r llyfrgell yn bwysig i'r ardal? (tua 50 gair) ....
    ....
    ....
    ....
    ....

v.   Faint o ddefnydd dych chi wedi (ei) wneud o'ch llyfrgell leol yn y gorffennol? (tua 50 gair)..
    ....
    ....
    ....

vi. Sut basech chi'n cael mwy o bobl i ddefnyddio eich llyfrgell leol? (tua 50 gair) ....
....
....
....
....

vii. Fasech chi'n fodlon i ni anfon gwybodaeth drwy ebost atoch chi am lyfrgelloedd Cymru? ....

Anfonwch eich ffurflen at ceridwen.prydderch@llyfrgelloedd.cymru. Diolch yn fawr am eich help!

Gair gan y tiwtor:

Gwaith cartref – Uned 19

1. Llenwch y bylchau

A. Dych chi'n edrych _____ *Dal Ati* ar S4C?
B. *Dal Ati*? Nac ydw. Pa _____ o raglen ydy hi?
A. Rhaglen i ddysgwyr Cymraeg ar lefel Canolradd ac Uwch.
B. Pryd _____ hi ar y teledu?
A. Bob bore dydd Sul.
B. Am faint _____ gloch mae hi'n dechrau?
A. Am hanner _____ wedi deg. Mae hi'n eitha anodd, ond yn _____ (hawdd) na *Pobol y Cwm*!
B. Diolch byth! Dw i'n meddwl _____ *Pobol y Cwm* yn anodd iawn. Ond dw i ddim yn gallu gwylio'r teledu ar fore dydd Sul – mae fy mab _____ (hen) mewn tîm pêl-droed ac maen nhw'n chwarae bob bore dydd Sul.
A. Dydy hynny _____ yn esgus – dych chi'n gallu gwylio'r rhaglen ar y we. I ba dîm mae'r mab yn chwarae?
B. I dîm pentre Llanaber. Mae e wrth ei _____. Mae e'n cicio pêl drwy'r amser.
A. Dych chi'n lwcus. Mae fy _____ (plant) i'n ddiog. Maen nhw ar y soffa drwy'r dydd yn chwarae gemau cyfrifiadur, a _____ nhw ddim yn mynd allan i chwarae.
B. Beth yw/ydy _____ hoed nhw?
A. Mae Dafydd yn wyth oed a bydd Jac yn ddeuddeg yr wythnos nesa. Beth am eich mab chi?
B. Mae e'n bymtheg oed. Mae e'n mynd i Ysgol Gyfun Llanaber. Ydy Jac yn mynd i ysgol Llanaber?
A. _____ (✓). Felly maen nhw yn yr _____ ysgol.
B. Dych chi'n mynd i'r cyngerdd yn yr ysgol yr wythnos nesa?
A. Ydw, dw i'n bwriadu mynd.
B. _____ (gweld) i chi yn y cyngerdd, felly. Bydda i'n gwerthu _____ (tocyn) wrth y drws.
A. Iawn. Faint ydyn nhw?
B. Dw i'n meddwl _____ pum punt ydyn nhw, ond dw i ddim yn siŵr.
A. Does dim ots. Bydd pedwar _____ (o) ni'n dod, felly cadwch bedwar tocyn _____ ni, os gwelwch chi'n dda.
B. Wrth gwrs.

2. Darllen a deall.

Darllenwch y darn isod. Yna, atebwch y cwestiynau yn Gymraeg yn eich geiriau eich hun lle bydd hynny'n bosibl.

Ciwba neu Norwy?

Ifor Jones sy'n ceisio helpu ei fam a'i dad...

Mae fy rhieni i newydd ymddeol, ac maen nhw eisiau mynd ar wyliau fis Awst nesa. Mae fy nhad i eisiau mynd i Norwy, ond mae fy mam i eisiau mynd i Ciwba. Does dim digon o arian ganddyn nhw i fynd i'r ddau le! Dw i wedi bod yn y ddwy wlad, felly maen nhw wedi gofyn i fi am gyngor.

Sut mae cymharu dau le mor wahanol, dw i ddim yn gwybod. Mae tocyn i hedfan i Norwy'n costio tua £200, ond mae hedfan i Ciwba tua dwywaith y pris fel arfer. Ond nid cost yw'r unig beth i feddwl amdano. Sut mae pobl yn dewis ble i fynd ar wyliau? Gweld lluniau mewn papur newydd... gweld rhaglen ar y teledu... neu ffrindiau wedi bod yno ac yn canmol, efallai?

Mae Ciwba a Norwy yn wahanol wrth gwrs. Es i i Ciwba tua chwe blynedd yn ôl, ac roedd y gwres yn fendigedig. Roedd rhywun wedi dwyn arian o'r ystafell lle ro'n i'n aros – mae hynny'n gyffredin yno mae'n debyg, felly rhaid cadw arian mewn lle diogel. Roedd mynd o gwmpas Ciwba yn ddiddorol hefyd, a'r ffordd orau oedd mewn bysus – dyna'r ffordd rataf a'r ffordd fwyaf cymdeithasol o fynd o gwmpas. Does dim llawer o bobl yn siarad Saesneg tu allan i'r brifddinas; Sbaeneg yw'r iaith wrth gwrs, ac mae'n ddefnyddiol siarad tipyn bach ohoni i gael blas go iawn ar y wlad. Mae fy rhieni i'n eitha rhugl, drwy lwc. Mae'n bosib cael pob math o fwyd yno, ond roedd pobl yr ynys yn hoffi rhoi sbeis ym mhob peth... o leia dyna fy mhrofiad i!

Beth am Norwy? Basai'r bwyd wrth fodd fy nhad i, dw i'n gwybod – pysgod ffres ymhob man. Mae hi'n wlad fawr, neu'n wlad hir iawn, o leia. Dyna pam maen nhw'n dweud y dylech chi deithio ar drên, er mwyn gweld cefn gwlad yn iawn Does dim pwynt mynd mewn bws na char. Es i yno yn yr haf, ac roedd hi'n oer ond yn heulog. Allwch chi ddim dibynnu ar y tywydd yno wrth gwrs, yn wahanol i wres cyson Ciwba. Fasai'r iaith ddim yn broblem iddyn nhw yn Norwy; mae hyd yn oed y gweithwyr ffordd a'r gweithwyr yn y siopau yn siarad Saesneg yn well na fi. Mae hi'n wlad ddiogel iawn, wrth gwrs ac yn gyfoethog, ond os ydyn nhw'n teithio ym mis Awst, mae'r mosgitos yn gallu bod yn boen.

Felly beth dw i'n mynd i ddweud wrth fy nhad a fy mam? Dw i ddim yn gwybod! Yr unig ateb y galla i ei roi yw dewis y naill wlad eleni, a'r llall y flwyddyn nesa!

Sut mae gwyliau yn Ciwba a gwyliau yn Norwy yn cymharu (ym marn Ifor Jones), o safbwynt y pethau yma?
e.e. Cost cyrraedd y wlad

Basai hedfan i Norwy'n costio tua £200 ond basai hedfan i Ciwba'n costio tua £400.

**

i. Bwyd

_____

_____

ii. Iaith

_____

_____

iii. Tywydd

_____

_____

iv. Teithio o gwmpas

_____

_____

v. Problemau posib i rieni Ifor

_____

_____

3. Ysgrifennu llythyr

Ysgrifennwch ateb i'r llythyr yma:

Meddygfa Cwm Glas

Annwyl Gyfaill,
Dw i'n ysgrifennu atoch chi i ddweud y bydd rhaid i ni newid oriau agor y feddygfa yng Nghwm Glas y mis nesa. Yn y gorffennol, mae'r feddygfa wedi bod ar agor o ddydd Llun tan ddydd Gwener (o 8.00 tan 8.00) ac ar fore Sadwrn. Yn anffodus, dim ond o 9 tan 5 yn ystod yr wythnos byddwn ni ar agor o hyn ymlaen, a fyddwn ni ddim ar agor ar fore Sadwrn o gwbl.

Mae'n ddrwg gyda ni am hyn, ond mae un meddyg wedi ymddeol, a fyddwn ni ddim yn gallu cael neb yn ei le, yn anffodus.

Yn gywir,

Glyn Parri (Rheolwr y Feddygfa)

4. Llenwch y bylchau

A	Mae rhoi cerdyn ar ddydd Santes Dwynwen yn _____ hyfryd.
B	Dw i'n cofio _____ am gyfweliad am swydd pan o'n i'n cysgu.
C	Mae angen cael _____ i barcio yma.
Ch	Mae'r plant yn mynd i'r cylch _____ bob bore.
D	Dw i'n teimlo _____ bwysau ofnadwy yn y gwaith.
Dd	Anghofies i am _____ cau'r swydd.
E	Cafwyd y dyn yn _____ yn y llys.
F	Cofiwch bod hi'n _____ naid bob pedair blynedd.
Ff	Mae Trefyclawdd ym Mhowys ar y _____ rhwng Cymru a Lloegr.
G	Pan o'n i'n blentyn, ro'n i isio mynd ar roced i'r _____.
Ng	Mae Aberystwyth yng _____ Cymru.
H	Dw i'n dechrau anghofio popeth yn fy _____.
I	Mae'r siwt yma'n ffitio _____ dim.

Gwaith cartref / Uned 19

L	Mae côr meibion yn _____ eu CD newydd yn y cyngerdd heno.
Ll	Mae'r _____ yn dŵad i mewn yn gyflym – well i ni symud at y creigiau!
M	Dw i'n _____ y llawr yn ofalus achos dw i isio prynu carped newydd.
N	Dangosodd y tîm rygbi lawer o _____ wrth guro'r Crysau Duon.
O	Mae'r siopau'n dawel ers i'r ffordd _____ agor.
P	Rhaid i ni wneud _____ anodd heddiw yn y Senedd.
Ph	Mae Siân yn berson trefnus a _____ fel arfer, dw i'n synnu bod hi'n hwyr.
R	Anghofiodd yr heddlu _____ gyrwyr bod y ffyrdd yn beryglus.
Rh	Dw i wedi _____ 'r tatws gyda'r twrci, mi fyddan nhw'n flasus iawn.
S	Yn _____, diffoddodd y golau.
T	Dach chi'n defnyddio _____ gyhoeddus o gwbl?
Th	Dangosodd Mair ei _____ yrru i'r plismon.
U	Mae'r _____ athrawon yn gofyn am lai o waith papur i'w haelodau.
W	Mae 'na ddosbarth Cymraeg _____ yn y dafarn – bob nos Lun.
Y	Rhaid i ni dalu am y cinio Nadolig _____ llaw.

5. Erbyn eich dosbarth nesa – meddyliwch am y peth mwya defnyddiol dach chi wedi ei ddysgu yn Gymraeg yn y flwyddyn ddiwethaf, a sut dach chi'n mynd i ymarfer mwy o Gymraeg tu allan i'r dosbarth yn y flwyddyn nesaf. Pob hwyl!

Gair gan y tiwtor:

Gwaith cartref - Arholiad Canolradd

1. Edrychwch ar yr geiriau newyddion yn yr uned. Ysgrifennwch ddwy stori newyddion gan ddefnyddio rhai ohonyn nhw.

i. ....
....
....
....

ii. ....
....
....
....

2. Gwnewch y ddwy dasg ysgrifennu yn yr uned, Arholiad Canolradd.

Gair gan y tiwtor:

Geirfa

ben. – *fem.,*   gwr. – *masc.,*   bôn – *stem,*   ans. – *adjective*

A

a bod yn onest – *to be honest*
aber (ben.) – *estuary*; aberoedd – *estuaries*
absennol – *absent*
ac yn y blaen – *etc.*
achosi – *to cause* (bôn: achos-)
adain (ben.) – *wing*; adenydd – *wings*
adeg (ben.) – *period of time*; adegau – *periods of time*
adnabyddus – *well-known*
adnewyddu – *to renew, to refurbish* (bôn: adnewydd-)
adran (ben.) – *department*; adrannau – *departments*
adran cleifion allanol – *outpatients' department*
adrodd – *to recite, to relate* (bôn: adrodd-)
addasu – *to adapt* (bôn: addas-)
addo – *to promise* (bôn: addaw-)
addurn (gwr.) – *decoration*; addurniadau – *decorations*
addysg (ben.) – *education*
addysg gorfforol – *physical education*
Aelod o'r Senedd (gwr.) – *Member of the Senedd*; Aelodau o'r Senedd – *Members of the Senedd*
Aelod Seneddol (gwr.) – *Member of Parliament*; Aelodau Seneddol – *Members of Parliament*
afiach – *disgusting; sickly*
afiechyd (gwr.) – *disease;* afiechydon – *diseases*
agored – *open*
agoriad (gwr.) – *opening;* agoriadau – *openings*
agwedd (ben.) – *attitude*; agweddau – *attitudes*
ailadrodd – *to repeat* (bôn: ailadrodd-)
ailagor – *to reopen* (bôn: ailagor-)
ailgylchu – *to recycle* (bôn: ailgylch-)
ail-law – *second-hand*
alergedd (gwr.) – *allergy*
allanfa (ben.) – *exit;* allanfeydd – *exits*
amaethyddiaeth (ben.) – *agriculture*
amaethyddol – *agricultural*
ambell – *a few*
amgylchedd (gwr.) – *environment*
amhosib – *impossible*
amlwg – *obvious, evident*
amrywiaeth (ben.) – *variety, variation;* amrywiaethau – *varieties, variations*
amser maith yn ôl – *a long time ago*
amseru – *to time* (bôn: amser-)
amynedd (gwr.) – *patience*
anadlu – *to breathe* (bôn: anadl-)
anaf (gwr.) – *injury;* anafiadau – *injuries*
anafu – *to injure* (bôn: anaf-)
anarferol – *unusual*

anfantais (ben.) – *disadvantage;* anfanteision – *disadvantages*
anferth – *huge*
anffodus – *unfortunate*
angenrheidiol – *necessary*
anhapus – *unhappy*
anlwcus – *unlucky*
anniben – *untidy* (de Cymru)
annifyr – *nasty, unpleasant*
annog – *to urge, to encourage* (bôn: anog-)
apelio (at) – *to appeal (to)* (bôn: apeli-)
ar ddihun – *awake* (de Cymru)
ar frys – *in a hurry*
ar glo – *locked*
ar gyhuddiad o – *accused of*
ar gyrion – *on the outskirts of*
ar hyd – *along*
ar hyd a lled – *the length and breadth (of)*
ar hyn o bryd – *at the moment*
ar lafar – *orally*
ar osod – *for rent*
ar ran – *on behalf of*
ar y blaen – *in the lead*
ar y cyfan – *on the whole*
ar y pryd – *at the time*
arbed – *to save* (bôn: arbed-)
archeb (ben.) – *order;* archebion – *orders*
arddangos – *to exhibit* (bôn: arddangos-)
arddangosfa (ben.) – *exhibition;* arddangosfeydd – *exhibitions*
arestio – *to arrest* (bôn: aresti-)
arfer (gwr.) – *habit;* arferion – *habits*
arferol – *usual*
argraffu – *to print* (bôn: argraff-)
arlunydd (gwr.) – *artist;* arlunwyr – *artists*
arogl (gwr.) – *smell;* arogleuon – *smells*
arogli – *to smell* (bôn: arogl-)
arolwg (gwr.) – *review, survey;* arolygon – *reviews, surveys*
arolygydd (gwr.) – *inspector;* arolygwyr – *inspectors*
artist (gwr.) – *artist,* artistiaid – *artists*
arwain – *to lead* (bôn: arwein-)
arweinydd (gwr.) – *conductor, leader;* arweinyddion – *conductors, leaders*
arwr (gwr.) – *hero;* arwyr – *heroes*
arwydd (gwr.) – *sign;* arwyddion – *signs*
asgwrn (gwr.) – *bone;* esgyrn – *bones*
atgof (gwr.) – *memory, recollection;* atgofion – *memories, recollections*
atgoffa – *to remind* (bôn: atgoff-)
athletau (gwr.) – *athletics*
awdurdod (gwr.) – *authority;* awdurdodau – *authorities*
awgrymu – *to suggest* (bôn: awgrym-)
awyddus – *keen*
awyr iach (gwr.) – *fresh air*

B

bad achub (gwr.) – *lifeboat*; badau achub – *lifeboats*
bai (gwr.) – *blame, fault*; beiau – *faults*
Bannau Brycheiniog – *the Brecon Beacons*
bant – *away* (de Cymru)
barnwr (gwr.) – *judge*; barnwyr – *judges*
basged (ben.) – *basket*; basgedi – *baskets*
bat (gwr.) – *bat*; batiau – *bats*
baw (gwr.) – *dirt*
bawd (gwr.) – *thumb*; bodiau – *thumbs*
beiciwr (gwr.) – *cyclist*; beicwyr – *cyclists*
beirniad (gwr.) – *judge, adjudicator*; beirniaid – *judges, adjudicators*
beudy (gwr.) – *cowshed*; beudai – *cowsheds*
blas (gwr.) – *taste*; blasau – *tastes*
blasu – *to taste* (bôn: blas-)
blinder (gwr.) – *tiredness*
blinedig – *tired*
blwch (gwr.) – *box*; blychau – *boxes*
blwyddyn naid – *leap year*
blynyddol – *annual*
bom (gwr.) – *bomb*; bomiau – *bombs*
botwm bol (gwr.) – *belly button*
breuddwyd (ben.) – *dream*; breuddwydion – *dreams*
breuddwydio – *to dream* (bôn: breuddwydi-)
bricsen (ben.) – *brick*; brics – *bricks*
bro (ben.) – *area, region*; broydd – *areas, regions*
bron (ben.) – *breast, chest*; bronnau – *breasts, chests*
brwnt – *dirty* (de Cymru)
bryd hynny – *at that time*
bryn (gwr.) – *hill*, bryniau – *hills*
Bryste – *Bristol*
budr – *dirty* (gogledd Cymru)
busnes (gwr.) – *business*; busnesau – *businesses*
busneslyd – *meddlesome, nosy*
bwffe bys a bawd – *finger buffet*
bwlio – *to bully* (bôn: bwli-)
bwriadu – *to intend* (bôn: bwriad-)
bwrw – *to hit* (de Cymru) (bôn: bwr-)
bychan – *small*
bylb (gwr.) – *bulb*; bylbiau – *bulbs*
bys (gwr.) – *finger*; bysedd – *fingers*
bywiog – *lively*

C

cadair esmwyth (ben.) – *easy chair*; cadeiriau esmwyth – *easy chairs*
cadair freichiau (ben.) – *armchair*; cadeiriau breichiau – *armchairs*
cadarnhau – *to confirm* (bôn: cadarnha-)
cadeirio – *to chair* (bôn: cadeiri-)

cadeirydd (gwr.) – *chairperson;* cadeiryddion – *chairpersons*
cadw golwg ar – *to keep an eye on, to keep track of* (bôn: cadw-)
cadw sŵn – *to make a noise* (bôn: cadw-)
cael blas ar – *to enjoy*
cael gwared ar – *to get rid of*
cael hyd i – *to find, to discover*
Caeredin – *Edinburgh*
caets (ben.) – *cage;* caetsys – *cages*
Calan Mai – *May Day*
calendr (gwr.) – *calendar;* calendrau – *calendars*
cam (gwr.) – *step;* camau – *steps*
camera cyflymder (gwr.) – *speed camera;* camerâu cyflymder – *speed cameras*
camgymeriad (gwr.) – *mistake;* camgymeriadau – *mistakes*
canfed – *hundredth*
cangarŵ (gwr.) – *kangaroo;* cangarwod – *kangaroos*
cangen (ben.) – *branch;* canghennau – *branches*
canlyniad (gwr.) – *result;* canlyniadau – *results*
cannwyll (ben.) – *candle;* canhwyllau – *candles*
canolbarth (gwr.) – *middle part, region* (mewn gwlad)
canser (gwr.) – *cancer;* canserau – *cancers*
canser y fron – *breast cancer*
cap (gwr.) – *cap;* capiau – *caps*
carchar (gwr.) – *prison;* carchardai – *prisons*
carcharu – *to imprison* (bôn: carchar-)
cariadus – *loving*
carreg (ben.) – *stone;* cerrig – *stones*
carreg fedd (ben.) – *gravestone;* cerrig beddau – *gravestones*
casgliad (gwr.) – *collection;* casgliadau – *collections*
catalog (gwr.) – *catalogue;* catalogau – *catalogues*
cawell (ben.) – *cage;* cewyll – *cages*
cawr (gwr.) – *giant;* cewri – *giants*
caws gafr – *goats' cheese*
cefndir (gwr.) – *background;* cefndiroedd – *backgrounds*
cefnogaeth (ben.) – *support*
cefnogwr (gwr.) – *supporter;* cefnogwyr – *supporters*
celwydd (gwr.) – *lie;* celwyddau – *lies*
cemegyn (gwr.) – *chemical;* cemegau – *chemicals*
cenhinen (ben.) – *leek;* cennin – *leeks*
cerbyd (gwr.) – *vehicle;* cerbydau – *vehicles*
cerdd (ben.) – *poem;* cerddi – *poems*
cerddorfa (ben.) – *orchestra;* cerddorfeydd – *orchestras*
cicio – *to kick* (bôn: cici-)
claf (gwr.) – *patient;* cleifion – *patients*
clebran – *to chatter*
clo (gwr.) – *lock;* cloeon – *locks*
cloch (ben.) – *bell;* clychau – *bells*
clogwyn (gwr.) – *cliff;* clogwyni – *cliffs*
clonc (gwr.) – *chat* (de Cymru)
cludo – *to transport* (bôn: clud-)

clustog (ben.) – *cushion;* clustogau – *cushions*
clwt (gwr.) (gogledd Cymru), *clwtyn* (de Cymru) – *cloth, rag;* clytiau –*cloths, rags*
clyfar – *clever*
clymu – *to tie, to knot* (bôn: clym-)
cneuen (ben.) – *nut;* cnau – *nuts*
cneuen goco (ben.) – *coconut;* cnau coco – *coconuts*
cochi – *to blush*
codi llaw (ar) – *to wave (to)* (bôn: cod-)
codi ofn (ar) – *to frighten* (bôn: cod-)
codi pwysau – *weightlifting*
cof (gwr.) – *memory*
cofeb (ben.) – *memorial;* cofebau – *memorials*
cofnod (gwr.) – *note, (written) record, (minutes);* cofnodion – *notes, (written) records, (minutes)*
colur (gwr.) – *make-up*
colled (ben.) – *loss;* colledion – *losses*
colli gafael (ar) – *to lose hold of* (bôn: coll-)
copa (gwr.) – *summit;* copaon – *summits*
copi (gwr.) – *copy,* copïau – *copies*
corff (gwr.) – *body;* cyrff – *bodies*
coroni – *to crown* (bôn: coron-)
cors (ben.) – *bog;* corsydd – *bogs*
cosi – *to itch* (bôn: cos-)
costus – *pricey*
cotwm (gwr.) – *cotton*
cownter (gwr.) – *counter;* cownteri – *counters*
craith (ben.) – *scar;* creithiau – *scars*
crand – *grand*
creadigol – *creative*
crefft (ben.) – *craft;* crefftau – *crafts*
creu – *to create* (bôn: cre-)
cribo – *to comb* (bôn: crib-)
cricedwr (gwr.) – *cricketer;* cricedwyr – *cricketers*
criw (gwr.) – *crew;* criwiau – *crews*
croes (ben.) – *cross;* croesau – *crosses*
croesawu – *to welcome* (bôn: croesaw-)
croesffordd (ben.) – *crossroad;* croesffyrdd – *crossroads*
croesi – *to cross* (bôn: croes-)
crud (gwr.) – *cradle, cot;* crudau – *cradles, cots*
crwn – *round*
crwydro – *to wander, to roam* (bôn: crwydr-)
cryfder (gwr.) – *strength;* cryfderau – *strengths*
cul – *narrow*
curo – *to beat* (bôn: cur-)
curo dwylo – *to clap, to applaud* (bôn: cur-)
curo'r drws – *to knock the door*
cwblhau – *gorffen* (bôn: cwblha-)
cwlwm (gwr.) – *knot;* clymau – *knots*
cwr (gwr.) – *edge, fringe;* cyrion – *edges, fringes*

cwrtais – *courteous, polite*
cwsg (gwr.) – *sleep*
cwt gwair (gwr.) – *hay hut*, cytiau gwair – *hay huts*
cwt ieir (gwr.) – *hen coop*; cytiau ieir – *hen coops*
cwyn (ben.) – *complaint*; cwynion – *complaints*
cydio (yn) – *to hold on (to)* (bôn: cydi-)
cyfaill (gwr.) – *friend*; cyfeillion – *friends*
cyfanswm (gwr.) – *total*; cyfansymiau – *totals*
cyfarch – *to greet* (bôn: cyfarch-)
cyfartal – *equal*
cyfarwyddyd (gwr.) – *direction, instruction*; cyfarwyddiadau – *directions, instructions*
cyfathrebu – *to communicate* (bôn: cyfathreb-)
cyfleuster (gwr.) – *facility*; cyfleusterau – *facilities*
cyflog (gwr.) – *wage, salary*; cyflogau – *wages, salaries*
cyflogi – *to employ* (bôn: cyflog-)
cyflwyno – *to introduce, to present* (bôn: cyflwyn-)
cyfnewid – *to exchange* (bôn: cyfnewidi-)
cyfnod (gwr.) – *period* (amser); cyfnodau – *periods* (amser)
cyfoes – *contemporary*
cyfoeth (gwr.) – *wealth*
cyfraith (ben.) – *law*; cyfreithiau – *laws*
cyfrannu (at) – *to contribute (to)* (bôn: cyfrann-)
cyfres (ben.) – *series*; cyfresi – *series*
cyfrif (gwr.) – *account*; cyfrifon – *accounts*
cyfrifol – *responsible*
cyfrifydd (gwr.) – *accountant*; cyfrifwyr – *accountants*
cyfrinach (ben.) – *secret*; cyfrinachau – *secrets*
cyfwelydd (gwr.) – *interviewer*; cyfwelwyr – *interviewers*
cyffordd (ben.) – *junction*; cyffyrdd – *junctions*
cyfforddus – *comfortable*
cyffredin – *common, general*
cyffro – *excitement*
cyffroi – *to excite* (bôn: cyffro-)
cyffur (gwr.) – *drug*; cyffuriau – *drugs*
cynghori – *to advise* (bôn: cynghor-)
cynghorydd (gwr.) – *councillor*; cynghorwyr – *councillors*
cyhoeddus – *public*
cyhuddiad (gwr.) – *charge, accusation*; cyhuddiadau – *charges, accusations*
cylch (gwr.) – *circle*; cylchoedd – *circles*
cylch chwarae – *playgroup*
cymar (gwr.) – *partner, companion*
cymdeithas (ben.) – *society*; cymdeithasau – *societies*
cymdeithasol – *social, sociable*
cymhleth – *complicated*
cymorth (gwr.) – *help*
cymorth cyntaf – *first aid*
cymuned (ben.) – *community*; cymunedau – *communities*
cymwynas (ben.) – *favour*; cymwynasau – *favours*
cymysgu (â/efo) – *to mix (with)* (bôn: cymysg-)

cynhesu – *to heat up* (bôn: cynhes-)
cynllun (gwr.) – *plan, design;* cynlluniau – *plans, designs*
cynllunio – *to plan, to design* (bôn: cynlluni-)
cynnal – *to hold (event)* (bôn: cynhali-)
cynnal a chadw – *maintenance*
cyntedd (ben.) – *hallway;* cynteddau – *hallways*
cynulleidfa (ben.) – *audience;* cynulleidfaoedd – *audiences*
cysgod (gwr.) – *shadow, shade;* cysgodion – *shadows, shades*
cyswllt (gwr.) – *contact*
cywir – *correct*

Ch
chwant bwyd – *food craving*
chwarel (ben.) – *quarry;* chwareli – *quarries*
chwedl (ben.) – *legend,* chwedlau – *legends*
chwerthin am ben – *to laugh at* (bôn: chwerthin-/chwardd-)
chwynnu – *to weed* (bôn: chwynn-)

D
dadlau (â/efo) – *to argue (with)* (bôn: dadleu-)
daear (ben.) – *earth*
dal ati – *to keep at it, to persevere* (bôn: dali-)
dan bwysau – *under pressure*
dan ei sang – *full to the rafters*
dant gosod (gwr.) – *false tooth;* dannedd gosod – *false teeth*
darlith (ben.) – *lecture;* darlithoedd – *lectures*
darlun (gwr.) – *drawing;* darluniau – *drawings*
dawn (ben.) – *talent;* doniau – *talents*
dealltwriaeth (ben.) – *understanding*
deallus – *intelligent*
defnydd (gwr.) – *use*
defnyddiol – *useful*
deiet (gwr.) – *diet*
deigryn (gwr.) – *tear;* dagrau – *tears*
delio (â/efo) – *to deal (with)* (bôn: deli-)
deniadol – *attractive*
derbyn – *to accept, to receive* (bôn: derbyni-)
desg (ben.) – *desk;* desgiau – *desks*
diamynedd – *impatient*
dianc – *to escape* (bôn: dihang-)
dieithr – *strange*
dieuog – *innocent, not guilty*
diflannu – *to disappear* (bôn: diflann-)
diflastod (gwr.) – *boredom*
difrifol – *serious*
difrod (gwr.) – *damage*
difyr – *entertaining*
diffyg (gwr.) – *shortcoming, lack of;* diffygion – *shortcomings, lack of*
digalon – *depressed, depressing*

digwyddiad (gwr.) – *event, incident;* digwyddiadau – *events, incidents*
di-Gymraeg – *non-Welsh speaking*
dinistrio – *to destroy* (bôn: dinistri-)
dioddef – *to suffer* (bôn: dioddef-)
diogel – *safe*
diogelwch (gwr.) – *safety*
diogi – *to laze* (bôn: diog-)
di-ri(f) – *countless*
distawrwydd – *silence*
diweithdra – *unemployment*
diwydiant (gwr.) – *industry;* diwydiannau – *industries*
diwylliant (gwr.) – *culture;* diwylliannau – *cultures*
dod o hyd i – *to find*
dodrefnyn (gwr.) – *piece of furniture;* dodrefn – *furniture*
dolen (ben.) – *loop, link, handle;* dolenni – *loops, links, handles*
draenen ddu (ben.) – *blackthorn*
drewi – *to stink* (bôn: drew-)
dril (gwr.) – *drill;* driliau – *drills*
dringwr (gwr.) – *climber;* dringwyr – *climbers*
drosodd – *over, overleaf*
druan â ti – *poor you* (de Cymru)
druan ohonat ti – *poor you* (gogledd Cymru)
drws ffrynt – *front door;* drysau ffrynt – *front doors*
drych (gwr.) – *mirror;* drychau – *mirrors*
dur (gwr.) – *steel*
dŵad draw - *to come over*
dŵad i ben - *to come to an end*
dwbl – *double*
dweud eich dweud – *to have your say* (de Cymru)
deud eich deud – *to have your say* (gogledd Cymru)
dwfn – *deep*
dwyieithog – *bilingual*
dwys – *intense, intensive*
dychrynllyd – *frightening*
Dydd Ffolant – *Valentine's day*
dyddiad cau – *closing date*
dyddiol – *daily*
dyffryn (gwr.) – *valley,* dyffrynnoedd – *valleys*
dyled (ben.) – *debt;* dyledion – *debts*

E
economaidd – *economic, economical*
economi (gwr.) – *economy*
edrych dros – *to check, to look over* (bôn: edrych-)
efaill (gwr.) – *twin;* efeilliaid – *twins*
Efrog Newydd – *New York*
efydd – *bronze*
effeithio (ar) – *to affect* (bôn: effeithi-)
eglur – *evident, clear*

egluro – *to explain* (bôn: eglur-)
eglwys gadeiriol – *cathedral*; eglwysi cadeiriol – *cathedrals*
egni (gwr.) – *energy*
eirlaw (gwr.) – *sleet*
eirlys (gwr.) – *snowdrop*; eirlysiau – *snowdrops*
electronig – *electronic*
enfys (ben.) – *rainbow*; enfysau – *rainbows*
enwi – *to name* (bôn: enw-)
er – *although*
er gwaetha – *despite*
erthygl (ben.) – *article*; erthyglau – *articles*
esboniad (gwr.) – *explanation*; esboniadau – *explanations*
esgus (gwr.) – *excuse*; esgusodion – *excuses*
esiampl (ben.) – *example*; esiamplau – *examples*
esmwyth – *restful, smooth*
estyniad (gwr.) – *extension*; estyniadau – *extensions*
etholiad (gwr.) – *election*; etholiadau – *elections*
eto i gyd – *even so*
euog – *guilty*
ewyn (gwr.) – *foam*

F

feirws (gwr.) – *virus*; feirysau – *viruses*
fesul un – *one by one*
ficer (gwr.) – *vicar*; ficeriaid – *vicars*
figan (gwr.) – *vegan*; figaniaid – *vegans*

Ff

ffaith (ben.) – *fact*; ffeithiau – *facts*
ffarwelio (â/efo) – *to say goodbye (to)* (bôn: ffarweli-)
fferyllydd (gwr.) – *chemist*; fferyllwyr – *chemists*
ffeuen (ben.) – *bean*; ffa – *beans*
ffidil (ben.) – *violin*; ffidlau – *violins*
ffilmio – *to film* (bôn: ffilmi-)
ffin (ben.) – *border*; ffiniau – *borders*
ffitrwydd (ben.) – *fitness*
fflam (ben.) – *flame*; fflamau – *flames*
ffoadur (gwr.) – *refugee*; ffoaduriaid – *refugees*
ffodus – *fortunate*
ffon (ben.) – *stick*; ffyn – *sticks*
fframm (ben.) – *frame*; fframiau – *frames*
ffrwydro – *to explode* (bôn: ffrwydr-)
ffurflen gais – *application form*; ffurflenni cais – *application forms*
ffyrnig – *fierce*

G

galluog – *capable, brainy*
gan gynnwys – *including*
gefeillio – *to twin* (bôn: gefeilli-)
gêm gyfartal (ben.) – *a draw*
Gemau Olympaidd – *Olympic Games*
genedigaeth (ben.) – *birth;* genedigaethau – *births*
genedigol – *native*
glan (ben.) – *shore, bank;* glannau – *shores, banks*
glaw mân – *drizzle*
gliniadur (gwr.) – *laptop,* gliniaduron – *laptops*
go iawn – *real*
gofal (gwr.) – *care*
gofalwr (gwr.) – *carer, caretaker;* gofalwyr – *carers, caretakers*
gofod (gwr.) – *space*
goleudy (gwr.) – *lighthouse;* goleudai – *lighthouses*
golygu – *to mean, to edit* (bôn: golyg-)
gollwng – *to drop* (bôn: gollyng-)
gorffwys (gwr.) – *rest*
gorlifo – *to overflow* (bôn: gorlif-)
gorwedd – *to lie down* (bôn: gorwedd-)
gorwel (gwr.) – *horizon;* gorwelion – *horizons*
gosod – *to set, to put* (bôn: gosod-)
gostyngiad (gwr.) – *reduction;* gostyngiadau – *reductions*
gradd feistr (ben.) – *master's degree*
graddio – *to graduate* (bôn: graddi-)
gramadeg (gwr.) – *grammar*
grawnwinen (ben.) – *grape;* grawnwin – *grapes*
grefi (gwr.) – *gravy*
gwadu – *to deny* (bôn: gwad-)
gwahaniaeth (gwr.) – *difference;* gwahaniaethau – *differences*
gwall (gwr.) – *error;* gwallau – *errors*
gwasanaethu – *to serve* (bôn: gwasanaeth-)
gwasg (ben.) – *printing press;* gweisg – *printing presses*
gwasgu – *to squeeze, to squash* (bôn: gwasg-)
gwastad – *flat*
gwastraff (gwr.) – *waste*
gwastraffu – *to waste* (bôn: gwastraff-)
gwau – *to knit* (bôn: gwe-) (de Cymru)
gwefus (ben.) – *lip;* gwefusau – *lips*
gweini – *to serve* (bôn: gwein-)
gweithgar – *hardworking*
gweithgaredd (gwr.) – *activity;* gweithgareddau – *activities*
gweithle (gwr.) – *workplace;* gweithleoedd – *workplaces*
gwell hwyr na hwyrach – *better late than never*
gwên (ben.) – *smile;* gwenau – *smiles*
gwerin – *folk*
gwerthfawr – *valuable*
gwestai (gwr.) – *guest;* gwesteion – *guests*

gweu – *to knit* (bôn: gweu-) (gogledd Cymru)
gwibdaith (ben.) – *trip, excursion;* gwibdeithiau – *trips, excursions*
gwlân (gwr.) – *wool*
gwleidyddiaeth (ben.) – *politics*
gwlychu – *to get wet* (bôn: gwlych-)
gwm (gwr.) – *gum*
gwm cnoi – *chewing gum*
gwneud cawl o – *to make a mess of* (de Cymru)
gwneud llanast o – *to make a mess of* (gogledd Cymru)
gwneud y tro – *to make do, to answer the purpose*
gwrach (ben.) – *witch;* gwrachod – *witches*
gwraidd (gwr.) – *root;* gwreiddiau – *roots*
gwrandäwr (gwr.) – *listener;* gwrandawyr – *listeners*
gwthio – *to push* (bôn: gwth-)
Gwyddel (gwr.) – *Irish man;* Gwyddelod – *Irish people*
Gwyddeles (ben.) – *Irish woman*
gwylan (ben.) – *seagull;* gwylanod – *seagulls*
gwyllt – *wild*
gyda llaw – *by the way*
gyda'r hwyr – *in the night*
gymnasteg (ben.) – *gymnastics*

H
hael – *generous*
hallt – *salty*
hamddenol – *leisurely*
hanesydd (gwr.) – *historian;* haneswyr – *historians*
hanesyddol – *historical*
hapusrwydd (gwr.) – *happiness*
hawlio – *to claim*
heblaw am – *apart from*
hel atgofion – *to reminisce*
hen dad-cu (gwr.) - *great-grandfather*
hen daid (gwr.) - *great-grandfather*
hen fam-gu (ben.) - *great-grandmother*
hen nain (ben.) - *great-grandmother*
henaint (gwr.) – *old age*
heneiddio – *to age* (bôn: heneiddi-)
henoed – *elderly people*
heulwen (ben.) – *sunshine*
hirgrwn – *oval*
hoffus – *likeable*
holiadur (gwr.) – *questionnaire;* holiaduron – *questionnaires*
hollbwysig – *all-important*
hwyliog – *full of fun*
hwylus – *convenient*
hyd yn hyn – *up until now*
hyder (gwr.) – *confidence*
hynny – *that*

I
i fod i – *supposed to*
i'r dim – *exactly*
iachus – *healthy* (bwyd)
iard (ben.) – *yard;* iardiau – *yards*
iechyd a diogelwch – *health and safety*
Iesu – *Jesus*
ieuenctid (gwr.) – *youth*
injan dân (ben.) – *fire engine;* injans tân – *fire engines*
isod – *beneath, below*

J
jyngl (gwr.) – *jungle;* jyngls – *jungles*

L
lansio – *to launch* (bôn: lansi-)
lapio – *to wrap* (bôn: lapi-)
lawr grisiau – *downstairs* (gogledd Cymru)
lawr llawr – *downstairs* (de Cymru)
lefel (ben.) – *level;* lefelau – *levels*
lolipop (gwr.) – *lollypop;* lolipops – *lollypops*
lôn feicio (ben.) – *bike lane;* lonydd beicio – *bike lanes*
lwcus – *lucky*

Ll
lladd – *to kill* (bôn: lladd-)
lladrad (gwr.) – *burglary;* lladradau – *burglaries*
llafar – *oral*
llanast (gwr.) – *mess* (gogledd Cymru)
llanc (gwr.) – *lad, youth;* llanciau – *lads, youth*
llanw a thrai – *tides; ebb and flow*
llawdriniaeth (ben.) – *operation;* llawdriniaethau – *operations*
llawr gwaelod (gwr.) – *ground floor*
lle tân – *fireplace;* llefydd tân – *fireplaces*
lledr (gwr.) – *leather*
lledu – *to spread, to widen* (bôn: lled-)
llefarydd (gwr.) – *spokesperson;* llefarwyr – *spokespeople*
lleidr (gwr.) – *thief;* lladron – *thieves*
lleihau – *to reduce* (bôn: lleiha-)
llenyddiaeth (ben.) – *literature*
lleoliad (gwr.) – *location;* lleoliadau – *locations*
llethr (gwr.) – *slope;* llethrau – *slopes*
llety (gwr.) – *accommodation*
llewygu – *to faint* (bôn: llewyg-)
llif (gwr.) – *flood;* llifogydd – *floods*
llifo – *to flow* (bôn: llif-)
llithrig – *slippery*
llithro – *to slip* (bôn: llithr-)

lloches (ben.) – *shelter;* llochesau – *shelters*
llond bol – *bellyful (fed up)* (gogledd Cymru)
llond bola – *bellyful (fed up)* (de Cymru)
lluosog (gwr.) – *plural;* lluosogion – *plurals*
llwch (gwr.) – *dust*
llwy garu (ben.) – *lovespoon;* llwyau caru – *lovespoons*
llwyaid (ben.) – *spoonful;* llwyeidiau – *spoonfuls*
llwyddiannus – *successful*
llwyddiant (gwr.) – *success;* llwyddiannau – *successes*
llwyddo (i) – *to succeed (in)* (bôn: llwydd-)
llwyfan (gwr.) – *stage;* llwyfannau – *stages*
llwyth (gwr.) – *load;* llwythi – *loads*
llydan – *wide*
llyfr gosod (gwr.) – *set book;* llyfrau gosod – *set books*
llym – *severe*
llyn (gwr.) – *lake;* llynnoedd – *lakes*
llyncu – *to swallow* (bôn: llync-)
llys (gwr.) – *court;* llysoedd – *courts*
llywodraeth (ben.) – *government;* llywodraethau – *governments*

M
machlud (gwr.) – *sunset*
maer (gwr.) – *mayor;* meiri – *mayors*
man (gwr.) – *place;* mannau – *places*
mân siarad – *chit-chat*
mantais (ben.) – *advantage;* manteision – *advantages*
manwl – *detailed*
manylion personol – *personal details*
marc (gwr.) – *mark;* marciau – *marks*
marchnata (gwr.) – *marketing*
marcio – *to mark* (bôn: marci-)
marwolaeth (ben.) – *death;* marwolaethau – *deaths*
medal (ben.) – *medal;* medalau – *medals*
meddal – *soft*
meddyginiaeth (ben.) – *medication;* meddyginiaethau – *medications*
mellten (ben.) – *lightning;* mellt – *flashes of lightening*
menter (ben.) – *venture, initiative;* mentrau – *ventures, initiatives*
mentro – *to venture, to dare* (bôn: mentr-)
mentrus – *adventurous*
mesur – *to measure* (bôn: mesur-)
metel (gwr.) – *metal;* metelau – *metals*
mewn gwirionedd – *in truth*
modern – *modern*
moethus – *luxurious*
mordaith (ben.) – *cruise;* mordeithiau – *cruises*
morwyn (ben.) – *maid;* morwynion – *maids*
mudiad (gwr.) – *movement, organisation;* mudiadau – *movements, organisations*
murlun (gwr.) – *mural;* murluniau – *murals*
mwd (gwr.) – *mud*

mwdlyd – *muddy*
mwg (gwr.) – *smoke*
mwynhad (gwr.) – *enjoyment*
mynnu – *to insist* (bôn: mynn-)
mynwent (ben.) – *graveyard, cemetery*; mynwentydd – *graveyards, cemeteries*

N
nant (ben.) – *stream, creek*; nentydd – *streams, creeks*
nefoedd (ben.) – *heaven*
neidio – *to jump* (bôn: neidi-)
nerfus – *nervous*
nerth (gwr.) – *strength*
newid mân – *small change*
newydd sbon – *brand new*
nifer (ben.) – *number, quantity*; niferoedd – *numbers, quantities*
nodyn (gwr.) – *note*; nodiadau – *notes*
nyth (ben.) – *nest*; nythod – *nests*

O
o amgylch – *around*
o bell – *from afar*
o ddifri – *seriously*
o ddrwg i waeth – *from bad to worse*
o dro i dro – *from time to time*
o fewn – *within*
o flaen – *in front of*
o hyn ymlaen – *from now on*
o leia(f) – *at least*
o'r enw – *named, called*
obsesiwn (gwr.) – *obsession*; obsesiynau – *obsessions*
ocsiwn (ben.) – *auction*; ocsiynau – *auctions*
od – *odd*
oddi ar – *from (on), off, down from*
oddi cartre(f) – *away from home*
oedi – *to pause, to delay* (bôn: oed-)
oedran (gwr.) – *age*, oedrannau – *ages*
oerfel (gwr.) – *cold* (tywydd)
oesoedd canol – *middle ages*
ofni – *to fear* (bôn: ofn-)
ofnus – *fearful, frightened*
oherwydd – *because*
oni bai am – *if it weren't for*
oriau mân – *small hours*
oriel (ben.) – *gallery*; orielau – *galleries*
osgoi – *to avoid* (bôn: osgo-, osgoi-)

P

paith (gwr.) – *prairie;* peithiau – *prairies*
palmant (gwr.) – *pavement;* palmentydd – *pavements*
para – *to last* (bôn: par-)
parc gwledig (gwr.) – *country park;* parciau gwledig – *country parks*
parch (gwr.) – *respect*
parhau – *to continue* (bôn: parha-)
partner (gwr.) – *partner;* partneriaid – *partners*
patrwm (gwr.) – *pattern;* patrymau – *patterns*
pecyn (gwr.) – *package;* pecynnau – *packages*
peldroediwr – *footballer;* peldroedwyr – *footballers*
pellter (gwr.) – *distance;* pellteroedd – *distances*
pen draw – *far end, long run*
pencampwriaeth (ben.) – *championship;* pencampwriaethau – *championships*
pendant – *definite*
penderfyniad (gwr.) – *decision;* penderfyniadau – *decisions*
pennawd (gwr.) – *headline;* penawdau – *headlines*
penodi – *to appoint* (bôn: penod-)
perchennog (gwr.) – *owner;* perchnogion – *owners*
personoliaeth (ben.) – *personality;* personoliaethau – *personalities*
perswadio – *to persuade* (bôn: perswadi-)
perygl (gwr.) – *danger;* peryglon – *dangers*
petryal – *rectangular*
pibell (ben.) – *pipe;* pibelli – *pipes*
pigiad (gwr.) – *injection;* pigiadau – *injections*
plaid (ben.) – *political party;* pleidiau – *political parties*
plannu – *to plant* (bôn: plann-)
plentyndod (gwr.) – *childhood*
pleser (gwr.) – *pleasure;* pleserau – *pleasures*
pleserus – *enjoyable*
plygu – *to fold, to bend* (bôn: plyg-)
pob dim – *everything*
poblogaidd – *popular*
polisi (gwr.) – *policy;* polisïau – *policies*
pori – *to graze, to browse* (bôn: por-)
poster (gwr.) – *poster;* posteri – *posters*
prancio – *to prance, to gambol* (bôn: pranci-)
preifat – *private*
presgripsiwn (gwr.) – *prescription;* presgripsiynau – *prescriptions*
pridd (gwr.) – *earth, soil*
Prif Weinidog – *Prime Minister*
priffordd (ben.) – *main road;* priffyrdd – *main roads*
prin – *rare, scarce*
proffesiwn (gwr.) – *profession;* proffesiynau – *professions*
proffesiynol – *professional*
profiadol – *experienced*
project (gwr.) – *project;* projectau – *projects*
proses (ben.) – *process;* prosesau – *processes*
protestio – *to protest* (bôn: protesti-)

protestiwr (gwr.) – *protester;* protestwyr – *protesters*
Prydeinig – *British*
Prydeiniwr (gwr.) – *a man from Britain* ; Prydeinwyr – *British people*
Prydeinwraig (ben.) – *a woman from Britain*
prydferthwch (gwr.) – *beauty*
prydlon – *punctual, prompt*
pur – *pure*
pŵer (gwr.) – *power;* pwerau – *powers*
pwnc (gwr.) – *subject;* pynciau – *subjects*
pwrpas (gwr.) – *purpose;* pwrpasau – *purposes*
pwyllgor (gwr.) – *committee;* pwyllgorau – *committees*
pwyntiau bwled – *bullet points*
pwyntio – *to point* (bôn: pwynti-)
pwysleisio – *to emphasise*
pwyso – *to press, to weigh* (bôn: pwys-)

R
raced (ben.) – *racket;* racedi – *rackets*
rafftio – *to raft* (bôn: raffti-)
rasio – *to race* (bôn: rasi-)
recordio – *to record* (bôn: recordi-)
regata (ben.) – *regata;* regatas – *regattas*
roced (ben.) – *rocket;* rocedi – *rockets*

Rh
rhaff (gwr.) – *rope;* rhaffau – *ropes*
rhagor – *more*
rhagorol – *excellent*
rhamantus – *romantic*
rhaw (ben.) – *spade;* rhawiau – *spades*
rhedwr (gwr.) – *runner;* rhedwyr – *runners*
rhentu – *to rent* (bôn: rhent-)
rheol (ben.) – *rule;* rheolau – *rules*
rhes (ben.) – *row;* rhesi – *rows*
rhewllyd – *icy*
rhiant maeth – *foster parent;* rhieni maeth – *foster parents*
rhifo – *to count, to calculate* (bôn: rhif-)
rhoi'r gorau i – *to give up*
rhos (gwr.) – *heath, moor;* rhosydd – *heaths, moors*
rhostio – *to roast* (bôn: rhost-)
Rhufeiniaid (gwr.) – *(the) Romans*
rhuthro – *to rush* (bôn: rhuthr-)
rhwyd (ben.) – *net;* rhwydi – *nets*
rhwystr (gwr.) – *obstacle;* rhwystrau – *obstacles*
rhwystro – *to prevent* (bôn: rhwystr-)
rhybudd (gwr.) – *warning;* rhybuddion – *warnings*
rhybuddio – *to warn* (bôn: rhybudd-)
rhyddhau – *to free* (bôn: rhyddha-)
rhyfel (gwr.) – *war;* rhyfeloedd – *wars*

rhyw (gwr.) – *sex;* rhywiau – *sexes*
rhywbeth o'i le – *something wrong*

S
saethu – *to shoot* (bôn: saeth-)
safbwynt (gwr.) – *stance, viewpoint;* safbwyntiau – *stances, viewpoints*
safle (gwr.) – *site, position;* safleoedd – *sites, positions*
safon (ben.) – *standard;* safonau – *standards*
saws (gwr.) – *sauce;* sawsiau – *sauces*
sbeis (gwr.) – *spice;* sbeisys – *spices*
sbio – *to look* (gogledd Cymru) (bôn: sbi-)
sbort a sbri – *fun and games*
sefydliad (gwr.) – *institution, establishment, institute;* sefydliadau – *institution(s), establishment(s), institute(s)*
sefydlog – *stable, fixed, unchanging*
sefydlu – *to establish* (bôn: sefydl-)
sefyllfa (ben.) – *situation;* sefyllfaoedd – *situations*
seiclwr (gwr.) – *cyclist;* seiclwyr – *cyclists*
sengl – *single*
serch (gwr.) – *romantic love*
serth – *steep*
sgerbwd (gwr.) – *skeleton;* sgerbydau – *skeletons*
sgwâr (gwr.) – *square;* sgwariau – *squares*
sgwâr (ans.) – *square*
siâp (gwr.) – *shape;* siapiau – *shapes*
siaradus – *talkative*
siawns (ben.) – *chance;* siawnsiau – *chances*
sibrwd – *to whisper* (bôn: sibryd-)
sidan (gwr.) – *silk*
siglo – *to rock, to shake* (bôn: sigl-)
sioc (ben.) – *shock;* siociau – *shocks*
siop trin gwallt – *hairdressers' shop*
siswrn (gwr.) – *scissors;* sisyrnau
sleifio – *to slink, to sneak, to sidle* (bôn: sleifi-)
smotiog – *spotty*
snorclo – *to snorkel* (bôn: snorcl-)
soffa (ben.) – *sofa;* soffas – *sofas*
sownd – *stuck*
staffio – *to staff* (bôn: staffi-)
steil (gwr.) – *style*
stordy (gwr.) – *storehouse;* stordai – *storehouses*
storio – *to store* (bôn: stori-)
streic (ben.) – *strike;* streiciau – *strikes*
streiciwr (gwr.) – *striker* (gwaith); streicwyr – *strikers*
streipïog – *striped*
stwffin (ben.) – *stuffing*
sur – *sour*
swnio – *to sound* (bôn: swni-)
swyddogol – *official*

swynol – *charming*
sychder (gwr.) – *drought, dryness*
sychedig – *thirsty*
sydyn – *sudden*
syllu – *to stare* (bôn: syll-)
syllu'n syn – *to gaze in amazement*
sylw (gwr.) – *attention, remark*; sylwadau – *remarks*
sylweddoli – *to realise* (bôn: sylweddol-)
symbol (gwr.) – *symbol*; symbolau – *symbols*
synnu – *to surprise, to be surprised* (bôn: synn-)
synnwyr cyffredin – *common sense*
syrcas (ben.) – *circus*; syrcasau – *circuses*
syrthio – *to fall* (gogledd Cymru) (bôn: syrthi-)
system (ben.) – *system*; systemau – *systems*

T

tafodiaith (ben.) – *dialect*; tafodieithoedd – *dialects*
tagfa (ben.) – *traffic jam*; tagfeydd – *traffic jams*
tagu – *to splutter, to choke* (bôn: tag-)
tâl (gwr.) – *payment*; taliadau – *payments*
talaith (ben.) – *state*; taleithiau – *states*
talcen (ben.) – *forehead*; talcenni – *foreheads*
taleb (ben.) – *voucher*; talebau – *vouchers*
talentog – *talented*
tâp (gwr.) – *tape*; tapiau – *tapes*
taran (ben.) – *thunder*; taranau
targed (gwr.) – *target*; targedau – *targets*
tarten (ben.) – *tart*; tartenni – *tarts*
tasg (ben.) – *task*; tasgau – *tasks*
tawelu – *to become quiet, to calm down* (bôn: tawel-)
teg – *fair*
teimlad (gwr.) – *feeling*; teimladau – *feelings*
teip (gwr.) – *type*; teipiau – *types*
telynor (gwr.) – *male harpist*: telynorion – *harpists*
telynores (ben.) – *female harpist*; telynoresau – *female harpists*
tennyn (gwr.) – *lead*
testun (gwr.) – *subject, text*; testunau – *subjects, texts*
tir (gwr.) – *land, ground*; tiroedd – *lands, grounds*
to (gwr.) – *roof*; toeon – *roofs*
toddi – *to melt* (bôn: todd-)
top (gwr.) – *top*; topiau – *tops*
torf (ben.) – *crowd*; torfeydd – *crowds!*
toriad (gwr.) – *cut*, toriadau – *cuts*
tortsh (gwr.) – *torch*; tortsys – *torches*
trac (gwr.) – *track*; traciau – *tracks*
traddodiad (gwr.) – *tradition*; traddodiadau – *traditions*
traethawd (gwr.) – *essay*; traethodau – *essays*
trafnidiaeth (ben.) – *transport*
traws gwlad – *cross country*

trefn (ben.) – *order*
trefniad (gwr.) – *arrangement;* trefniadau – *arrangements*
trin – *to treat* (bôn: trini-)
triniaeth (ben.) – *treatment;* triniaethau – *treatments*
tristwch (gwr.) – *sadness*
troellog – *twisty, windy*
trwchus – *thick*
trwm ei glyw/chlyw – *hard of hearing*
trwydded (ben.) – *licence;* trwyddedau – *licences*
trysor (gwr.) – *treasure;* trysorau – *treasures*
Tsieina (ben.) – *China*
twlc (gwr.) – *sty;* tylciau – *sties*
twrist (gwr.) – *tourist;* twristiaid – *tourists*
twristaidd – *tourist* (ans.)
twymo – *to heat (up)* (bôn: twym-)
tŷ pâr/semi (gwr.) – *semi-detached house;* tai pâr/semi (gwr.) – *semi-detached houses*
tylwythen deg (ben.) – *fairy;* tylwyth teg – *fairies*
tymheredd (ben.) – *temperature*
tyn(n) – *tight*
tyrfa (ben.) – *crowd;* torfeydd – *crowds*
tyst (gwr.) – *witness*; tystion – *witnesses*
tywyllu – *to grow dark* (bôn: tywyll-)

U
undeb (gwr.) – *union;* undebau – *unions*
undydd – *one-day*
unigolyn (gwr.) – *individual;* unigolion – *individuals*
uno – *to unite* (bôn: un-)
uwchben – *above*

W
ward (ben.) – *ward;* wardiau – *wards*
wedi blino'n lân – *exhausted*
wrth fy modd – *in my element*
wythnosol – *weekly*

Y
y cant – *per cent*
y pen – *per head*
y rhain – *these*
y rhan fwya(f) – *the majority*
y Wladfa – *the colony* (fel arfer – Patagonia)
ymateb (gwr.) *response;* ymatebion – *responses*
ymchwil (gwr.) – *research*
ymddangos – *to appear* (bôn: ymddangos-)
ymddeoliad (gwr.) – *retirement;* ymddeoliadau – *retirements*
ymddiried (yn) – *to trust (in)* (bôn: ymddiried-)
ymddiswyddo – *to resign* (bôn: ymddiswydd-)